21世纪卓越人力资源管理与服务丛书

创业组织行为与领导

陈国海　陈潮波　张　昉　黄圳裕 ◎ 主　编
　　　　　王娅男　黄惠丹 ◎ 副主编

清华大学出版社
北京

内 容 简 介

创业组织行为学是组织行为学的一个核心分支。本书是迄今为止国内为数不多的创业组织行为与领导研究领域的著述。本书简要阐述并回答了如何识别和捕捉创业机会，创业者素质如何影响创业绩效，如何激励创业者和核心员工，如何应对创业组织的环境变化并进行组织变革，创业组织权力与政治如何演变，如何维护创业组织员工的全健康，如何规划创业者和创业团队的职业和人生规划等内容，详细论述并分析了创业组织中的各种现象。本书包括创业组织行为学概述，创业动机、创业机会、创业认知与创业决策，创业者素质与测评，创业价值观与态度，创业组织激励，创业组织领导，创业组织权力与政治，创业组织文化，创业组织变革与发展，创业组织员工全健康管理共十章内容。

本书适合创业者、创业团队、创业导师、创业者家庭阅读，也适合作为高校创业教育的教材、专业选修课的教材或者创业导师培训的教材。

本书封面贴有清华大学出版社防伪标签，无标签者不得销售。
版权所有，侵权必究。举报：010-62782989，beiqinquan@tup.tsinghua.edu.cn。

图书在版编目（CIP）数据

创业组织行为与领导 / 陈国海等主编. -- 北京：清华大学出版社，2024. 9. -- (21世纪卓越人力资源管理与服务丛书). -- ISBN 978-7-302-67409-2

Ⅰ. F241.4

中国国家版本馆 CIP 数据核字（2024）第 2024RE7929 号

责任编辑：邓 婷
封面设计：刘 超
版式设计：文森时代
责任校对：马军令
责任印制：刘海龙

出版发行：清华大学出版社
网　　址：https://www.tup.com.cn, https://www.wqxuetang.com
地　　址：北京清华大学学研大厦A座　　邮　编：100084
社 总 机：010-83470000　　邮　购：010-62786544
投稿与读者服务：010-62776969, c-service@tup.tsinghua.edu.cn
质量反馈：010-62772015, zhiliang@tup.tsinghua.edu.cn
印 装 者：三河市人民印务有限公司
经　　销：全国新华书店
开　　本：185mm×260mm　　印　张：16.25　　字　数：382千字
版　　次：2024年9月第1版　　印　次：2024年9月第1次印刷
定　　价：66.00元

产品编号：101661-01

前 言

党的二十大报告指出：创新是第一动力，深入实施创新驱动发展战略；完善科技创新体系，坚持创新在我国现代化建设全局中的核心地位，健全新型举国体制，强化国家战略科技力量，提升国家创新体系整体效能，形成具有全球竞争力的开放创新生态。我国社会各界创新创业热情高涨，高校的创新创业教育已经走上正轨。中国的创新创业活动处于活跃状态，创业型经济日益成为我国一支重要的经济力量。同时，近年的疫情及后疫情时代社会经济发展对创业活动产生了巨大的冲击。创业活动的一些问题逐渐显现，包括：创业者如何捕捉创业机会？创业者个性如何影响其创业成功？创业组织激励如何影响创业组织绩效？创业公司步履维艰，如何存活下去？创业失败后，创业者如何克服心理阴影，调整自我？这些都是创业组织亟须解决的重要问题。

因此，研究创业组织中的个体、群体行为模式以及他们之间的互动，研究个体如何影响创业绩效、如何激励创业中的员工、如何应对创业组织的环境变化并进行组织变革、创业组织权力与政治如何演变等问题，将有助于创业参与主体提升创业活动的有效性，最终提高创业的成功率，为全社会降本增效。

本书详细地论述并分析了创业组织中的各种现象，借助丰富的国内外实践案例，希望能够激发学生的学习热情和创业思维，培养其企业家精神。本书在组织行为和组织管理研究的框架内，将国内外数十年积累的创业研究成果加以整合提炼，并将其转化为本书的基本内容，希望抛砖引玉，引起学界对创业组织行为与领导的关注。

本书着眼于培养学生分析并解决创业问题的能力，通过阐释创业组织知识来锻炼学生的创业能力。本书主要有以下四个特色。

（1）在内容编排上，以创业为主线，注重创业组织行为的完备性和独特性。创业是一个复杂的过程，涉及创业者、创业团队、投资者、创业文化、创业心理等，因此需要构建完整的内容体系。创业组织行为不同于一般的组织行为，特定的分析框架能够更好地阐释创业的独特内涵。

（2）在知识陈述上，注重学术性和通俗性的结合。本书充分汲取国内外创业组织领域内的前沿研究，深入浅出地介绍定性和定量的相关成果，同时尽可能地做到知识陈述通俗易懂，注重知识的适用性和可操作性。

（3）在理论联系实际上，选取本土和国际的典型案例，突出针对性和启发性。全书精心选取一百多个相关例证，部分来自笔者一手的真实案例资料，涉及范围广，寓意深刻有趣，侧重于激发学生的创业思维，提炼总结创业实践经验。第一作者在教授"创业组织行为学"专业选修课的过程中，共邀请了几十位创业者分享创业经验和心得，他们的一些真知灼见也反映到了本教材中。

（4）在教学方法上，结合例证，注重对重要的创业场景的组织行为进行介绍和分析，以提升学生分析问题和解决问题的能力。创业场景包括创业空想、创业决策、投资决策、股权分配、公司注册、股东会议、管理例会、例外管理、引入战略投资者、股东追加投资、组织文化设计、创业失败、健康恶化、重要客户管理、产品研发、营销推广、现金流问题等。

本书由陈国海、陈潮波、张昉、黄圳裕统稿、审阅并定稿，王娅男、黄惠丹参与了第八章和第九章的撰写和统稿。本书获得"21世纪海上丝绸之路协同创新中心智库丛书"、"广东外语外贸大学商学院国际化系列丛书"、广州市教育局高校创新创业教育项目（广州地区高校创新创业梯级课程体系研究）的资助，并获得广东外语外贸大学校级创新创业课程和应用型人才培养课程立项。在此，我们一并致以最为诚挚的谢意！

本书适合创新创业教育工作者、创业者，特别适合高校本科生创业教育相关课程学习和参考使用。由于编者水平和时间有限，书中难免存在疏漏或有待完善之处，欢迎广大读者批评指正。

广东省人力资源研究会秘书长
广东外语外贸大学商学院教授
香港大学心理学博士
陈国海
2024年7月

目 录

第一章　创业组织行为学概述 ... 001
　　第一节　组织行为学的核心分支 ... 002
　　第二节　创业组织行为学的概念、作用和研究方法 ... 010
　　第三节　中国创业活动的发展现状 ... 016
　　第四节　国际创业活动的发展现状 ... 021
　　本章小结 ... 026
　　课程思政 ... 027
　　思考练习题 ... 027
　　心理测试 ... 028
　　案例分析 ... 029
　　本章参考文献 ... 030

第二章　创业动机、创业机会、创业认知与创业决策 ... 033
　　第一节　创业动机与创业机会 ... 034
　　第二节　创业认知与偏差 ... 037
　　第三节　创业决策 ... 044
　　本章小结 ... 051
　　课程思政 ... 051
　　思考练习题 ... 052
　　心理测试 ... 052
　　管理游戏 ... 053
　　案例分析 ... 054
　　本章参考文献 ... 055

第三章　创业者素质与测评 ... 058
　　第一节　创业者素质 ... 059
　　第二节　创业者的个性心理特征 ... 063
　　第三节　创业者素质测评 ... 068
　　本章小结 ... 072
　　课程思政 ... 073

思考练习题 ··· 073
　　心理测试 ·· 074
　　管理游戏 ·· 076
　　案例分析 ·· 076
　　本章参考文献 ··· 078

第四章　创业价值观与态度 080
　　第一节　创业价值观 ·· 081
　　第二节　创业态度 ··· 089
　　第三节　创业组织承诺 ··· 092
　　第四节　大学生的创业价值观与态度 ·· 097
　　本章小结 ·· 102
　　课程思政 ·· 103
　　思考练习题 ··· 103
　　心理测试 ·· 103
　　案例分析 ·· 105
　　本章参考文献 ··· 106

第五章　创业组织激励 110
　　第一节　激励理论 ··· 111
　　第二节　创业组织激励 ··· 115
　　第三节　大学生创新创业激励 ·· 123
　　本章小结 ·· 129
　　课程思政 ·· 129
　　思考练习题 ··· 130
　　案例分析 ·· 130
　　本章参考文献 ··· 132

第六章　创业组织领导 133
　　第一节　领导概述 ··· 134
　　第二节　创业组织领导概述 ··· 139
　　第三节　大学生创业领导力的培养和提升 ··· 148
　　本章小结 ·· 152
　　课程思政 ·· 153
　　思考练习题 ··· 153
　　心理测试 ·· 154
　　管理游戏 ·· 154
　　案例分析 ·· 155

本章参考文献 ··· 156

第七章　创业组织权力与政治 ·· 158
　　第一节　创业组织权力 ·· 159
　　第二节　创业组织政治 ·· 165
　　第三节　创业组织政治知觉 ·· 172
　　本章小结 ·· 176
　　课程思政 ·· 176
　　思考练习题 ·· 177
　　心理测试 ·· 177
　　案例分析 ·· 178
　　本章参考文献 ··· 179

第八章　创业组织文化 ·· 181
　　第一节　创业组织文化概述 ·· 183
　　第二节　创业组织文化的功能 ·· 186
　　第三节　创业组织文化的建设 ·· 189
　　本章小结 ·· 195
　　课程思政 ·· 196
　　思考练习题 ·· 196
　　心理测试 ·· 197
　　案例分析 ·· 199
　　本章参考文献 ··· 202

第九章　创业组织变革与发展 ·· 203
　　第一节　创业组织变革与发展概述 ·· 204
　　第二节　创业组织变革的动力、阻力及其克服 ·· 211
　　第三节　创业组织变革与发展 ·· 216
　　本章小结 ·· 219
　　课程思政 ·· 220
　　思考练习题 ·· 220
　　管理游戏 ·· 220
　　案例分析 ·· 221
　　本章参考文献 ··· 223

第十章　创业组织员工全健康管理 ·· 225
　　第一节　创业组织员工全健康管理概述 ·· 226
　　第二节　创业组织员工心理保健 ··· 230
　　第三节　创业组织员工心理管理 ··· 240

本章小结 …………………………………………………………… 243
课程思政 …………………………………………………………… 244
思考练习题 ………………………………………………………… 244
心理测试 …………………………………………………………… 245
管理游戏 …………………………………………………………… 246
案例分析 …………………………………………………………… 247
本章参考文献 ……………………………………………………… 249

第一章
创业组织行为学概述

 学习目标

- 了解创业组织行为学的产生背景。
- 掌握创业组织行为学的概念和作用。
- 掌握创业组织行为学的研究方法。
- 了解中国创业活动的发展现状。

引例

"中华有为"——华为

华为,如今已经成为全球科技行业的一面旗帜。它的创业历程展现了中国企业在世界舞台上奋勇拼搏、不断创新的精神。作为全球领先的信息与通信解决方案供应商,华为的成功不仅仅是技术与产品的胜利,更是每位员工、每个领导者不懈努力的结晶。

华为强调技术创新和国际化发展,激励团队积极进取,培养员工的专业技能和创新能力。创始人任正非十分重视员工的发展,鼓励员工面对困难不气馁,在挑战中成长。他倡导的"架构+文化"管理模式,让员工获得更多的自主权和成长机会,激发了员工的工作激情和创造力。

务实、开放、创新的领导风格,影响和塑造了华为企业文化的核心价值观。任正非对员工的关心和支持,让华为成为一个让员工挑战自我、实现自我价值的平台,激发了员工投身于公司的发展,努力实现个人与公司共同成长的目标。

三十年风雨兼程,华为以高效团结共迎挑战,以实际行动诠释了"中华有为"的精神,展现了中国企业在全球舞台上强大的竞争力和影响力。

从引例可以看出,创业组织领导者的领导风格对于企业的发展有着极其重要的影响。那么,创业者应该如何管理组织成员并采取相应措施培养员工的工作热情呢?这正是创业组织行为学需要探讨的一个重要问题。

创业型组织有着与传统组织不同的特质。创业者面临的组织管理难题,创业组织的领导方式、激励方式,创业组织内的管理沟通等都与传统组织大不相同。因此,创业组织行为学的兴起正当其时。

第一节 组织行为学的核心分支

20世纪以来,组织行为学的发展历史主要分为四个阶段:古典科学管理阶段、人际关系学说阶段、当代组织行为学阶段以及近年来兴起的积极行为学阶段。在组织行为学发展愈发成熟的同时,组织形态也愈发多元化。20世纪末以来,出现了学习型组织、虚拟型组织和创业型组织等新组织形态,而在当前"大众创业、万众创新"的时代大背景下,创业组织行为的研究显得尤为重要。创业组织行为显示出与传统组织行为不同的特性,因此,作为组织行为学的一个核心分支,创业组织行为学是在以往创业研究和组织行为研究的基础上构建的一个新兴研究领域。

一、创业组织行为研究的发展历程

(一)创业研究

1. 创业学的兴起

要理解创业问题,从熊彼特和柯兹纳的理论切入比较合适,他们的思想对于理解创业对经济增长的作用十分重要(方世建等,2012)。熊彼特在归纳提炼诸多学者理论的基础上,认为创业的本质是发现、推动新生产要素的新组合,是创建新组织与开展新业务的新结合,是创造社会经济的显著要素。柯兹纳进一步指出,只有那些警觉的企业家才能把握市场机会。后续学者以机会识别与利用开始了创业过程的研究。自此,创业研究受到学术界的广泛关注。1947年,哈佛商学院的麦斯(Myles Mace)教授创建了创业学学科内容体系框架,并在哈佛商学院首次为当时的180名MBA学员开设创业学课程。到20世纪80年代中期,创业学领域的第一本权威性专业期刊——《商业风险期刊》(*Journal of Business Venturing*)在美国诞生。1987年,美国管理学会将创业研究作为一个单独的领域正式纳入了管理学科。由于创业和创新行为对经济发展的显著影响,伊斯雷尔·柯兹纳(Israel Kirzne)和马克·卡森(Mark Casson)等人强调创业对经济均衡与发展的推动作用,因而早期的创业研究集中在经济学领域。

20世纪70年代以来,全球范围内的创业实践活动日趋活跃,创业对推动经济增长的重大价值愈发显现,创业研究也因此受到来自经济学、管理学、社会学、心理学以及技术科学等多个领域学者的广泛关注,不少学者试图透过创业现象挖掘创业的本质。由此可见,同其他学科相比,创业学属于一个新兴的交叉学科。

2. 组织制度创业

新兴的制度学派将制度创业界定为:行动主体通过整合自身资源来创造新制度或改变现有制度,以在某种特定的制度安排中获利而从事的活动。在组织制度创业中,行动主体之所以能够成为制度创业者,是因为他们自身具有的反思特质。与管理者比较而言,创业者更会对人们习以为常的东西进行反思。在研究了组织制度创业的主体后,学者们继而关注组织制度的其他要素。苏达比(Suddaby,2002)等认为社会动荡不安、技术停滞不前、竞争受到遏制或规制变迁等因素会破坏组织场域共识，从而触发新的观点，激活组织的制度创业。如果组织场域多样性和制度化程度都处于中等水平，组织场域在机会模糊不清、机会透明可见和机会若隐若现三种情形中，处于机会透明可见的状态下更可能发生制度创业。

国内对新制度学派的理论研究起步较晚，因此学者们侧重于在中国情境下验证和调校西方理论。尹珏林和任兵（2009）通过典型案例揭示了中国直销行业组织场域的发展离不开场域制度合法性的建立和场域内制度创业者对合法性的追求。基于新制度主义观点，苏晓华等（2013）以中国风险投资、私募股权投资行业为样本，深入解析了转型经济下新兴组织场域制度创业的演变过程，并对每个阶段制度创业的动因及制度创业者的作用进行了分析。

在探索制度创业动力机制的过程中，基于组织场域视角的学者成功地解释了制度创业的真正动因，把制度创业归因于组织场域的制度化程度、制度逻辑的多样性和制度矛盾，从内生的角度解释了制度创业的动因。

3. 组织内部创业

为探析组织创业气氛与创业绩效之间的相关关系，李晶（2008）研究了两者的内在作用机制，并纵向动态分析了不同创业阶段组织创业气氛模式的差异，横向截面分析了组织创业气氛的作用机制，从而形成了纵横交互的立体理论框架。借鉴组织冗余研究所提及的"黏性"维度，戴维奇（2012）提出"能动性"这一概念，并围绕两个维度比较人力冗余和财务冗余对组织创业与成长的差异化影响。研究表明，人力冗余通过公司创业推动企业成长，而财务冗余对企业成长和公司创业的正向影响不显著。蒋勤峰等（2007）从企业创新和可持续发展的视角出发，阐述组织内部创新机制的构建，即内部创新的动力机制、运行机制和反馈机制的设计。在推进企业内创业的过程中，组织内部创新机制所起的作用巨大。企业内创业是指企业为了获得创新的成果而得到组织授权和资源保证的组织内部的创业行动，它已经成为当今企业管理领域的重要内容和创业潮流。

时至今日，创业仍是一个极具创新性与挑战性的新兴研究领域。创业作为一种复杂现象，需要从多维度对由创业者、创业资源、创业团队、创业组织等要素构建的新的独立的理论体系进行分析。

4. 诸多创业现象亟须独立的创业理论体系予以解释

创业问题吸引了不同学科背景的学者加入研究行列，这固然可以繁荣创业研究，但随着创业研究的不断深入，有学者认为如果创业研究必须依赖其他学科的理论来解释创业现象，那么创业作为一门独立学科的合法性就值得质疑。创业在实践中发挥着难以替代的作用，它是把科技成果转变为产品和服务的桥梁，是减弱时空经济无效性的重要机制，更是产品和服务创新的主要源泉［谢恩（Shane）等，2000］。很多创业现象是无法用其他学科的既有理论进行精准解释的，因此，有必要创立专门的创业理论来研究和解决创业问题，把创业研究发展成为一个专门研究创业问题的学科。正如拜格列夫（Bygrave，1989）所言，创业现象研究在发展之初可以大量借鉴其他学科的理论和方法，但如果它要发展成为一门独立的学科，那么就必须形成具有自身特点的方法和理论体系。

5. 多维度、多因素的动态研究将是创业新理论体系的研究焦点

随着创业研究的不断深入,学者们把创业管理发展成为一门独立的学科或研究领域的愿望变得越来越强烈。在这种愿望的驱动下,谢恩和维卡塔拉曼(Shane & Venkataraman,2000)把创业定义为"如何、由谁、采用什么手段来识别、评价和开发创业机会并创造商品和服务的过程",并且提出了一个创业管理理论模型,旨在构建一个完善的创业理论模型来解释那些其他学科无法解释的现象。在这个模型中,创业机会成了贯穿整个创业过程的核心要素。

创业是一种复杂现象,仅仅对创业者或者创业机会进行单维度研究是远远不够的。基于这一认识,高德纳(Gartner,1985)转变研究视角,构建了一个多维度的动态创业理论模型,以期对创业现象做出更为全面的解释。该模型包括创业者、创业组织、创业环境和创业过程四个要素。每个要素又包含数个维度,四个不同的创业要素通过不同方式进行互动并相互影响。

创业作为一个学术研究领域,正处于"黄金时期"的开端。因而,创业研究将会继续深入,注意挖掘创业与企业成长过程中的理性成分,进一步揭示创业的内在规律。基于创业机会的研究框架和信息网络的理论体系,结合企业成长历程开展动态性的研究工作,创业的理性与非理性决策、创业的核心资源问题、创业的动态性研究等方面将成为未来的研究焦点。

(二)创业组织行为研究

组织行为学于20世纪60年代发展成为独立的学科,其研究的重点涵盖了组织中的个体、个体之间如何互动、个性如何影响工作绩效、群体行为模式以及如何应对组织环境变化并进行组织变革等。而随着20世纪70年代世界范围创业活动的蓬勃发展,相关学者开始运用组织行为学来研究创业现象,他们注意到不同的组织制度安排会影响创业活动,因此研究了与传统组织相比创业组织所拥有的特性,探析了创业组织中各要素及其相互作用机制对创业活动的影响等,在解释创业成功的组织要素等方面,形成了不同的研究层面、分析视角和理论观点。

1. 组织的特性

创业组织与传统组织相比,至少有三个关键属性:共享的管理、对异常的警觉和卓越的模糊吸收能力。在传统组织的整体框架中,主要存在组织文化、战略、管理系统和操作系统四大系统。而创业组织在组织文化和战略层面,主要强调共享的管理;在战略和管理系统两个层面,强调对模糊的吸收;在组织文化和操作系统两个层面,主要强调对异常情况的警觉。创业组织的独特属性主要体现在对创业机会的敏感,即其必须善于识别机会,并就此进行各种创新活动。因此,创业组织必须保持对机会的敏感性、管理体系的柔性和高不确定吸纳特性。海德(Heide,1994)深化了创业组织的柔性特征,认为能够增加组织柔性的结构主要有三种类型:模块化组织类型、虚拟组织类型、无边界组织类型。而学习型组织理论认为,创业组织是一个"学习场所,是一个能够将其成员整合入学习网络的组织",为了持续变革和创新,创业组织就必须成为"一个聪明的大脑"。

作为一种战略资产、一种获取竞争优势的独特资源,创业组织由创业精神、承载创

业精神的独特管理体制和人员、柔性化组织结构三个层次组成。魏江等（2008）探讨了创业导向、组织学习与动态能力的内涵及三者之间的关系，得出组织学习对动态能力产生显著的正面影响，组织学习在创业导向与动态能力之间具有中介效应的结论。林嵩和徐中（2013）发现，创业者与创业组织的能力契合度对于创业者能力和创业组织能力都有着显著的正向影响，创业组织能力对创业绩效具有显著的正向影响。

例证 1-1

大学生创业——"坦桑尼亚版淘宝"

创业组织具有以下三个典型特征：① 战略性领导，即具有战略视野、能适应迅速变化的环境、创造共同愿景、鼓励学习和创新的领导团队。② 强势的文化，即有强调打破边界、善于接纳和认可他人价值观、鼓励共享信息和知识的文化。③ 柔性结构，即具有有利于交流和共享信息与知识、边界易于渗透的组织结构。这些特征使组织迅速捕捉机会、快速整合资源成为可能。

2. 创业者的特征

创业者究竟具有什么样的特征？为什么一些人选择了创业，而另一些人则不选择创业？为什么有的人能够取得创业成功？在创业领域的研究历程中，这些问题一直激发着研究者们的探知欲望。早在20世纪60年代，科林斯和莫尔（1964）等人发现，创业成功是与创业者自身的某些素质密不可分的：他们好奇心强，富有洞察力，善于辨别与利用机会，而且果断、敢于承担风险。20世纪80年代，创业者的特征成为创业领域研究的焦点，人们普遍关注为什么一些人会选择创业。加塞（Gasse，1996）对567位自我衡量的潜在创业者进行调查，采用问卷调查和现场实验的方法，建立多元统计模型，研究后发现，创业者在情感、识别和行为上的特征明显强于其他人。

在早期对创业者的研究中，人们试图分辨出创业者特有的心理特征、人格特征及相关线索，这些研究得出了一些很有意义的结论，使人们对创业的认识有了很大的进步。

3. 创业者的意图和决策

创业行为显然属于意愿性行为，但对于创业意图的实证研究却一直相对较少。夏皮罗（Shapero，1982）提出创业意愿来自于创业者对愿望和可行性的共同感知，以及创业者对机会的行为倾向。这个假设直到1993年才得到了克鲁格（Krueger）的验证。克鲁格主要测量了早期创业者创业行为的表现，通过对愿望和可行性的认知作用于创业意愿，得出创业者对机会的行为倾向与对愿望和可行性的认知有关，同时也与创业意愿的产生有着直接联系的结论。戴维森（Davidsson，1995）则提出了一个经济心理学模型，在这个模型中，个人背景特征变量直接影响创业者的创业动机，而创业动机则源自创业者自身的心理定位，即创业者特质。他的主要创新点在于提出了创业者产生创业意愿之前的一个心理阶段——顿悟（conviction），认为这是创业意图形成的核心阶段。基于戴维森的模型，乌尔夫斯泰特（Ulfstedt）等于 1997 年选择了"即将毕业的大学生"这一典型的潜在创业者，并对芬兰、瑞典、美国和泰国的四所大学进行比较研究，得出"在不同的文化环境下，人们的创业倾向存在很大的差别，同时，不同人群影响创业意图的人格因素也存在差异"这一结论。

4. 创业团队

为有效地吸收和整合创业资源，可以团队形式来创业，借助各成员不同的背景、经验和社会关系等，为创业活动带来多样化的资源，同时能够共同承担风险，提高创业成功的可能性。创业团队通常由少数具有技能互补性的人组成，他们认同于一个共同目标，共存于一个能使他们彼此负责的组织。创业团队平均年龄大，虽然代表着经验丰富，却可能存在缺乏柔性和固执僵化的风险。魏斯玛（Wiersema，1992）指出，更为年轻的创业团队更具进取心，愿意冒更大的风险，以获得可观的利润和市场占有率。创业团队的平均年龄与反映创业企业成长的绩效指标，如销售额、资产增长率等呈负相关关系。而库珀（Cooper）等于 1994 年发现，创业团队的规模与新创企业的销售额和员工数量呈正相关关系。团队规模大，拥有许多不可比拟的优势，如更多接近所需资源的机会、更丰富的信息来源和更强大的并行开展工作的能力等。

在整合多学科研究的基础上，朱仁宏等（2012）结合创业团队实践，认为创业团队是由两个或两个以上具有共同愿景和目标、共同创办新企业或参与新企业管理、拥有一定股权且直接参与战略决策的人组成的特别团队，并对创业团队进行了分类，剖析了不同创业团队各自的特征，讨论了创业团队演进过程中，创业团队如何"好聚"（创业团队组建）、"好处"（创业团队发展）和"好散"（创业团队解体）等。曾楚宏（2015）借鉴组织行为研究的"投入—转化—产出"的研究范式，对当前创业团队研究的主流观点进行整合，进而提出一个更为系统且深入的理论框架。其范式认为，群体绩效以及其他团队产出均是由投入和中间转化共同作用的结果，并致力于描绘出这一完整的作用路线。

5. 创业组织文化

组织文化是组织内部具有本组织特征的文化，能够反映组织的价值观念、组织体制、文化氛围及行为准则等。不同类型的组织有不同的文化，它是结合组织实际情况形成的，具有独特性、时代性、群体性、地域性等特点。一些学者从文化属性的角度对文化环境进行了研究。德国的政治经济学家和社会学家韦伯（Weber，1976）最先强调文化对创业的影响。他指出，新教的工作道德规范鼓励个人主义、创业文化、理性和自信，而这些正是现代资本主义精神的基础。米歇尔（Michelle，2002）认为，以文化为基础的价值观对创业企业有很大的影响，具有相同价值观的同一种族的人，其创业行为在风险承担、成长倾向、家庭参与、创新等方面具有很多相似之处。同时，巴苏（Basu）和阿尔蒂内（Altinay）于 2001 年调查了不同种群的文化属性如何影响他们的创业行为，探讨了文化和创业之间的相互作用，并且认为这种作用可能会随时间变化而变化，即在创业前和创业后两个阶段中有所改变。积极良性的创业组织文化，能使团队习得的适应外部、融合内部的共享假设有效运作，并将这种为成员感知、理解、认同和思考的正确方法传递给组织新成员。

6. 创业组织资源及组织特征

不同的创业活动具有不同的创业资源需求，包括组织资源、物质资源和人力资源。组织资源是创业三大资源中最重要的一种。组织是协调创业活动的有机系统，也是创业的载体，离开了组织，创业活动就无法协调，创业的资源就无法整合，创业者的领导作用就无从谈起。多林格（Dollinger,1995）将创业资源进一步细分为物质资源、声誉资源、组织资源、财务资源、智力资源和技术资源。林嵩（2005）认为，创业资源是指创业组织创建及其成长过程中，所需要的各种生产要素和支撑条件，包括资产、资金、知识、信息、网络等有形和无形的资源。

创业组织的显著特征是创业者强有力的领导和缺乏正式的结构和制度，但这并不构成组织成长的障碍，创业组织接受新事物快，并能迅速地对变化做出反应，在此过程中，它们得以发展壮大和走向成熟。现在人们从更广义的角度来看待创业型组织，即它是以创业者为核心形成的关系网络，不仅包括正式创业企业内的人，还包括这个企业外的人或者组织，如顾客、供应商和投资者。这种扩展的组织概念有利于决定如何创建组织、确定和保持竞争地位。

创业者需要整合组织内外的资源，包括资源的确定、筹集和配置。创业组织成长的过程就是不断地投入资源并持续地提供产品与服务的过程。能否以最小的投入获得最大的产出，使得创业组织具有竞争力并盈利，是衡量组织创业创新活动成效的重要标准。

7. 从创业研究到创业组织行为研究

随着创业研究的深入，创业研究的焦点从创业经济转向创业主体，创业研究也逐步从宏观转向微观，研究变量涵盖个人、组织、网络和环境等各个层面，并逐步形成一些特定的理论模型框架和概念模型。这些理论成果极大地促进了人们对创业的理解和认识，有力地推动了创业型经济和社会进步。

在与创业管理相关的大量理论研究中，创业者的个性、创业者的价值观与态度、创业者的领导方式、创业组织文化、创业组织成员的心理健康等研究内容，都涉及组织行为学的重要内容。而组织行为学中个性与心理测验、价值观与态度、组织管理沟通、权力与政治、组织领导理论、组织文化、组织成员心理健康等研究内容，则涵盖了创业研究的诸多方面，它们为创业组织行为的研究提供了丰富的理论基础。

通过数十年的创业研究积累的研究，得出了一些结论，它们在逻辑上相互联系并验证了具有一致性，将这些创业研究成果转化为创业教材的基本内容并应用于教学工作，实现教学与科研的良性互动，能够使两者呈现螺旋形上升进步的轨迹。创业组织行为学将在组织研究的框架内广泛而深入地探究创业问题，必能帮助创业者及其团队提升创业的成功率。

二、企业生命周期与创业组织的特征

（一）企业生命周期简介

从周期视角来看，企业的成长过程包括成长和老化两大阶段，企业的生命周期可以分为孕育期、婴儿期、学步期、青春期、盛年期、稳定期、贵族期、官僚化早期、官僚期以及死亡期十个时期。其中,成长阶段从孕育期开始,经历了婴儿期、学步期、青春期和盛年期,到稳定期结束。稳定期是企业成长的巅峰,到达这一时期之后,往往意味着企业即将进入老化阶段。老化阶段一般会经历贵族期、官僚化早期、官僚期以及死亡期。企业在每个时期都会遇到不同的管理难题,也会有不同的管理特点,具体如下(李华晶,2021)。

(1)孕育期:企业尚未诞生,仅仅是一种创业的意图。

(2)婴儿期:行动导向,机会驱动;缺乏规章制度和经营方针;表现不稳定;易受挫折;管理工作容易受到危机的影响;不存在授权,管理上"一言堂";创业者是企业生存的关键因素。

(3)学步期:企业已经克服了现金入不敷出的困难局面,销售额上升,表现出快速成长的势头,但企业仍是机会有限、被动销售、缺乏连续性和重点、因人设事等。

(4)青春期:企业得以脱离创业者的影响,并借助职权的授予、领导风格的改变和企业目标的替换而再生。老员工和新来者之间、创业者和专业管理人员之间、创业者与公司之间、集体目标与个人目标之间的冲突是这一时期的主要问题。

(5)盛年期:企业的制度和组织结构能够充分发挥作用;视野的开拓与创造力的发挥已经制度化;注重成果,企业能够满足顾客的需求;能够制订并贯彻落实计划;无论是从销售还是从盈利能力来说,企业都能承受增长所带来的压力;企业分化出新的婴儿期企业,衍生出新的事业。

(6)稳定期:企业依然强健,但开始丧失灵活性,表现为:① 对成长的期望值不高;② 不努力占领新市场和获取新技术;③ 对构筑发展远景失去兴趣;④ 对人际关系的兴趣超过了对冒险创新的兴趣。

(7)贵族期:大量的资金被投到控制系统、福利措施和设备上;强调做事的方式,而不问所做的内容和原因;企业内部缺乏创新,把兼并其他企业作为获取新产品和市场的手段;较为成熟的运营能力和良好的财务状况使这一时期的企业成为潜在的被并购的目标公司。

(8)官僚化早期:强调是谁造成了问题,而不去关注应该采取什么补救措施;冲突和内讧层出不穷;注意力多集中于内部争斗,忽视了客户需求。

(9)官僚期:制度繁多,行之无效;与世隔绝,只关心自己;没有把握变化的意识;客户必须通过种种办法,绕过或打通层层环节,才能与之有效对接。

(10)死亡期:已经没有资源鼓励人们为自己工作。

(二)创业组织的特征

建立优良的创业环境,首先要营造良好的创业组织氛围。良好的创业组织氛围具备如下九个特征(邓丽芳,2020)。

(1)开发技术前沿。研发是产生新产品创意的关键资源,企业在创业初期需要鼓励新创意的产生,积极关注和开发技术前沿。

(2)鼓励试验。成功的新产品或服务通常不是短时间内开发完成的,而是逐渐演化的。例如，第一台在市场上出现的计算机，其研发花费了很长时间并经历了很多失误。一个公司想要建立创业精神，必须建立一个在开发新产品或者创新过程中允许犯错和失败的环境。通常，一个组织中各个"领域"都会受到保护，以免挫伤潜在创业者试图建立新企业的想法。

（3）具备可利用的资源。企业的资源应该可以获得并容易接近。当创建一个新企业时，往往需要投入大量的资金、人力和物力资源，只有这些资源都可获得并且容易接近时，这个企业才有发展的机会和空间。

（4）鼓励多领域团队合作。开发必要团队对一个新企业而言十分重要，因为团队成员在企业中的晋升和整个职业生涯的发展依赖于他当前的工作职位、工作绩效和团队合作。

（5）公司就业精神必须建立在个人自愿的基础上。创业需要个体付出更多的心血、时间和努力，需要机会和完成项目后的奖励，需要员工具有自发的为公司奉献的精神和热情，这意味着创业公司的就业精神不能强加给个人，而必须建立在资源的基础上。

（6）激励机制。创业公司需要针对创业者和员工在创业过程中付出的努力、承担的风险等给予合适的激励，并且该激励机制是基于获得的绩效目标而设立的。在新建企业中给予公平的职位是最好的激励。

（7）有利于公司的创业环境。创业组织中必须有创业的支持者和拥护者，他们不仅支持创造性活动，而且要有灵活的计划去建立和实现新目标，只有这样，创业组织才能营造出有利于公司发展的创业环境。

（8）创业活动必须得到高层管理者全心全意的支持和拥护。这些支持和拥护不仅体现在物质层面，而且体现在公司人力和物力等资源的可获得上。没有高层管理者的支持，就不可能建立成功的创业环境。

（9）好的创业组织离不开优秀的创业团队。创业团队的凝聚力、合作精神、立足长远目标的敬业精神都会帮助新企业渡过危难时刻，加快成长步伐。对于一个创业团队而言，必须具备以下七项基本的创业素质（邓丽芳，2020）。

① 资源。创业不是引"无源之水"，栽"无本之木"。每一个人创业，都必然有其凭依的条件，也就是其拥有的资源。创业资源包括人力、财力和物力在内的一切能够应用于创业中的有形或无形的力量。

② 创意。创意应具有如下特征：具有市场价值，能够在一定时间内产生利润；具有实现的可行性，能够付诸行动；具有新意，能创新，能抓住市场空间。一个优秀的创业者最需要、最有价值的能力是创意能力和将创意完美实施并产生高品质结果的能力。

③ 技能。创业技能应具备如下特征：一定是实用的，可以是专业技能或其他技能；包括管理技能和行动能力；团队成员技能互补。

④ 知识。创业知识需要涉及行业知识和专业知识；必需的法律、商业和财务知识；创业者的眼界和思考领域。

⑤ 才智。才智是观察世界、分析问题、思考问题和解决问题的独特思维。创业者需要像训练猎犬一样训练自己的商业感觉。良好的商业感觉是创业者成功的最好保障。

⑥ 关系网络。创业者需要良好的人际亲和力和关系网络，包括合作者、服务对象、

新闻媒体,甚至是竞争对手。关系网络意味着其能够调动的资源的深度和广度。良好的关系网络并不狭隘地等于搞关系、走后门。

⑦ 目标。创业者的个人目标和创业目标是紧密相连的,因为创业本身就具有强烈的个人色彩。成功的创业者必须是目标感非常强的人。创业者必须对创业目标进行深思熟虑,只有这样才能付诸行动,最大可能地实现创业目标。

第二节 创业组织行为学的概念、作用和研究方法

创业组织行为学是组织行为学和创业管理诸多理论研究的交叉焦点,它们碰撞并迸发出极大的理论生命力和实践鲜活力。

一、创业组织行为学的概念

目前,关于组织行为学和创业管理的研究有很多,它们为创业组织行为学提供了诸多的理论基础。从学科内涵来看,创业组织行为学是一门多学科交叉融合的边缘学科。它在创业实践的基础上,汲取了组织行为学和创业管理等其他多种学科的理论成果。本书认为,创业组织行为学是一个综合的研究领域,它探讨创业个体、创业群体以及创业组织结构对组织内部各要素行为的影响,以便应用这些知识来改善与提升创业组织的有效性,从而增加创业组织的成功率。

与创业组织行为学密切相关的学科有管理学(包括人力资源管理学、组织管理学)、行为科学(包括心理学、社会学、人类学)和社会科学(包括政治学、经济学、伦理学)等,如表1-1所示。

表1-1 与创业组织行为学密切相关的学科

学 科	具 体 学 科	主要影响和涉及研究领域
管理学	人力资源管理学	创业成员招募、培训与开发、创业绩效管理、薪酬管理、劳资关系
	组织管理学	创业组织结构与设计、创业组织变革与创新、创业组织文化
行为科学	心理学	激励、领导、创业认知、创业者个性、个体决策、工作满意度、态度、工作压力
	社会学	制度变迁、创业群体行为、创业团队建设、态度改变、创业群体决策
	人类学	创业者价值观、态度、社会化、沟通、创业现象跨文化研究、创业组织文化、政治组织与社会控制
社会科学	政治学	国家与政府、政治民主、政治管理与参与、政治文化与发展、创业组织权力与政治、劳资关系
	经济学	创业经济、创业与就业、投资与经济增长、领导有效性、工作绩效
	伦理学	创业成员道德、道德教育、创业精神、创业组织公民行为、激励、创业者领导的伦理问题

创业组织行为学研究的问题既有一贯的核心问题,也有一些最新的、亟须解决的问题。在创业经济兴盛发展的今天,创业组织行为学研究需要应对经济社会转型中的创业

组织变革与发展、创业组织文化与学习模式、工作方式变化等问题,其中,以下三个问题是创业组织行为学关注的焦点。

(1)创业机会。创业机会视角是国内外创业研究理论界一以贯之的关注焦点。熊彼特(1934)认为,创业机会是各种通过创造性地整合资源来满足市场需求并创造价值的可能性。克尔兹内(Kirzne,1997)认为,创业机会是未明确的市场需求或未得到充分利用的资源或能力。巴林杰(Barringer)和爱尔兰(Ireland)(2006)则认为,创业机会是一组有利于创造新产品、新服务或新需求的环境因素。创业机会观从创业机会和企业家个体关系的角度去建构企业家理论和创业理论,将创业活动看作企业家个体、创业环境和创业机会的交互过程(朱仁宏等,2007)。

(2)创业组织。环境不确定性的加剧,会导致更多的公司采取创业导向型战略,但是从公司创业导向到组织绩效,中间需要一定的转化路径与组织支持。张玉利和李乾文(2009)论证了组织的机会探索能力和开发能力在把创业导向转化为组织绩效的过程中所起的中介作用,在一定程度上揭示了从创业导向战略到价值创造的转化"黑箱"。席必珍(Pi-chen Seet)博士等以东亚地区经济高成长为例,分析了儒家文化对解决组织悖论的促进作用,认为有利于组织创新与创造的行为也有利于基于创造与创新的创业过程(张玉利,2006)。

(3)创业领导者特质。这一课题主要研究创业领导者的个体素质、领导行为、思维方式、实践经验以及领导方法等与领导力和领导效能相关的问题。在创业组织存活、发展乃至创业成功的一系列过程中,创业领导者相关特质在创业过程中所起的作用一直受到研究者的重视。贝克尔(Becker,1993)主要关注创业领导者的人口统计学特征,从性别、年龄、种族等角度分析什么样的人更有可能成为创业领导者。卡森(Casson,1982)把目光转向创业领导者的心理与认知特征,经研究发现创业领导者在创新、成就导向、独立自主、掌握自己命运的意识、风险承担倾向和对不确定性的包容等方面的心理特征更加明显。

二、创业组织行为学与组织行为学的联系与区别

(一)创业组织行为学与组织行为学的联系

从创业组织行为学的发展来看,创业组织行为学可以看作组织行为学细分发展的一支,它研究了创业者特质、创业团队、创业组织文化和创业组织结构等,其中涉及创业管理的诸多内容。

(1)研究基础的联系。创业组织行为学和组织行为学都是行为科学的分支,它是以行为学为基础,与人力资源管理学、组织行为学、社会学、人类学、政治学、经济学和伦理学等学科相互交叉的边缘性学科。

(2)研究对象的联系。创业组织行为学和组织行为学的研究对象是组织成员的行为与心理,研究内容涉及各项管理职能,既包括了对人的管理,也包括了对物的管理。

(3)研究重点的联系。创业组织行为学和组织行为学都聚焦于研究组织中个人与组织相互作用的规律,它们的研究重点强调对个体的激励,注重个体与组织的协调,重视管理人员、领导者在组织中的作用。

（4）研究内容的联系。创业组织行为学和组织行为学的研究内容大同小异，内容架构基本相同，如领导问题、个体问题、激励问题、群体问题、组织问题、变革问题等，这些都是两者研究的主要方面。

（二）创业组织行为学与组织行为学的区别

（1）概念不同。组织行为学是系统地研究人在组织中所表现出的行为和态度的学科。抽象地说，组织行为学研究的是组织中人的行为和心理规律。具体地说，包括了组织与组织、组织与社会环境之间的相互作用，以及组织的产生、发展和组织与其所属的群体、个人之间的相互作用规律等。而创业组织行为学是研究人在组织创业初期所表现出的行为和态度的学科。

（2）研究内容的区别。组织行为学研究组织在各个阶段的行为，而创业组织行为学仅仅研究创业初期的组织行为。

（3）研究对象的区别。组织行为学研究所有的组织中人的行为，而创业组织行为学仅仅研究创业组织中人的行为。

三、创业组织行为学与创业管理的联系与区别

（一）创业组织行为学与创业管理的联系

创业管理研究了创业过程的很多要素，如创业者、创业机会、创业计划与资源整合、创业风险与防范等，而这里面涵盖了创业组织行为学的相关内容。创业组织行为学与创业管理交叉融合，在研究的目的、对象、内容和理论来源方面具有极大的一致性。具体表现在以下几个方面。

（1）研究目的相同。创业组织行为学和创业管理都通过对组织中个体、群体以及相关资源的研究，揭示其规律，并以此规律指导个体、群体或组织的行为，达到创业成功的预期目标。

（2）研究对象相对一致。创业组织行为学和创业管理都把创业行为与创业群体作为自己的研究对象。创业组织行为学在研究创业组织中人的行为特点及其规律时，不可避免地会涉及创业管理的内容，创业管理在研究创业过程中各要素的特点及其规律时，又必然会涉及组织行为。

（3）研究内容有交集。创业组织行为学与创业管理研究关注的共同内容有创业者个体问题、创业群体问题、创业领导问题、创业组织文化与发展问题等。

（4）很多理论来源相同。创业组织行为学的理论来源比较广泛，很多理论来源与创业管理的理论来源相同，如心理学、社会学、人类学、教育学等。其中，心理学这一学科是其主要的理论来源。

（二）创业组织行为学与创业管理的区别

虽说创业组织行为学与创业管理在诸多内容上有交集，即二者都是边缘学科和应用学科，很多学者容易将二者混同起来，但它们还是存在一些差别的。表1-2对这些差别进行了比较。

表 1-2　创业组织行为学与创业管理的比较

	创业组织行为学	创业管理
研究对象	创业组织中人的行为（指外观的活动、动作、反应或行动）以及组织行为	创业管理过程中各阶段要素（机会、创业者、创业计划、风险防范等）的研究、分析、把握
理论基础	社会科学、行为科学、管理科学、自然科学等	社会学、经济学、教育学、管理学、生理学等
学科性质	边缘科学	边缘科学
形成背景	1949年"行为科学"一词出现；1953年正式命名；20世纪60年代末开始形成组织行为学；20世纪80年代对创业型组织的研究兴起，涉及创业组织文化、氛围、组织资源等；21世纪初创业经济的发展，亟须系统地梳理创业组织行为学内的研究成果	熊彼特首次明晰"创业"（1910）概念，指出创业是社会变化与发展的关键发动机（1934）；1947年哈佛商学院创立创业学内容体系；20世纪八九十年代，蒂蒙斯（Timmons, 1974）、高德纳（Gartner, 1985）、威克姆（Wickham, 1998）、克里斯琴（Christian, 2000）等学者提出经典创业模型；谢恩（Shane）和文卡塔拉曼（Venkataraman, 2000）强调作为一门社会科学，创业管理应有自己的概念框架
追求目标	通过对创业组织中个体、群体以及相关资源的研究，揭示其规律，并以此规律指导个体、群体或组织的行为，从而提升创业组织的有效性，提高创业成功率	以创业机会为起点，研究创业过程中涉及的创业者、创业团队、创业计划、创业初期管理、创业企业成长、创业风险与防范等问题，以实现创业资源配置的最优化和创业绩效最大化
研究重点	创业组织中的个体、群体行为模式是怎样的，它们之间如何互动，个性如何影响创业绩效，如何激励创业中的员工，如何应对创业组织的环境变化并进行组织变革等	如何捕捉和利用创业机会，策划和明确创业计划，组织和优化创业资源，管理和防范创业风险，以更好地把握创业规律，从而更有效地管理创业活动，创造新的个人和社会财富

　　创业组织行为学基于组织行为学，细分研究了创业型组织面临的种种问题。在创业组织框架内，它研究并回答了创业组织中的个体、群体行为模式是怎样的，它们之间如何互动，个性如何影响创业绩效，如何激励创业中的员工，如何应对创业组织的环境变化并进行组织变革，等等，从而提升创业组织有效性，最终提高创业成功率。其内容涵盖创业者知觉、归因理论与个人决策，创业者个性与心理测验，价值观与态度，创业组织管理沟通，创业组织权力与政治，创业组织领导理论，创业组织文化，创业组织变革与发展和创业组织成员心理健康，等等。

　　创业管理属于企业管理活动的范畴，它关注创业的一贯过程，以创造价值为最终目的，通过捕捉和利用创业机会，策划和明确创业计划，组织和优化创业资源，管理和防范创业风险，以更好地把握创业规律，从而更优化地管理创业活动。创业管理有狭义和广义之分。前者把创业管理的研究对象定位于企业设立之前的管理，其研究内容涉及企业家素质培养、经营机会选择及项目确定、开业前的财务计划、市场开发及销售准备等，即企业开业之前的各项准备工作所涉及的管理；后者指企业在新生期和成长期阶段的管理，其研究框架涵盖创业者特征、创业环境、创业机会等方面。

四、学习和研究创业组织行为学的作用

学习和研究创业组织行为学具有如下六个方面的主要作用。

（一）有助于科学地认识创业现象，激发创业能动性

目前，国内活跃的创业活动实际上水平并不高。高水平的创业活动表现在：有助于促进经济增长；有助于创造新的就业岗位；有助于通过新产品、新服务，满足和发掘消费者需求，创造新价值；有助于发扬企业家精神，培养创新思维。然而，当前我国创业活动还存在创新指数排名靠后、高成长型创业少和国际型创业不足等问题。创业组织行为学希望整合已有研究成果，将其转化为创业教材的基本内容，应用于教学工作，实现教学与科研的良性互动，使两者能够呈现螺旋形上升的进步轨迹，以增进我们对创业现象的认识和把握，提升中国创业者的素质和能力水平。

（二）有助于更好地整合和管理创业资源

创业资源的管理开发涉及资源的获取和整合。整合和管理创业资源是一种积极的创业行为，具体包括内部资源和外部资源的开发与整合，以及有限资源的创造性利用。通过学习和研究创业组织行为学，能够帮助创业者更好地优化配置内部的人力资源，高效地运用技术、管理、制度等无形资源，同时获取相关政府机构、商业化服务组织、合作伙伴、产业链相关组织等外部资源，也有助于创造性地利用资金信用、利益机制、社会关系等有限资源，实现创业组织活动的最优化。

（三）有助于改善管理沟通，增强创业团队的凝聚力

通过学习和研究创业组织行为学，能够增进我们对创业组织内的个体、群体、团队的性质和特点的认识；帮助我们了解和掌握针对创业时期的人际沟通和组织沟通的理论与技能，处理创业组织内人际冲突的策略和方法，以及运用正式渠道和非正式渠道改善管理沟通；同时，也能够帮助我们了解和学习高绩效创业团队的特点和建设方法，以增强创业团队的凝聚力和战斗力。

（四）有助于提高创业者的领导能力和水平

通过学习和研究创业组织行为学，能够增进我们对创业领导者素质的了解，提高对创业成功者特质的认识。创业者是创业机会的识别和开发的主体，也是创业战略的制定者和执行者，其能力和水平对创业活动存在重要的影响。运用科学的领导理论和方法，指导对领导风格和行为的选取与改进，进而提高领导能力和水平。同时，通过学习和研究创业组织行为学，能够增进我们对领导者和被领导者的互动关系的认识，可以利用这些知识（如心理契约）来改善领导者和被领导者之间的关系。

（五）有助于促进创业组织的变革和创新

通过学习和研究创业组织行为学，能够增进我们在创业初期乃至创业组织成长阶段对组织、组织设计、组织文化、组织政治、组织变革与发展的特点和规律的认识。这些知识既可以帮助现有组织增进创业导向，又可以为组织内部创业或者二次创业寻求助力，

克服阻力。面对创业组织变革和发展中的问题，积极运用组织发展的方法和技术，能够促进创业组织的创新和发展。

（六）有助于对公司创业的积极认识和有效管理

通过学习和研究创业组织行为学，在对创业组织内各方面要素广义理解的基础上，创业活动的关注焦点从个体拓展到现存公司并进一步拓展到社会。公司创业（corporate entrepreneurship）的概念因此而提出，并很快受到学者的普遍关注。公司创业是现有的公司为了应对市场环境的变化，开发新产品和新业务，实现新的价值创造。公司创业成为公司重要的发展方针和组织变革手段，其突出表现在：一是由组织而非个人表现出来的企业家特征；二是这些特征转化为企业绩效是依靠组织而非个人的力量。公司创业可以存在各种组织，强调的是在现有组织基础上的创业精神与创业行为。

良品铺子——一年卖出 25 亿元的最牛零食铺

五、创业组织行为学的研究方法

随着创业组织行为研究的发展，其研究方法也在不断进步。到目前为止，创业组织行为研究的主要方法有以下五种。

（一）归类分析方法

这种方法适合概念性研究。早期，为了明确创业组织内创业者、创新、创业组织创建、价值创造等元素的属性并进行描述，必须对这些概念进行归类因素分析，从而搭建一个基础的理论框架。

在概念性研究中，案例研究方法得到了学者的广泛应用。案例研究方法强调贴近并遵从现实。作为一种常用的质性研究方法，在解答"是什么"和"怎么样"的问题时，案例研究具有明显的优势。对一个或多个组织进行的详尽分析，可分为单案例研究和多案例研究。单案例研究的核心优势是能获取更为丰富、详细和深入的信息，开展更加聚焦的分析，实现更加贴近理论构想的研究目标。多案例研究则通过比较若干案例后得出一般性的结论，这种方法有利于认识和描述不同组织结构中的基本相同点。对这些相同点的收集和分析可以产生一些能够作为预测未来发展的工具，而应用于其他类似的或可比较情境的一般结论。可见，多案例研究法具有比较广泛的实用价值。

（二）评价体系方法

这种方法适合针对研究主体或研究平台的评分排序。为了更好地了解创业组织内创业者、创业员工、创业领导力等研究对象的作用关系,需要开发问卷对它们进行科学的测验,以增加概念之间的完备性。

(三)统计比较方法

这种方法适合研究学术体系自身的发展。通过统计分析创业文献关注的焦点,比较创业研究领域与其他学术领域之间的关系,可以从宏观上了解创业学科的发展现状,明晰创业组织行为学的发展方向。

(四)计量分析方法

这种方法适合系统地分析整个学术体系范围内自身学术领域的发展。创业研究的发展还不具备连贯性,既没有形成强有力的统一范式,也没有形成多种连贯的观点。相对于已建学科的研究,创业组织行为研究在样本构造、条件假设、统计分析以及动态的纵向分析等方面,还需进一步研究(陈震红等,2004)。

近年来,随着越来越多的非验证性理论模型和数学命题模型被提出,以及一手数据量化研究开始增多,学者们开始关注揭示机理的解释性(explanation)研究。其中,多变量分析技术和信度及效度检验受到学者们的青睐。由于创业是一个动态的过程,在创业研究中,学者们除运用统计分析和计量经济研究方法外,还需要在方法论上进行复杂的动态研究和序列分析,因而使用了更复杂的计量经济工具、演化理论工具、实验设计方法等工具。例如,利用随机模型发掘出尚未观察到的机会和个体的异质性,在对机会捕捉的研究中采用赫克曼选择修正、泊松模型和负二项模型等。

除上述四种主要研究方法之外,创业领域也普遍运用实验设计研究方法。例如,在假定有经验的创业者和初学者在对创业状态拥有相同信息的情况下,可利用预测检验和检验的结果来确定创业者如何学习做很多事情。

(五)案例研究方法

案例研究方法是一种科学有效、被广泛使用并善于构建新理论的研究方法。依据研究任务的不同,案例研究方法可分为探索性、描述性、解释性和评价性四种类型(张芮,2019)。其中,探索性案例研究的主要研究目的是寻找对事物的新观察或者尝试用新的观点去评价对象,研究的侧重点在于提出假设;描述性案例研究的主要研究目的是对人、事件或情境的概况做出准确的描述,研究的侧重点在于描述事例;解释性案例研究的主要研究目的是对现象或研究发现进行归纳,对相关性或因果性问题进行考察,研究的侧重点在于理论检验;评价性案例研究的主要研究目的是对研究案例提出自己的意见,研究的侧重点在于就特定事例做出判断。

第三节 中国创业活动的发展现状

2015年《政府工作报告》中指出,创新驱动发展战略持续推进。大量推动"大众创业、万众创新"政策措施陆续出台,"互联网+"行动计划逐步落实,新兴产业快速增长。

全年新登记注册企业增长 21.6%，平均每天新增 1.2 万户。新动能对稳就业、促升级发挥了突出作用，成为促进经济发展的新动力，所有这些正在推动经济社会发生深刻变革。创业型经济正日益成长为我国重要的一支经济力量。

一、创业活动的发展历程

（一）创业活动的兴起和发展

我国创业具有明显的时代性、阶段性，不同时期、不同阶段、不同的历史条件、不同的经济体制和不同的社会形态会造就不同的创业方式和成果。自 1978 年中国改革开放以来，中国社会在不同的发展背景下，经历了六次创业浪潮，其中，始于 2014 年的"大众创业、万众创新"的蓬勃发展，是在广度、深度、强度上均超越以往的普及性创新性创新创业大潮。以下为六次创业浪潮（黎舜等，2022）。

第一个时期（1978—1983 年）：城市个体户和农村专业户创业爆发期。这个时期党的十一届三中全会召开，做出把党和国家的工作重心转移到经济建设上来，实施改革开放的伟大决策。改革开放开启了中国巨变的历史进程，带来了巨大的制度红利，为全社会积压已久的创造力和创业能量解缚松绑，生产效率和经济效益随之提升。这个时期的经济和政治都处于转型期。在经济上，国家实施计划经济转型，开始为以计划经济为主、市场调节为辅；在政治上，国家从以阶级斗争为中心转变为以经济建设为中心。这个时期的特点是：城乡个体户和农村关系户开始自主经营、自负盈亏。从农村到城市都发生了深刻的变革，这段时期又称为改革开放初期。从小岗村到华西村，从深圳到上海，个体户和农村专业户的创业就像是雨后春笋一样蓬勃发展。个体户就是当时城镇创业的一种主要形态。这个时期的创业方式主要是以联产承包责任制、目标承包责任制、个体手工作坊等形式为主的创业方式。

第二个时期（1984—1991 年）：乡镇企业和国有企业承包租赁经营兴起（产品经济时代）。1984 年，邓小平第一次南方视察深圳、珠海、厦门经济特区和上海宝山钢铁总厂。同年，十二届三中全会召开，一致通过《中共中央关于经济体制改革的决定》，拉开了深化经济体制改革的序幕。这个时期是经济方式的转变带来的创业方式方法的转变，个体经济受到规模的局限跌宕起伏，个体经济在创业过程中需要不断地与其他个体融合才能够不断发展壮大。因而出现了集体经济、国有企业承包租赁经营方式。该时期的特点是私营企业开始发力，创业者们各显神通，创造了空前的神话。

第三个时期（1992—1996 年）：全国上下刮起了"下海潮"，全民经商。1992 年，邓小平在南方谈话中提出改革开放要敢于试验，大胆地闯。南方谈话带动了一大批党政机关、科研院所等体制内精英、知识分子"下海"创业。经过三年国民经济整顿和低速徘徊，1992 年之后的几年内中国民营企业的数量剧增。这个时期是以第三产业蓬勃兴起为主要标志，改革逐步深入，开放逐步扩大，投资股份制合作、资本经营、经商创业蓬勃兴起，商品市场非常活跃。国家政策扶持创业力度不断加大，国人渴望经商致富的激情得到了空前的释放，一大批素质相对较高的机关干部、教师、科研人员、国有企业骨干等纷纷"下海"，蜂拥前往长三角、珠三角经济特区，私营企业风起云涌。这一时期的特点是计划经济和市场调节相结合,以市场调节为主、计划经济为辅。这一次的创业浪潮奠定了中国廉价工业品走向世界的基础,中国成了世界加工厂。

第四个时期(1997—2007年):这一时期,互联网兴起,主要特点是知识分子创业高峰。20世纪末期,互联网在全球快速普及,互联网创业在发达国家蔚然成风,带动了一大批海归和本土互联网精英的创业热情。1997年,中共十五大报告鼓励留学人员回国工作;国家教委启动鼓励留学生回国服务的"春晖计划",李彦宏等人在此之列。这个时期,信息化一跃而起,以知识为主体的创业蓬勃发展,信息化、工业化、数字化和规模化成为主要的特点,继早期的个体户、乡镇企业家、中间商、民营企业家之后,中国迎来了第六代创业成功的企业家,即学有专长的各类知识分子。这个时期是中国信息时代的起步阶段,经过改革开放二十多年的积累和大浪淘沙,这时的中国市场已经逐步成熟,创业门槛不再像改革开放初期那么低,需要的知识水平、商业眼光和市场营销眼光都高出了很多,以互联网为代表的新兴企业逐渐成为创业热门。当时,新浪、搜狐、网易、腾讯、百度、阿里巴巴等互联网企业均开始创业,如腾讯创立于1998年11月,阿里巴巴创立于1999年9月,百度创立于2000年1月。

第五个时期(2008—2013年):海归创业潮。2008年爆发全球金融危机,推动了大量海归精英大规模回国就业和创业。同时,中国共产党中央组织部推出了海外高层次人才引进计划("千人计划"),在全国各地大范围引进海外高层次人才回国,形成新一轮海归创业潮。此次创业潮不再局限于互联网和移动互联网创业,而是广泛涉及新能源、新材料、文化创意、智能制造和生物医药等高科技和前沿创新领域,助推中国高新技术的发展。各级地方政府也开始鼓励"回乡创业""大学生创业""创业带动就业",并出台了一系列扶持政策,创业热潮已经蔚然成风。

第六个时期(2014年—现在):"大众创业、万众创新"的创客时代。在移动互联网时代,中国经济正处于转型升级、结构调整的关键时期,改革开放前三十年,年均10%左右的GDP(国内生产总值)增长率已经难以为继。原来依靠物质资本投入、基础设施建设、土地批租和房地产开发、能源及矿产资源粗放开发等方式形成的发展动能,虽然刺激了GDP的快速增长,但也导致了环境污染、生态破坏、食品安全和资源浪费等一系列严重问题。在新常态背景下,中国经济发展的重要课题是如何实现可持续发展的动能转换,打造新引擎、切换新动力,推动"大众创业、万众创新",这促使经济发展转向了创新驱动,推动中国转型升级和可持续发展具有重要意义。

2015年的政府工作报告将"大众创业、万众创新"与"增加公共产品、公共服务"并列为中国经济发展的"双引擎"。这个时期我国已经从站起来到富起来,进入"以互联网为特征"的新经济时代和"以大众化为特征"的创业黄金期,整个社会处在前所未有的创业热浪之中,创新创业将为中国经济的新一轮增长提供持久动力。国家富强后,顺应网络时代"大众创业、万众创新"的新趋势,出现了高铁等一系列新兴产业,科技的创新带来的技术手段形成了一个新高潮。中国社会正式进入了"大众创业、万众创新"的众创时代,这是一个全民释放创造力的时代,与前五次创业潮相比具有更为广泛的思想基础和群众基础,在中国改革发展的道路上具有里程碑式的历史意义。

（二）创业活动存在的主要问题

1. 创业活动的创新含量有待提高

2015年《全球创业观察中国报告》指出，虽然中国的创业活动指数高于美国、英国、德国和日本等发达国家，但创业中"产品采用新技术"（25.63，第50名）和开发"新市场"（24.6，第69名）的指数远低于这些国家。这表明我国的创业者在基于创新的创业方面亟待加强。在前两个指数较低的情况下，"认为产品的新颖性"高，表明创业者对自己为市场提供产品的"新颖性"存在过高的评价，对技术创新的重要性认识不足。创业中的创新程度是对创业质量的衡量，此外，衡量创业质量的指标还有增长潜力、开拓新市场等方面，之前年份发布的报告对此已经有分析。大力提高创业质量是我国创业在新时代的新要求，这表明我国的创业者在基于创新的创业方面亟待加强。

2. 创业信心不足

中国的创业情况还算理想，但存在一些缺乏信心的问题。大约五分之三的成年人认识最近开始创业的人，大约同比例的人认为自己具备开始创业的技能和经验，这一比例为 C 级别中最低。接近七成的成年人看到在本地开始创业有很好的机会，但其中大约有三分之二的人因担心可能失败而不愿意开始创业，这在 2023 年 GEM（Global Entrepreneurship Monitor，全球创业观察）APS（adult population survey，成人人口调查）的 45 个经济体中最为严重。还未开始创业的成年人中，有不到五分之一的人预计未来三年内开始自己的事业——这在 GEM 中是意图最低的。

在中国，已经开始或经营新业务的成年人的比例从 2023 年的 6% 上升到近 7%，是 C 级别中最低的水平，也是 GEM 中第六低的，且远低于疫情前的水平。男性开始新业务的可能性略小于女性，但差距不大。已建立业务所有权率只有二十五分之一的成年人，略高于一年前。

近七成的新创业者认同为谋生而创业的动机，因为岗位稀缺，其中三分之一的新创业者预计在接下来的六个月内使用更多的数字技术。近五分之一的新创业者预计在未来五年中至少雇用另外六名员工。不到四分之一的人是独立创业者，即只有一个业主和没有现有雇员的人——这在 GEM 中是第三低水平。[①]

3. 创业活动环境亟须改善

中国的创业环境在 2019 年全球 51 个经济体中排名第四，但由于受到疫情影响，仍在恢复中，2023 年排名第 10 位。2023 年，中国的 13 项创业框架条件（entrepreneurial framework conditions，EFC）中有 8 项获得了足够或更好的评分，其中物理基础设施评分最高，而入门便利度和规章制度评分最低，成为主要关注焦点。教育 EFC 评分自 2022 年以来有所改善，但其他 11 项条件评分下降，其中创业融资下降最为明显。中国的 3 项 EFC 在 GEM 2023 中的全球 49 个经济体中排名前 5 名：政府政策——税收和官僚主义（在 GEM 中排名第 3），政府政策——支持和相关性（第 4），入门便利度——市场动态（第 5）。

新问题询问国家专家评估了对女性企业家的社会支持质量，以及相对于男性而言这

---

① 该段翻译自《Global Entrepreneurship Monitor 2023/2024 Global Report》China 篇，由上海科技大学报告（P115）。

些女性企业家的资源获取情况。中国在社会支持方面得分为 4.4，排名第 16 位；资源获取方面得分为 6.8，在 GEM 中排名第二高。[①]

总体而言，中国的创业环境在 2023 年表现总体良好，政府政策积极、物理基础设施完备，但仍需改善入门便利程度、规章制度以及对女性企业家的社会支持质量。值得期待的是，未来在创业融资等方面取得一定的进展，从而全面提升中国的创业生态和环境。

综合来看，尽管中国的创业环境在整体上处于理想状态，但仍存在一些挑战，如创业信心不足、创业意愿下降和创业停滞现象。未来，政府和社会应重视提升创业者的信心和创业环境，促进创新创业的蓬勃发展，并鼓励更多的人参与创业活动，推动经济的可持续增长。

需要重点改善创业环境中的金融、教育、服务和文化等环境条件。首先，在中国创业环境中，金融支持、政府政策、有形基础设施方面有待提高。有些地方政府出台的创业政策难以落实，管理混乱，导致创业成功率低下。教育培训和研究开发转移方面仍然是薄弱环节，对创业导师、创业者进行教育培训的体系迟迟未能建立起来。但总体上看，中国创业环境正在改善。其次，与主要国家相比较而言，中国的创业环境条件除在有形基础设施上是评价最好的以外，在金融支持、政府项目、教育培训、研究开发转移和商务环境方面与其相比还存在较大的差距。我国营利性的创业服务组织和孵化器，与发达国家相比，其数目和能力也存在较大的差距。最后，单纯与美国相比，我国需要进一步改善金融支持、创业教育、创业服务业质量的"商务环境"，完善体现创业精神和弘扬创业文化的"文化与社会规范"以及优化制度环境等。

二、创业活动的类型

按照不同的方法可以将创业划分为不同的类型。当然，各种创业企业的类型之间存在一些交叉关系，因此，类型划分是相对的，而不是绝对的。常见的划分方法包括如下四类（李晓军，2021）。

（一）按照创业方式分类

按照创业方式可以将创业分为独立创业、公司分立和企业内创业三种类型。

（1）独立创业，是指创业主体白手起家进行的创业。

（2）公司分立，是指公司或者企业内部的管理者从母公司中脱离出来，新成立了一个独立的公司。

（3）企业内创业，是指企业的管理者或员工在企业内进行的创业，如开拓新市场、发明新产品、创造新技术、采用新战略、实行新管理等。

（二）按照创业程度分类

按照创业程度可以将创业分为创造型创业、创新型创业和继承型创业。

（1）创造型创业，是指核心技术属于完全自主知识产权的创业活动。例如，互联网的出现、ChatGPT 的出现等。

[①] 该段翻译自《Global Entrepreneurship Monitor 2023/2024 Global Report》China 篇，由上海科技大学报告（P115）。

（2）创新型创业，是指部分关键技术有自主知识产权的创业活动。例如，电动汽车的发展、5G技术的应用等。

（3）继承型创业，是指利用别人的核心技术和关键技术，运用自己的创新思维和开拓性行动进行的创业活动。大部分的创业属于继承型创业。

（三）按照创业动机分类

按照创业动机的不同，可以将创业分为生存型创业和机会型创业。

（1）生存型创业，是指创业者在没有其他更好选择的情况下，不得不参与创业活动来解决其面临的困难的创业类型。不少下岗职工的创业便属于生存型创业。生存型创业者以满足需要者诸如养家糊口或当老板有面子为创业动机。

（2）机会型创业，是指创业动机来源于个人抓住现有机会并实现价值的强烈愿望。马云创立阿里巴巴显然属于机会型创业。机会型创业者不以开小店养家糊口为终点，而是为了寻求更好的发展机会或者获得更多的财富。

（四）按照创业功能分类

按照创业功能可将创业活动分为薪水替代型创业、生活方式型创业和创新型创业。

（1）薪水替代型创业，是指给企业所有者提供在普通工作中能够赚取到的同等收入的创业。例如，干洗店、便利店、会计师事务所、零售店和发型设计沙龙等。

（2）生活方式型创业，是指给企业所有者提供追求特殊生活方式的机会并能靠它谋生的企业。例如，滑雪教练、职业高尔夫球手和导游等。这些创业没有创新性，也不能快速地成长。

（3）创新型创业，是指不考虑当前控制的资源，通过创造并抓住机会将新产品和服务引入市场的创业，例如，Facebook（脸书）等。

此外，本书第一作者还将创业企业划分为高科技型企业、模仿型企业和政策红利型企业。高科技型企业是指依靠高科技、新技术为基础创办的企业，如字节跳动。模仿型企业是指模仿发达国家或地区的企业或其创意、商业模式而创办的企业，如美团早期模仿美国的高朋网（Groupon）。政策红利型企业是基于政策红利而创办的企业，如国内很多劳务派遣公司。

第四节 国际创业活动的发展现状

本节介绍了美国、英国、德国和日本等国家的创业活动发展现状，并对中国与国外青年创业发展进行了对比。

一、美国创业活动的发展现状

（一）一浪高过一浪的全民创业活动

20世纪90年代以来，美国经济高速增长，每年都有一百多万个新公司成立，创业高潮在美国一浪高过一浪。创业为美国经济增添了活力，创造了大量的就业机会，支撑了美国经济持续强劲发展。自第二次世界大战以来，美国有一半的创新、95%的根本性创新是由新诞生的小型创业公司完成的，小型创业公司在研究和开发方面比大型公司更有成果、更显得生机勃勃。

如今，美国的年轻人对创业活动的兴趣和热情更加浓厚，可以说，创业观念已经深深地根植在美国文化之中。一项对美国高中生的随机抽样调查显示，70%的学生希望将来拥有自己的企业，他们的家长中有一半希望拥有自己的企业。在过去的三十多年中，二十多岁的年轻创业者们在构思、开办并迅速发展新公司方面的作为充分体现出新一代创业者的能力，他们努力孕育并产生了各种全新的企业和许多年轻的企业家。

有抱负的创业者和那些成功的创业企业对美国具有深远的意义。以微软为例，1975年微软以3000美元创业；1980年，微软年收入只有800万美元，员工38人；截至2023年年底，微软的全球员工总数为22.1万人，2022年微软总营业收入2119亿美元，营业利润达885.2亿美元。

（二）席卷全美的大学生创业计划竞赛

今天的美国，在高科技产业的持续高速发展、大量充满活力的新公司不断涌现的同时，大学校园的高技术创业浪潮风起云涌，大学生的创业热情空前高涨。起源于美国大学的创业计划竞赛正是在这种形势下应运而生的。

创业计划又称为商业计划，是一无所有的创业者就某一项具有市场前景的新产品或服务向风险投资家说明以取得风险投资的可行性商业报告。大学生创业计划竞赛是以实际技术为背景、跨学科参赛者组成的优势互补的团队之间的综合较量，要求竞赛小组提出一个具有市场前景的技术产品或者服务，围绕这一技术产品或者服务，以获得风险投资家的投资为目的，通过深入研究和广泛的市场调查，完成一份完整、具体、可行的商业计划。

美国大学校园的商业计划竞赛起源于1983年，当时得克萨斯大学奥斯汀分校的两位MBA学生进入社会进行企业策划的演练。当时他们的活动并没有受到足够的重视，校方只给这两位学生象征性的经费支持。该校商业计划竞赛的举办者为了吸引新闻媒体等各方的注意，邀请了宾夕法尼亚大学沃顿商学院等几所全美最具影响力的商学院参加，许多优秀的创业项目展现出极大的商业价值，得到了社会的广泛关注。此后，美国的许多高校开始举办自己的商业计划竞赛。

（三）社会化的创业教育网络

美国社会崇拜和强调个人奋斗，个人创业在美国是极为普遍并引以为荣的事情。并且，由于创业条件便利、人才制度灵活，整个美国社会形成了一个鼓励创业、宽容失败的氛围。

美国的创业教育受到政府的高度重视，美国政府专门设立了国家创业教育基金。创业教育已经在美国形成了一个相当完备的社会体系，涵盖了从初中、高中到大学的正规教育，基本形成了社会化的创业教育网络。1947年，哈佛大学商学院率先开设了"新创企业管理"课程，这被认为是美国大学的第一门创业学课程。近年来，美国的创业教育已经由高等学校发展到基础教育领域。

作为创业教育的发源地,美国的创业教育在理论和实践两个方面均积累了十分丰富的经验。在过去几十年里,创业学已经成为美国大学发展最快的学科。据不完全统计,1977 年美国约有 50~70 所学院和大学开设了与创业相关的课程。1980 年,美国的 163 所院校开设了创业课程。1999 年,美国有 1100 所学院和大学开设了创业领域的课程。2005 年,美国约有 1600 所大学开设了 2200 门有关创业的课程。

二、英国创业活动的发展现状

(一)"青年创业国际计划"和"大学生创业项目"

1999 年,英国王子基金和威尔士王子国际商业领袖论坛共同组建了"青年创业国际计划(YBI)"。YBI 通过与基金会、公益组织、企业和个人等开展合作,帮助失业、无业青年创建企业。据不完全统计,在过去的二十多年时间里,YBI 整合了世界范围内 9000 多名创业导师,扶持了约十万个青年创业项目,其中有七万个企业连续运作三年以上,成功率达到 70%以上。

后来,英国政府启动了"大学生创业项目",专门为 18~25 岁的在校大学生设计创业课堂和提供开办公司服务。在 2002—2003 年,参与此项目的大学生就有 13 154 人。

(二)政府设立大学生创业促进委员会支持创业

英国大学毕业生数量逐年增加,但是就业岗位并没有增多。为了解决就业压力,2004 年 9 月,英国政府设立了英国大学生创业促进委员会,旨在促进英国高等学校加强大学生企业家资质的培养;促进高等院校与所在地区以及当地商业支持伙伴加强联系;鼓励大学生在学科课程中加强培养创业技能;向决策部门提供了影响大学生创业关键因素的相关信息;开展了创业理论研究,尤其是鼓励毕业生积极进行自主创业。

到 2006 年,英国 190 万名大学生中参加创业教育的学生超过了 13 万人,约占全部学生的 7%。其中,学习创业课程的学生为 44 054 人,占比 33%;参加课外创业活动的学生为 87 869 人,占比约 67%,并且创造了可与美国硅谷媲美的"剑桥奇迹":"硅沼"。起名为硅沼,是因为剑桥周边信息技术企业所在的那片沼泽地,与美国斯坦福大学周边的硅谷并称。20 世纪 80 年代以来,硅沼这片土地上集中了约一千家高新技术企业,雇用了三万多名员工,年收入在三十多亿美元,被视为欧洲最成功的科学园。近年来,在制药、计算机科学领域,剑桥大学与微软等大型跨国企业开展了深入合作,有力地推动了大量科研成果的产生,极大地提升了大学生的社会实践和创新能力。

三、德国创业活动的发展现状

(一)政府积极鼓励和扶持创业

德国通过健全完善相关的法律法规、鼓励以创业带动就业以及提供多样化的创业金融扶持手段等措施鼓励和扶持创业。具体如下。

(1)在健全完善相关的法律法规方面,德国的法律法规已经成为服务中小企业的调节器,成为发展中小企业的总纲领和基石。德国的民商立法、社会保障立法和经济立法都比较健全和完善,在不同时期制定的公司法、社会保险法、破产法、合同法、担保法、反对限制竞争法和劳动法等法律，不仅为中小企业的行为提供了基本规范，而且在创立公平竞争机制、优化中小企业外部环境方面为中小企业的发展提供了完善的法律空间。20世纪60年代末70年代初，德国制定了《改善地区经济结构法》《关于提高中小企业的行动计划》《改革中小企业结构的基本纲领》《中小企业组织原则》《反对限制竞争法》《反垄断法》等法律法规，支持中小企业的发展。1974年以后，德国各州依据自主立法权相继制定了《中小企业促进法》《中小企业增加就业法》等法律法规，为规范中小企业竞争秩序提供了主要的法律依据，促进了中小企业创业的发展。

（2）在鼓励以创业带动就业方面，从1984年开始，德国就对中小企业实行了特别的优惠政策，如对创业阶段的中小企业实行税收减免政策等，规定在落后地区新建企业可以免交营业税5年；新建企业所消耗的动产投资免征50%所得税；中小企业盈利用于投资的部分免交财政税。1999年，德国政府将中小企业缴纳营业税起征点从2.5万马克提高到3.25万马克。从1998年起实施的德国政府税收改革，将中小企业所得税税率从1998年的25.9%逐步降低到2005年的15%，同时基本免税额从1998年的6322欧元提高到2005年的7664欧元。为进一步鼓励人们以创业带动就业，德国积极实施就业补贴政策，如政府规定："凡失业者创办中小企业，给予2万马克的资助，每招收1名失业者再资助2万马克。"

（3）在提供多样化的创业金融扶持手段方面，为解决自主创业人员和现有中小企业的融资瓶颈问题，德国实施了以贴息贷款为主、形式多样的金融扶持手段，主要有贷款、投资补贴、贴息和担保。德国政府主要通过德国复兴信贷银行和德国平衡银行两大政策性银行牵头实施扶持中小企业融资。目前，德国共有2万~3万家银行可以资助中小企业创业者，而且申请手续非常简单。凡是个人或者团体创办小企业，只要自有资金不少于投资总额的10%，就可以向德国复兴信贷银行和德国平衡银行申请30%的创业援助贷款。创业援助贷款期限一般为10~20年，年利息低于市场一般水平，前两年可以不付利息，前10年可以不还本金，此项贷款由国家担保。此外，德国还为新创企业设立了创新基金，凡自有资金不足的创业者，可以得到创新资金的自有资金证明，凭证明到德国复兴信贷银行或者德国平衡银行贷款，以便于继续进行创业实践。如果发生风险，则创新基金承担80%，银行承担20%。

（二）富有特色的创业和职业教育

德国十分注重培养学生的创业意识。在德国，从中小学到大学再到企业，各个层面都传授了创业知识。为促进创业意识深入民心，德国政府在学校设置了380个与创业相关的专业，并把提高全体劳动者的创业素质作为一项战略性任务来抓。职业教育经费主要由联邦政府、州政府和企业分别承担。双轨制职业教育十分注重理论和实践的结合，由学校和企业分工协作制定双轨制职业教育的教学内容，学生既是公立职业学校的学生，又是工厂的徒工。

德国有25%左右的从业人员在员工数十人以下的小企业工作，有3%左右的人员为个体企业者。为培养学生具有较强的创新创业意识和能力，德国的各类学校均十分重视创业教育。目前，德国有5所高校设置有学习独立创业的专业，有12所高校开展小企业方案咨询,积极鼓励大学生创业。鉴于德国人认为大学生创业缺乏的是创业精神,因此德国明确提出"高等院校要成为创业者的熔炉"。

四、日本创业活动的发展现状

(一)创新创业成为日本社会当务之急

2000年,日本教育改革国民会议提出了创业家精神的概念,强调创业教育应该培养学生的创业家精神、生存能力以及思维方式。日本的理科大学、研究生院等均积极完善风险企业研究室、共同研究中心等基础设施,将大学和核心产业与地域特色产业结合起来。高校面向大学生、研究生和社会人士,从终身教育的视角出发,通过实施社会人士特别选拔制度、定员编入制度、科目辅修制度等灵活的制度以支持社会人士创业。

2007年,日本颁布《创新25战略》并付诸实施,这项新战略对日本面临的严峻挑战做出了清晰判断,认为知识经济、信息化社会和全球化将进一步加速发展,知识和智力竞争必将成为国际竞争主流。为应对这一挑战,必须充分发挥个人能力,通过科技和技术服务创造新价值、提高生产力、促进经济持续增长。在此背景下,创新创业已成为日本社会的当务之急。

(二)创业教育形成从小学到大学的连贯体系

日本的创业教育是一个从小学到大学的连贯体系,其通过不同形式、不同阶段的创业教育,促使学生想创业、会创业、能创业,提升了学生创业意识和创业技能之间的联系,增强了学生创业想法的可实践性。

日本的创业教育起源于20世纪80年代末,但近年发展较快。目前,日本已有247所高校实施了不同形式和程度的创业教育,约占国家高校总数的32.7%。这些高校的创业教育无论是在相关课程的设置和管理上,还是在学生数量和质量的培养上,均达到了一定规模,形成了自己的特色,并在实践中不断完善。

(三)构建产官学联合的国家创新体系

日本政府通过完善技术创新扶持政策、改革教育科研体制、有效配置社会资源等措施,构建了以产官学联合为基础的国家创新体系。第一,日本以立法方式促进大学生创业。它出台了多项法律支持建立大学创业体制。第二,它积极改革教育体制以培育竞争意识。例如,2004年,日本国立大学独立行政法人化改革打破了国立、公立、私立大学的界限,引入重点研究经费竞争机制和业绩外部评估机制,鼓励研究者主动利用自身优势参与科技创业。第三,它以技术转移组织协调创业活动。日本鼓励大学等学术机构主动与产业界合作,纷纷设置技术转移组织,致力于以科技成果商品化为目的的技术转移,还通过提供管理、技术等方面的人才和资金等方式鼓励大学生开展创业活动。

五、中国与国外青年创业发展比较

(一)我国青年创业的特征

根据清华大学中国创业研究中心发布的2015年《全球创业观察中国报告》,相比全球其他青年群体，我国青年对创业的社会价值观和自我认知优于非青年，他们更注重产品新颖性和新技术使用，在激发创意活力、提升创富能力、降低创业风险、促进创新发展和加快创造升级等方面发挥了积极的作用。

（1）青年对创业的社会价值观和自我认知优于非青年。一方面，更多的青年认为创业是一种好的就业选择，拥有较高的社会地位，经常有媒体报道创业故事。另一方面，更多的青年认为自己发现了好的创业机会，自己具备创业能力以及可以认识更多的创业者。

（2）青年创业者更注重产品新颖性和使用新技术。2015年《全球创业观察中国报告》指出，65%的青年创业者认为自己的产品具有新颖性，而非青年的这一比例为57%；同时，12%的青年创业者使用了新技术，而使用新技术的非青年创业者的比例为7%。

（二）国际视野下的我国青年创业

青年是创业主体中最具活力的因素，是"大众创业、万众创新"的重要力量。我国的青年与世界其他国家的青年相比较，在追求创业梦想及改造世界方面，谁能拥有更美好的未来？目前，我国青年仍面临融资难、创业对象单一、创业教育欠缺等问题。

（1）与全球其他地区相比，中国青年更难从银行和金融机构获得资金，更多的中国青年使用家庭积蓄开展创业活动。2015年《全球创业观察中国报告》显示，在中国青年创业者的资金来源中，只有9%的资金来自银行或金融机构贷款，而欧洲和美国等发达国家的青年创业者却有23%的资金来自银行。同时，在中国青年创业者的资金来源中，有58%的资金来自家庭积蓄，而欧洲和美国的这一比例仅为14%。

（2）与全球其他地区相比，中国青年创业的行业集中在客户服务类行业，商业服务类创业较少。82%的中国青年创业者选择在客户服务类行业创业，而欧洲和美国等发达国家只有45%的青年创业者在该行业起步。只有5%的中国青年创业者在商业服务类行业创业，而欧洲和美国等发达国家的这一比例为29%。

（3）与全球其他地区相比，接受过创业教育的中国青年相对较少。87%的中国青年没有接受过创业教育，而欧洲和美国等发达国家的这一比例为68%（鲍春雷，2016）。

本章小结

1. 创业组织行为学的形成与发展得益于大量学者所做的研究工作，多学科碰撞迸发出耀眼的思维火花，也为其发展提供了丰富的理论营养。创业谋划涉及创新学、决策学等，创业实践需要管理学、组织行为学、经济学等，创业管理涵盖心理学、政治学等，创业成功后谋求发展要运用到战略学、规划学等。

2. 创业组织行为学是一个综合的研究领域，它探讨创业个体、创业团队以及组织结构对创业组织内部行为的影响，以便应用这些知识来改善创业组织的有效性，提升创业成功率。

3. 创业组织行为学与创业管理既有联系，又有区别。

4. 学习和研究创业组织行为学有助于科学地认识创业现象，激发创业能动性，有助于更好地整合和管理创业资源；有助于改善管理沟通，增强创业团队的凝聚力；有助于提高创业者的领导能力和水平；有助于促进创业组织的变革和创新；有助于对公司创业的积极认识和有效管理。

5. 创业组织行为学的主要研究方法包括归类分析方法、评价体系方法、统计比较方法、计量分析方法和案例研究方法。

6. 现阶段我国创业活动进入新高潮，但依然面临创业活动的创新含量有待提高和创业活动环境亟须改善等问题。

7. 按照创业方式可以将创业分为独立创业、公司分立和企业内创业三种类型。按照创业程度可以将创业分为创造型创业、创新型创业和继承型创业；按照创业动机可以将创业分为生存型创业和机会型创业；按照创业功能可以将创业活动分为薪水替代型创业、生活方式型创业和创新型创业。

8. 青年是我国创业活动的中坚力量。

课程思政

1. 面对中国式现代化新征程、新形势、新挑战和新使命、新要求，不断催生重大原始性创新，持续突破关键核心技术，全面提高重大科技成果转化成效，推进高水平科技自立自强和高质量发展，有力、有效支撑中国式现代化。

2. 当前，我国正在大力推进"双创"发展战略，鼓励广大青年学生积极投身创新创业实践。培育"多才多艺"的复合型人才，要坚持思政的价值观导向，要树立正确的"正向"心态，培育能吃苦、不畏艰险、迎难而上的顽强品格。

思考练习题

一、简答题

1. 什么是创业组织行为学？
2. 简述创业组织行为学与组织行为学的联系与区别。

二、单项选择题

1. 创业学领域的第一本权威性专业期刊是（　　）。
   A. Journal of Business Venturing
   B. Journal of Business Management
   C. Journal of Small Business and Enterprise Development
   D. International Journal of Entrepreneurial Behaviour & Research

2. 创业组织行为学关注的焦点不包括（　　）。
   A. 创业机会　　B. 创业组织　　C. 创业领导者素质　　D. 创业团队

3. 下列属于创业组织行为学与创业管理之间的联系不包括（　　）。
   A. 研究目的相同　　　　　　B. 研究对象相对一致
   C. 研究内容不同　　　　　　D. 很多理论来源相同

三、是非判断题

目的：本练习旨在帮助学生利用创业组织行为学知识促进对创业的理解。

指导语：阅读下面每句陈述，并根据学生的看法对其正确与否画圈。全班讨论后，再由老师解释。

1. 是　否　成功创业所需的能力可通过学习和实践掌握。
2. 是　否　很多的成功创业者都承认辍学是他们做过的最正确的事情。
3. 是　否　成功的创业者通常讲求方法且善于分析，能缜密规划事情，然后付诸行动。
4. 是　否　创业者都是智商和情商较高的个体。
5. 是　否　成功的创业者都开发出了独特的产品或服务。
6. 是　否　科技型创业创造出的新产品更能赢得人们的追捧并获得天使投资。
7. 是　否　与男性创业者相比，女性创业者数量较少。
8. 是　否　并不是每个人都适合创业，创业者确实有一些不同常人的特质。
9. 是　否　创业活动可能创造新岗位，但也可能减少就业机会。

 心理测试

测测你对成功创业者的理解

下面这个练习可测量你在多大程度上相信创业误区。得分越低，说明你越相信那些误区，反之亦然。以下有10项陈述，根据自己的赞同程度赋值，每项分值从1分（完全不赞同）到10分（完全赞同）。

```
      1            2          …        9           10
  完全不赞同    稍微赞同     ……     极其赞同    完全赞同
```

（1）成功的创业者通常讲求方法且善于分析，能缜密规划事情，然后付诸行动。

（2）最成功的创业者坐拥与生俱来的高成就驱动力、好胜心等独特品质，而这些品质在创业过程中发挥重要作用。

（3）成功创业所需的能力可通过学习和实践掌握。

（4）最成功的创业者都开发出了独特的产品或服务。

（5）成功的创业者很少接受正规教育。

（6）很多的成功创业者都承认辍学是他们做过的最正确的事情。

（7）正因为成功的创业者都有一套特立独行的做事方法，所以他们很难与其他人交往，显得与大家格格不入。

（8）研究表明，尽管创业前掌握充足的资金非常重要，但是拥有管理才能和合理的商业计划书更为关键。

（9）成功创业其实更多是充分的准备与合理的设想，而非单凭运气行事。

（10）很多人第一次创业就非常成功，这激励他们继续做下去，然而随着企业发展壮大，失败也随之而来。

将第1、3、8、9题的得分直接填入表1-3中；将第2、4、5、6、7、10题的得分被11减后再填入表1-3中。

表1-3 得分记录表

直接填入分数	被11减后填入分数	
1_____ 3_____ 8_____ 9_____	2_____ 4_____ 5_____ 6_____ 7_____ 10_____	总分_____

说明：不同分数对应的解释如下。
（1）80~100：很好，你知道创业的事实。
（2）61~79：好，但是你仍然相信一些误区。
（3）41~60：还可以，你需要了解多一些创业知识。
（4）0~40：差，你需要多学习创业知识和理论。

资料来源：库拉特科. 创业学：第9版[M]. 薛志红，李静，译. 北京：中国人民大学出版社，2014.

案例分析

刘强东在大学期间的创业实践

刘强东在就读中国人民大学期间自己拟订的计划是勤工俭学，自己挣钱养活自己。在学长的指点下，课余时间他开始关注校园中大大小小的广告栏，寻找适合自己的兼职工作。很快，他干起了"写信封"的体力活，写一个信封可以赚3分钱，一个月可以赚2000元，这意味着他一个月要写6万多个信封，平均一天写2000多个信封，这种超大劳动量的工作他居然坚持了将近一年，可见毅力之顽强。很多大学生在课余时间都会做兼职以增加社会实践，外带挣点生活费，但像刘强东这样玩命似的做兼职的人少之又少，而像他那样大学四年变着花样挣钱而且干出名堂的人更是凤毛麟角。

一年之后，刘强东已经不满足这种简单的劳动。暑假时，他喜欢上了书，他利用身在海淀区的优势，从临近的出版社以及图书批发市场以两点几的低折扣批发了一些精装书，然后去"扫楼"——抱着书到写字楼挨个上门推销，一个多月下来，竟然挣了两万多元，这在当时也算是一笔不菲的收入了。"倒腾"图书虽然比较累，但比起父母的跑船运煤生意可算轻松多了，这次经历也让他体会到了"薄利多销"赚差价的快乐。无论是他日后在中关村代销光磁产品，还是做网上商城打破国内原有的商业零售格局，都没有脱离这种"低价拿货、低价销售"的商业模式，也正是这种简单的商业理念成就了刘强东网商大佬的江湖地位。

到了大三的时候，刘强东又看上了新的商业机会，体验了一次和比尔·盖茨读大学时类似的兼职经历。那时，编程还是一个很"潮"的工作，刘强东也挺喜欢，就自学起编程。为了学好编程技术,他还天天起早赶去计算机所抢计算机用。后来,这个非科班出身的人成为中国最早一批的编程高手。他接手了社会上不少的编程业务,价低质优依然是其一贯的作风,就这样,短短一年的时间,他就赚了三十多万元,还买了"大哥大",那派头比校领导都拉风,自然成为校园中的名人。不但如此,有了钱之后,刘强东去中关村转悠了许久,花了两万多元买了一个笔记本电脑,工作娱乐兼而有之,这在当时也是很值得夸耀的事情。但与比尔·盖茨不同的是,刘强东并没有一直醉心于软件领域,他又开始琢磨其他的生意项目了。

这次他看上的是餐饮业。如果说写封信、倒卖图书、编程还都是大学生常做的事情的话,开饭店就显得步子迈得太大了。隔行如隔山,这还真不是一般大学生能玩得转的,但刘强东不信这个邪,手里有了几十万元的他非要正儿八经地创业一次不可。你说他傻大胆也好,说他天真加鲁莽也罢,反正他的饭店是开起来了,但是没过多久他就经历了人生中的第一次失败。刘强东看重的是学校附近的一个饭店,当时因为经营不善要转让,他就趁势以二十多万元的低价接了下来,然后按照自己的计划做了起来。他保留了饭店的原班人马,各人的职责也没有调整,只是简单装饰了饭店就重新开业了。那时的他虽然工作经历很多,但毕竟是在校学生,和饭店里打工多年的"老油条"相比社会经验较少;更重要的是,他的管理经验缺乏,对自己的第一批员工是推心置腹地好,不但自己掏腰包大幅度改善了员工的生活条件,还翻倍涨工资,并把饭店的采买、财务等大权下放,自己做了个甩手掌柜,忙着学校里的事情。

然而,理想很美好,现实却很骨感,这次创业的结果让刘强东十分难以接受:饭店持续亏损,员工们捞够后一哄而散,给他留下了一个烂摊子以及二三十万元的欠款。合计下来,刘强东这次创业总共损失了五十多万元,在几个月的时间内,他就成为本校乃至整个北京欠债最多的大学生。尽管这次失败对刘强东的打击不小,但也让他明白了自己不是一拍脑袋什么事情都能干成的天才,自己还有许多不足之处。

现在看来,刘强东难能可贵的地方不在于他大学时期赚的钱,而在于他能够直面人生的第一次大起大落,有一切从头再来继续拼搏的勇气。回首大学四年时光,他从近乎空手入校时3分钱一个的写信封做到几十万元的兼职编程入账,再到赔个精光,还欠了一屁股债毕业,这种极大的落差是他大学时期创业收获的最宝贵的财富。

问题讨论:

1. 请分析刘强东创业成功和失败的原因。
2. 刘强东的个人特质对他的创业产生了哪些影响?

本章参考文献

[1] 宋君玲. 大学生创业案例评析[M]. 广州:广东高等教育出版社,2018.

[2] GREENWOOD R, SUDDABY R, HININGS C R. Theorizing Change: The role of professional association in the transformation of institutionalized fields[J]. Academy of Management Journal, 2002, 45(1): 58-80.

[3] 尹珏林，任兵. 组织场域的衰落、重现与制度创业：基于中国直销行业的案例研究[J]. 管理世界，2009（S1）：13-26.

[4] 苏晓华，王科. 转型经济中新兴组织场域的制度创业研究：以中国 VC/PE 行业为例[J]. 中国工业经济，2013（5）：148-160.

[5] HEIDE J B. Interorganizational governance in marketing channels[J]. Journal of Marketing, 1994, 58(1): 71-85.

[6] 魏江，焦豪. 创业导向、组织学习与动态能力关系研究[J]. 外国经济与管理，2008，30（2）：36-41.

[7] 林嵩，徐中. 创业者和创业组织的能力契合度研究[J]. 科学学与科学技术管理，2013（12）：125-135.

[8] 李华晶. 创业管理[M]. 北京：机械工业出版社，2021.

[9] 邓丽芳. 青年创业团队道德敏感性的发展与绩效：分析与对策[M]. 北京：中国书籍出版社，2020.

[10] 李莉，鄢奋. 创业组织行为学[M]. 成都：西南财经大学出版社，2019.

[11] 吴茜. 大学生创业案例分析：以上海金融学院为例[J]. 中外企业家，2015（6）：147.

[12] 李晶. 组织创业气氛及其对创业绩效影响机制研究[D]. 杭州：浙江大学，2008.

[13] 戴维奇. 组织冗余、公司创业与成长：解析不同冗余的异质影响[J]. 科学学与科学技术管理，2012，33（6）：156-164.

[14] 蒋勤峰，王重鸣，田晓明. 基于内创业的组织内部创新机制设计[J]. 中国人力资源开发，2007（11）：31-34.

[15] 方世建，孙薇. 制度创业：经典模型回顾、理论综合与研究展望（续）[J]. 外国经济与管理，2012（9）：15-25.

[16] SHANE S, VENKATARAMAN S. The promise of entrepreneurship as a field of research[J]. Academy of Management Review, 2000, 25(1): 217-226.

[17] 董保宝. 创业研究在中国：回顾与展望[J]. 外国经济与管理，2014，36（1）：73-80.

[18] 蔡莉，单标安. 中国情境下的创业研究：回顾与展望[J]. 管理世界，2013（12）：160-169.

[19] 朱仁宏，李新春，曾楚宏. 企业家的消失与回归：论企业家角色[J]. 中山大学学报（社会科学版），2007，47（2）：89-95.

[20] 朱仁宏，曾楚宏，代吉林. 创业团队研究述评与展望[J]. 外国经济与管理，2012（11）：11-18.

[21] BARRINGER B, IRELAND R D. Entrepreneurship: successfully launching new ventures: international edition[J]. Journal of Applied Management & Entrepreneurship, 2006, 21(7): 89-109.

[22] 张玉利，李乾文，李剑力. 创业管理研究新观点综述[J]. 外国经济与管理，2006，

28（5）：1-7.

[23] 冯晓霞. 良品铺子：小零食大生意[J]. 光彩，2015（4）：40-41.

[24] 陈震红，刘国新，董俊武. 国外创业研究的历程、动态与新趋势[J]. 外国经济与管理，2004（2）：7-11.

[25] 张芮. 创新氛围与服务创新绩效的关系机理研究[M]. 杭州：浙江工商大学出版社，2019.

[26] 黎舜，彭扬华，赵宏旭. 创新创业基础[M]. 上海：上海交通大学出版社，2022.

[27] 李晓军. 应用型高校大学生职业生涯规划与就业创业指导[M]. 上海：上海教育出版社，2021.

[28] 党建民. 大学生创业教育基础[M]. 徐州：中国矿业大学出版社，2020.

[29] 王郁. 透视全球创业生态：全球创业观察（GEM）中国报告发布[J]. 中国科技财富，2016（2）：68-69.

[30] 鲍春雷. 中国青年创业现状报告[J]. 中国劳动，2016（9）：4-14.

[31] 库拉特科. 创业学：第9版[M]. 薛红志，李静，译. 北京：中国人民大学出版社，2014.

[32] 余勃. 网络创业与创业管理[M]. 西安：西北工业大学出版社，2021.

第二章
创业动机、创业机会、创业认知与创业决策

学习目标

- ➢ 了解创业动机的含义、类型与激发。
- ➢ 掌握创业机会识别的影响因素。
- ➢ 掌握认知的概念及其对创业决策的影响。
- ➢ 了解认知偏见的含义与类别。
- ➢ 了解创业个体决策。
- ➢ 了解创业决策模型。
- ➢ 了解创业团体决策。

引例

阿里巴巴创始人马云的创业动机

马云说:"很多人创业的目的不同,而我创业的目的就是为了让自己的生活有所改变。"当年,马云创建阿里巴巴时,马云的领导说:"马云,好好干。再过一年你就有煤气瓶可以发了,再过两三年你就可能有房子了,再过五年你就能评副教授了。"于是,马云在领导的身上看见了自己以后的样子——每天骑着自行车去拿牛奶和买菜。马云说:"我当然不是说这种生活不好,只是希望换一种方式。等到在创业的路上越走越远的时候,我发现自己的梦想越来越大,越来越现实。每个人都有梦想,梦想未必要很大,但一定要真实。"马云坚定了创业的决心,这才有了后来阿里巴巴的诞生。

1992年,马云第一次创业,创办了"海博翻译社",由于制度体系不完善,加上内部员工管理制度不健全,导致翻译社倒闭。1995年,马云第二次创业,创立了中国黄页互联网公司,由于中国互联网还没有普及,严重阻碍了中国黄页业务的发展。最终,公司被卖给了杭州电信,创业以失败告终。1997年,马云第三次创业,建立了国富通技术,但马云的决策和他老板的决策背道而驰,由于意见不合,双方分道扬镳,创业再次失败。1999年,马云进行了第四次创业,创办了阿里巴巴。2000年,马云从软银集团拿到了2000万美元的巨额投资,接着先后成立了淘宝、支付宝、天猫、阿里云、阿里飞猪等互联网企业,最终阿里巴巴成为中国互联网巨头公司。

引例说明,创业活动的诞生建立在创业者自身某种需要的基础上,只有有了创业需

要，才会形成创业动机，进而才能够催生创业行为。人的思维及其做出的判断是由个体的认知过程和认知结构决定的，认知理论有助于解释创业者的行为及其与创业有关的一系列情境，尤其是认知知识结构、信息加工方式和认知偏见，对理解从创业空想到创业决策至关重要。

第一节　创业动机与创业机会

一、创业动机

（一）创业动机的含义

创业动机是指创业者由于个体内在或外在的需要而在创业时所表现出来的目标或愿景，在创业过程中驱动着创业者的行为，激励创业者寻找机会，把握机会，实现创业的成功，并影响创业企业的绩效。

（二）创业动机的类型

依据创业者受经济需要激励和社会需要激励的程度不同，可将创业动机分为四大类型，分别是基本生存型、发展改善型、个体社会动机型以及复杂社会动机型（张雷等，2018）。

1. 基本生存型

创业者在创业过程中从社会获得的经济收益低于或者只能达到创业者所在区域的人均收入水平，仍继续坚持创业。这种创业者处于一种被动形式的创业。其创业存在弥补沉没成本的动机，或者存在较少的可以满足其更高收益需要的创业或工作机遇。

2. 发展改善型

与基本生存型创业动机相比较，发展改善型创业者能够在创业活动中获得高于创业者所在区域人均收入水平的收益。这种程度的创业活动能够给创业带来更多的经济收益，以便改善其自身或家庭的收入水平和生活条件。

3. 个体社会动机型

部分创业者已经具备相应的改善型经济条件，其个体创业活动的目的在于实现自己的社会性价值目标，通过实现自己的社会性价值来提高自己的家庭地位、社会影响等。

4. 复杂社会动机型

创业者在整个创业过程中，创业动机往往是不停变化的，创业动机的不确定性对创业的具体进程和行为产生了显著的影响。一般而言，立足于社会性动机，尤其是自我价值实现的创业者不会过多地陷入各种短期经济利益陷阱之中，但此类创业者一旦缺乏远大志向，就容易半途而废。出于经济性动机的创业者，优点在于需求明确，便于识别需求并加以满足，但往往在创业进行到一定阶段后，可能会因为经济利益和股权控制问题而影响创业活动。

(三)创业动机的激发

创业动机可以通过培养创业意识、激发创业需要以及营造有利的创业环境等措施进行激发(张雷等,2018)。

1. 培养创业意识

尽管许多青年学子在读大学期间就已经开始思考和探索人生的意义,有的人产生了毕业后当老板的创业意识,但是这种意识一般是比较薄弱的,而且大多数学生可能认为创业距离自己比较遥远,虽然内心有一些创业的想法,但从没有创业的计划和行动。因此,我们必须通过正规的创业教育帮助大家树立创业意识,激发创业动机。

2. 激发创业需要

一般而言,许多创业者创业是为了满足生存和安全的需要,现有的创业者大多数是被动创业,即由于工作困难、迫于生活压力不得不通过创业求生。这种创业的积极性不高,成功概率较低。因此,需要通过举办简单的创业活动或者报纸、广播等媒介宣传创业成功的案例,在全社会营造良好的创新创业氛围。

3. 营造有利的创业环境

营造有利的创业环境可以帮助创业者减少创业过程中的阻力。首先,高校应该开设专门的创业教育课程以加强学生的创业教育,营造良好的创新创业氛围。其次,政府为青年学生的创业提供了政策支持,维护了公平的市场秩序。再次,社会应包容青年学生的创新创业行为,对青年学生的创新创业行为给予鼓励与支持,对失败者予以宽容与保护,国家的媒体机构应在这方面发挥引导作用。

二、创业机会

(一)创业机会概述

创业机会是指在新的生产方式、新的产出或新的生产方式与产出关系的形成过程中,引进新的产品、服务、原材料和组织方式,得到比生产成本更多价值的情形。创业机会并不能简单地等同于新产品、新服务、新原材料和新组织方式。换言之,创业机会就是通过把资源创造性地结合起来,赢得市场需求并传递价值的可能性。一般而言,创业机会具有如下三个方面的特征(周玮,2020)。

第一,具有普遍性。客观而言,有市场、有经营的地方大多数时候也存在着创业机会。创业机会普遍存在于各种生产和经营活动的过程中。有时,尽管创业机会是客观存在的,但由于市场信息分布不均衡,导致许多创业机会没有被发现。

第二,具有偶然性。对于一个企业来说,创业机会的发现和捕捉存在很大的不确定性,任何创业机会的产生都会存在"意外"的因素。

第三,具有消逝性。创业机会存在于一定的时空范围之内,但随着产业创业机会客观条件的变化,创业机会就会相应消失。这也是"机会之窗"的意思,即商业想法推广到市场上去所花的时间,若竞争者具有同样的思想,并把产品推向市场,那么"机会之窗"也就随之关闭了。

（二）创业机会识别

创业伊始，创业者的主要工作是完成对创业机会的综合识别和评价。就创业机会识别来说，最重要的影响因素来自创业者的主观因素，包括警觉性、风险感知力、自信和乐观等。这是因为机会识别是一种主观色彩浓厚的行为。事实上，即使某一机会已经表现出较好的预期价值，但是并非每个人都能投入其中开发出机遇价值，并坚持努力直至最后的成功。因此，创业者的个性对创业机会识别来说尤为重要。

1. 警觉性

奥地利著名经济学者柯兹纳（Kirzner，1973）提出的创业警觉性开创性地揭示了企业家在自由市场协调发展过程中发挥的作用。警觉性是指创业者处在技术、市场、政府政策、竞争形势变化的情境中能够识别机会的敏锐的洞察力。这种能力不是与生俱来的，而是基于创业者创业经历或商业经验所拥有的实践性内隐知识、价值信念和机会意识等形成的，其本质是对社会环境、行业变化产生警觉的复杂认知框架。在创业机会识别的过程中，创业者都面临如何配置有限的注意力资源的问题，这些要求他们必须对机会信号与刺激物给予有效而又充分的警觉。

具备较强警觉性的创业者在搜寻创业机会方面拥有更大的优势，他们能更好地感知到一些潜在的盈利机会，这就使得创业者的可选机会更多、运作时间更长，因此更能够占据市场先机。而缺乏警觉性的创业者，则往往要等到机会的各项特征都明确之后才行动，而此时极可能已经错过最佳的创业时机。例如，美国航空业在放松管制后，学者们发现高管团队对行业变化的警觉是美国航空公司实施战略变革的关键驱动因素。对大学生而言，他们的创业警觉性对识别创业机会具有显著影响。有创业经历的大学生，其创业警觉性往往优于一般大学生，对创业机会的把握也更胜一筹（王沛等，2015）。

2. 风险感知力

创业过程充满不确定性，为应对复杂多变的创业风险，创业者需要具有更高的风险感知力，以更好地解决创建企业的过程中遇到的各种风险。在创业决策中，创业者的风险感知力起着重要的作用。人们采取冒险行为是由于他们感知到风险在自身能力的可承受范围之内或者风险可预期。研究发现，创业机会评价与创业者的风险感知力显著相关，而创业者的风险感知力又与创业者的自信心、不依赖计划、渴求控制等因素相关。风险感知对于创业者会产生损失感知和收益感知两种情况。损失感知会减少创业行为，而收益感知会增加创业行为（刘万利等，2011）。

风险感知力有助于创业者更好地分析创业机会的风险与收益，从而为创业机会评价提供必要的依据。落实到创业活动中，创业意愿对创业机会识别存在显著的正向影响作用，而感知风险则正向显著地影响创业意愿。因此，创业者拥有的出色的风险感知力将能促进其对创业机会的识别与利用，另外，必要的风险感知力能够让创业者避免采取收益不明晰的高风险行动，从而在一定程度上控制创业企业的经营风险。

3. 自信和乐观

"自信人生二百年，会当水击三千里。""丹青不知老将至，富贵于我如浮云。"自信与乐观是人类尝试用自己有限的经验去把握这个未知世界时,由刚开始的那种忐忑不安到明了自身价值之后的心平气和而又积极有为的心理状态。自信是一种比较稳定的人格变量,是个体对自己有能力应对环境的主观判断和感受。乐观是个体对未来积极正面事件的期望[马尔门迪耶(Malmendier),2005]。

在创业过程中,自信和乐观是创业者应对高不确定性、高风险创业环境的重要认知工具。自信和乐观可以降低创业者对创业风险的感知,提升其创业的意愿,还可以帮助创业者更长时间地坚持其举步维艰的项目。这是因为在很多情况下,创业者进行创业活动时,往往会遭到亲朋好友的不理解和劝阻,如果创业者缺乏自信,就会轻易放弃这些机会;如果创业者不够乐观,将会影响其风险承担的能力。拥有自信和乐观人格魅力的创业者更容易获得投资人的价值观认同和好感,也更容易吸引具有相同特质的创业成员,组成一个拥有正能量场的创业组织,更容易取得创业成功。

张玉利等(2012)基于145家新企业的实证研究,发现自信和乐观通过影响风险承担,间接正向影响企业绩效,而乐观对企业绩效存在直接正向影响。但是,创业者过度的、不恰当的自信和乐观,极可能导致其对环境和机会的误判,导致决策和行动失误。自信和乐观的创业个体通常会为自己设定高的目标,并能够在更大的程度上承受挫折和失败,在逆境和困难中更少地体验压力、焦虑和抑郁。

例证 2-1

任正非:要快乐地度过充满困难的一生

第二节　创业认知与偏差

创业是个体通过识别和开发机会来创造价值的活动过程。因此,创业者如何识别创业机会并采取恰当的行动来开发创业机会,一直是创业研究的热点问题。为什么有些人能够看到机会,而另一些拥有相同经历和信息的人却没有看到?为什么有些人能够将创意变成现实,而另一些人总是在萌生创意之后就止步不前?创业者都做些什么?他们是怎么做的?到目前为止,这些问题仍困扰着研究者[米切尔(Mitchell)等,2007]。

20世纪90年代,认知心理学与社会心理学的发展为创业研究提供了新的动力。基于认知视角的创业研究不断深入,引起越来越多学者的关注。创业个体的知识结构和信息加工方式对创业过程具有重要的影响,两者的差异是导致创业者与非创业者分化的根本原因,而通过分析创业者独特的思维模式和行为方式可以更好地理解创业者的创业行为过程[克鲁格和戴(Krueger & Day),2010]。

一、创业认知过程

认知(cognition)是个体认识客观世界的信息加工活动,是由感觉、知觉、记忆、想象、思维等认知活动按照一定的关系组成的功能系统,从而实现对个体认识活动的调节作用(梁宁建,2014)。人对客观事物认知,建立在感知的基础之上;反之,如果一个人没有自我的感知活动,就不可能产生出认知。在个体与环境的作用过程中,个体认知的功能系统不断发展,并趋于完善。

认知心理学认为,认知过程是个体认知活动的信息加工过程。具体而言,认知过程是一个由信息的获得、编码、储存、提取和使用等一系列连续的认知操作阶段组成的,按一定程序进行信息加工的系统。信息的获得就是接收直接作用于感官的刺激信息。感觉的作用就在于获得信息。信息的编码是将一种形式的信息转换为另一种形式的信息,以利于信息的储存、提取和使用。个体在知觉、表象、想象、记忆、思维等认知活动中都有相应的信息编码方式。信息的储存就是信息在大脑中的保持,在记忆活动中,信息的储存具有多种形式。信息的提取就是依据一定的线索从记忆中寻找所需要的信息并将它提取出来。信息的使用就是利用所提取的信息对新信息进行认知加工。在认知过程中,通过信息的编码,外部客体的特性可以转换为具体形象、语义或命题等形式的信息,再通过储存保持在大脑中。这些具体形象、语义或命题实际上就是外部客体的特性在个体心理上的表现形式,是客观现实在大脑中的反映。认知心理学将在大脑中反映客观事物特性的这些具体形象、语义或命题称为外部客体的心理表征。通常,心理表征还指将外部客体以一定的形式表现在大脑中的信息加工过程。

例证 2-2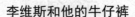

李维斯和他的牛仔裤

二、创业认知的含义与影响因素

自 1976 年科米吉斯(Comegys)等学者研究创业者认知差异以来,创业认知问题越来越受到学者们的关注。认知角度为研究者们提供了研究创业者的新视角和新途径。它也有助于我们更好地了解创业者思维,解释其创业原因、动机与意向,并提供较为精确的神经科学方面的测量。认知观的研究能够进一步揭示创业过程动态性和复杂性背后的本质因素,探索微观层次创业行为的差异性和规律性[米切尔(Mitchell),2002]。

(一)创业认知的含义

米切尔等(2002)将创业认知定义为"人们在对机会评价、企业创立和成长等事项进行评估和决策时所使用的知识结构",即创业认知研究主要关注创业者如何采用简化的心智模式收集和处理有关机会认知、企业创立等信息的问题。它主要包括创业者认知的知识结构和信息加工方式两个方面。

创业是个体突破资源约束,通过识别和利用机会来创造价值的活动过程。这一过程从创业者识别机会(一种社会感知行动)开始,通过有组织的行动(涉及与他人的互动)来实现延续,在企业形成以创始人核心价值观为基础的企业文化时达到高潮[谢弗(Shaver),2010]。因此,创业认知研究应该围绕创业过程的不同阶段展开,以便具体分析创业者如何思考、推理和行动等创业问题。

从认知方面看,认知是一个由感觉输入的转换、简化、储存、恢复和运用等环节构成的过程,而且个体认知与个体行为、环境三者相互影响、相互作用。创业认知从根本上来说是具体化和情境化的,因此,创业认知研究不仅要考虑个体的心理表象、认知结构,而且要考虑行为、环境对于个体认知的影响[吉布斯(Gibbs),2006]。

创业者与非创业者之间最关键的区别就在于前者会主动采取有目的的机会搜寻行为[米切尔(Michel)等,2007]。个体认知活动是理解个体创业行为、区分创业者与非创业者的关键。不同个体之间的认知差异导致个体差异化的思维、推理和行动。洞察创业者的认知可能就揭开了创业过程的奥秘。认知观点揭示了创业过程最为关键的方面,回答了创业与领导研究中最基本的"why"(为什么)的问题(张玉利等,2007),将为培养创业意识和创业精神,指导创业策略与实践做出贡献。

(二)创业认知的影响因素

创业认知的影响因素主要有创业自我效能、创业经验和文化价值观。

1. 创业自我效能

自我效能是指个体在特定的情境中,对自己能否有效实施行动方案的预期判断。最初由美国著名心理学家班杜拉(Bandura)在 1977 年提出。自我效能强调对完成某项任务或实施某项行动所必须具备能力的自信程度,而不是指个体所掌握的技能或者个体所具备的实际能力(班杜拉,1997)。创业自我效能是创业者对自身能够胜任不同创业角色和任务的信念[陈等,1998]。在创业者面临特殊的环境和任务时,较高的创业自我效能对创业认知具有正面影响,从而更加容易激发创业者实施创业行为。

2. 创业经验

连续创业可以让人们从个体过去的错误中获得经验与知识[韦斯特黑德(Westhead),1998],建立创业的经验曲线,这些对创业认知和行为具有重大影响。连续创业者相比新手创业者可能会显示出不同的认知特点,表现在思考和处理信息及学习方式方面。以往的经验为连续创业者提供了一个处理信息的框架,并给予有经验的创业者多样化的技能和能力,如网络、知识等,以此预见并抓住盈利机会。拥有创业经验的创业者可能像专家一样更多地依赖信息处理,在创业认知上显示出较强的依赖性[布森尼茨和劳(Busenitz & Lau),1996]。

例证 2-3

连续成功给创业者带来的好处

3. 文化价值观

文化价值观是一个国家或地区内，由社会主流个体所持有并为其他个体所接受的个体用于判断事物是非的思维模式。文化价值观影响创业活动有两个重要的维度：权力距离与个人主义。权力距离是指一个国家或地区内个体之间的不平等程度。权力距离可以影响个体对于创业机会可获得性的感知。在高权力距离的国家或地区，权力低层的人们会认为创业只是精英才会去做的事情，与低层的人无关，因此权力低层的个体不会提升创业认知或者是识别创业机会［米切尔和史密斯（Mitchell & Smith），2000］。另外，这些个体可能根本就无法得到创业认知的提升，因为在这样的社会结构中，创业资源和知识被权力高层的个体所占有（王晔，2012）。因此，处于较高权力层级的个体因为对权力距离感更敏感而提升了其创业认知能力。个人主义是指在一个国家或地区内，相对于成为一个组织中的成员，个体更倾向于以独立的身份存在。对于创新来说，需要个体的思维不受限制，因此自由是必不可少的。个人主义强调自由的重要性，因此个人主义有助于提升个体对创业的认知感，并促进创业活动的产生［霍夫斯泰德（Hofstede），1980］。

三、创业者认知的知识结构

在复杂多变和充满不确定性的创业情境中，创业者的思维模式和行为逻辑如何影响和促进其创业行为，并进行有效决策以促进企业成长和盈利？研究者们通过对创业者的认知研究，对这些问题做出了有意义的回答。

知识不仅为创业者解读信息提供了认知基础，而且伴随着知识的积累，创业者会在许多创业活动中具有更出色的表现。研究知识在创业者图式中的表征和联结状态，即创业者的知识结构，能够更好地解释创业者如何发现与利用更具创新性和营利性的创业机会等问题。

（一）先前知识

知识是人们感知和解读新信息的认知基础，由于知识积累不同，人们对同一事物的解读也会有所差异。在创业过程中，个体对创业机会的敏感性受到其先前知识的影响。

先前知识包括个体从先前教育、工作、创业以及其他途径获得的知识和经验，它们基于个体以往所有的生活经历而形成，不同的经历赋予个体不同的知识储备，由此形成独特的知识走廊，导致创业者对信息的理解、推测、解读和应用能力的差异。关于市场、服务市场方式、顾客需要和问题的知识对机会识别的作用尤其重要，分别影响创业者决定进入哪个市场领域、如何使用新科技服务市场、选择开发的产品以及服务类型的过程。具有先前知识的创业者更加清楚应该从何处获得融资,具有更熟练的新企业的管理技巧,并能够快速形成服务新市场的策略。但也有研究表明,创业者的先前知识会导致思维定式,有经验的创业者会对启发式认知偏差更加敏感,对先前知识的过度依赖会降低创业者的认知灵活性和环境敏感度[布森尼茨(Busenitz),1996]。

(二)知识组织方式

先前知识是从知识存量的角度来考察其对创业过程的影响,而对知识的组织方式的探讨则能够帮助理解创业者如何以更新颖、更富创造力的方式组合这些知识,从而影响创业过程。知识丰富的个体能够对感知到的信息以更复杂的方式编码。创业机会是新技术与潜在市场需要的匹配,有关新技术与市场需要信息在创业者头脑中的编码和表征方式则影响两者能否成功配对。经验丰富的创业者对技术信息与市场需要信息之间的逻辑相似之处具有更多的表征,而不是仅仅关注两种信息中相似的元素[格雷瓜尔和谢泼德(Gregoire & Shepherd),2011]。可见,先前知识丰富的创业者能够对环境中的信息进行更深入的认知加工,进而精准地识别创业机会。作为一种社会化活动,创业与其他经济活动一样,都是嵌入在一定的社会背景和环境中,并与环境进行复杂且持续的互动。在这个过程中,创业者形成了自身特殊的丰富的价值创新知识,而且这些知识与环境中刺激的联结更加紧密,这意味着外部信息很容易就能够激活创业者价值创新图式,相关知识能够以较低的阈限被提取[瓦利埃(Valliere),2013]。这些特征使创业者能够习惯性地以价值创新的视角审视所获取的信息,进而进行推理和决策,从中发现创业机会。

四、创业者认知的信息加工方式

信息加工过程是个体对收集的信息进行加工处理,以摒弃无关的知识信息,保留精华的过程。这一过程会使原始信息增值,生成的新信息能够更加有效地指导决策。因此,创业者信息加工过程和信息加工策略的选择关乎创业者决策的有效性,进而对企业存亡具有深刻的影响,因而它是创业认知领域的重要研究内容。

(一)基于认知偏差的研究

创业者的过度自信和产生代表性偏见的倾向要高于管理者[布森尼茨和巴尼(Busenitz & Barney),1997]。创业者在进行创业决策时,更容易受情感注入、计划偏误、自我提升等认知偏差的影响。创业者不仅面临极大的不确定性,而且要处理大量事务,因此,在创业初期,认知偏差可以帮助创业者快速决策以节省时间和认知资源。然而,认知偏差在一定程度上存在着思虑不周和非理性,有时会带来决策失误。

以乐观研究为例,乐观长期以来被视为一种积极的心理特质,能够提高个体对持久和高强度压力的耐受能力,扩大个体的社会网络,以及增加个体在逆境中的坚持程度。乐观会降低创业者的风险感知,进而会提高创业行动意愿。另外,创业是一个艰辛曲折的过程,乐观能够帮助创业者更好地应对各种挑战。可见,乐观是创业行动的催化剂。但同时,过度乐观会产生对成功不切实际的预期,导致创业者承诺升级,很多时候会造成创业者的决策偏差,最终影响创业企业的绩效。

（二）基于创业情境的研究

由于创业环境的高度不确定性以及目标模糊性，创业者事先无法做出周详的计划和清晰的预测，没有可以遵循的固定程序，而需要不断地摸索和试验。基于试验的思想，学者们尝试构建创业情境中的有效思维模式，如效果推理、拼凑思维、即兴发挥。其中，最具代表性的是萨拉斯（Sarasvathy，2000）提出的效果推理。效果推理过程始于概括化的理想，然后通过利用手头既有的资源（如他们是谁、他们知道什么、他们认识谁）来达成目标。整个过程中没有针对如何实现目标的整体计划，需要创业者充分利用环境中的偶发机会。效果推理与因果推理的典型行为特征差别在于：前者着眼于既定途径，关注可承担的损失，能够充分利用环境中的偶发事件，强调在不可预测环境中的控制。效果推理客观地描述了创业者在创建新企业过程中的思维和行为模式，与创业情境具有较高的契合度。

以独特的创业情境为背景，通过考察创业者认知的信息加工方式如何影响创业活动，进而总结成功创业者的思维和行为规律，以更好地捕捉环境中的反馈信息，并及时调整认知和行为策略，更好地克服认知偏差带来的固有行为模式，以适应环境变化，最终指导和帮助创业者通过改变认知而走上创业成功的道路（刘依冉，2014）。

五、认知偏见的含义与类别

创业过程本身充满大量不确定性与复杂性，加之创业机会稍纵即逝，出于时间与成本的考量，在复杂的创业环境中，创业者要做到理性决策，通常是比较困难的。因此，创业者只能借助有限的信息来做出有效的决策。创业者如果没有偏见和直观推断，很多创业行为将难以发生，但这种潜意识和简化的认知决策会产生难以避免的偏差［布森尼兹（Busenitz）等，1997］。认知偏见是创业者快速决策的原因，并认为与其他非创业者相比，创业者更容易受到特定的认知偏见的影响，如过度自信、控制错觉和低估风险等。过度自信和控制错觉等认知偏见对连续创业具有积极的影响。但是，事后明白偏见与连续创业的关系呈现负显著，而少数原理等认知偏见与连续创业之间的关系不显著（赵文红等，2012）。

（一）认知偏见的含义

认知偏见是个体决策时因为不能够达到完全理性而采取的一些简化的认知模式，它主要来自于特定启发式的一些主观的或者预先有倾向的想法。虽然这些偏见在一定程度上可以帮助个体解决他们的认知局限性，但是它也可能导致不够理性和全面的决策。当个体做出复杂的或者不确定的决定时，这些偏见经常产生，而且在创业者中间尤其普遍，因为他们会简化信息处理过程以减少创业过程中风险的不确定性。人们的认知过程（思考、决策和计划等）并不是完全理性的，而是经常受到各种偏见或错误的影响，认知偏见的存在会使个体在做出重要的判断时发生错误。

（二）认知偏见的类别

认知偏见最早应用于行为经济学的决策理论。认知偏见有很多类别，其中具有代表性的有以下几种。

（1）代表性偏见。过去的经历影响个体做出判断，或者存在以偏概全的错误倾向。投资者在做出判断时存在代表性偏见。

（2）锚定偏见。指个体在进行价值评估时，是根据某一参照点之间的相对关系而不是该对象的绝对水平来确定其价值。锚定值的设定常常受到事件陈述人的不当影响。

（3）禀赋效应。指个体在拥有某个对象之后的评价比拥有前显著增加。

（4）确认偏见。人们头脑中一旦形成一个假设或猜想，就会有意识地寻找支撑自己猜想的证据，而往往忽视否定它的证据。

（5）情绪扩散。个体的情感状态对他的感知和激励有影响，并且常常是扭曲的，个体的情绪会影响认知过程。

（6）乐观偏见。指期望事情向好的方向发展的一种夸大的倾向。

（7）计划谬误。指个体认为他在一个特定时期能够完成的比实际完成的多的一种倾向。

（8）过于自信。指未能认识到人们知识的极限，导致过高地估计了一些事情的确定性。

（9）控制幻想。一种在机会发挥着重要的作用而技能并不是必需的决定因素的情况下，个体过分强调他的技能能够提高绩效的认知偏见。

（10）相信小数定律。指个体使用有限数量的信息（如特性和观察值等这样的小样本信息）而得出结论的一种认知偏见。

认知偏见可能会影响风险感知，某些认知偏见甚至会使创业者低估机会的负面性和不确定性，从而导致低估风险。那么有哪些特定的认知偏见可以影响个体的决定呢？过于自信、控制幻想、相信小数定律直接影响风险感知，并且影响个体成立一个新的企业的决定。过于自信和创业行为密切相关，具有过于自信偏见的个体比其他人更易于成立一个新的企业［菲利普（Philipp）等，2006］。

（三）创业者的认知调控

创业者的决策能力关系企业的生存和发展。如何避免认知偏差影响，在不确定情境中有效决策以提高企业绩效？学者们基于创业认知视角，致力于找出影响创业成功的因素，以解答为什么与其他人相比，有些人更擅长发现、评估和开发创业机会。

1. 认知调控的含义

认知调控是创业个体对创业认知过程的监督和反思，以及对环境线索的捕捉和利用能力。认知调控能力有助于企业决策者在复杂的商业环境中保持竞争优势。对创业者来说，克服根植于思维体系中的现有意义生成机制，提高对战略行动、组织结构和商业环境变化的自我反思和自我调控能力（即认知调控能力），有助于新企业有效运营［麦格拉斯（McGrath），2000］。创业者的认知调控能力与企业绩效存在正相关关系。在环境动态性高的情境中，创业者感知的环境不确定性对认知调控和企业绩效也有影响（刘依冉，2014）。

2. 认知调控对创业决策的影响

在复杂多变和充满不确定性的创业情境中，创业者如何有效地决策以促进企业成长和盈利？创业者先前的创业知识有利于其再次创业时的创业绩效。先前知识与机会发现、企业成长有密切联系。在决策时，创业者容易受到反事实思维、启发式、过度自信等认知偏差的影响，并且会潜意识地使用过去形成的认知策略，形成思维路径依赖，以致做出的创业决策对创业企业绩效产生负面影响。如何克服这些认知障碍造成的负面效果，以促进创业者更有效地进行决策，具有重要的现实意义。在高度动态的环境中，提高决策有效性需要对环境中的反馈快速感知和反应，形成认知调控能力。

创业者的认知调控能力对新企业绩效具有促进作用。对于经验匮乏的创业者，认知调控能力与新企业绩效的关系更加密切。创业者（尤其是缺乏经验的创业者）应有意识地掌握决策技巧，训练和提高认知调控能力，做决策时更多地比对既定目标，综合考虑环境信息，减少认知偏见和个人喜好对决策效果的影响。在证明创业经验的积极作用之后，学者们开始关注如何帮助首次创业者克服经验缺乏的弊端[海尼（Haynie），2012]。认知调控能力可以帮助首次创业者更有效地决策，是一种对创业绩效有裨益的能力。

创业者应该灵活地使用认知策略，面对不同类型的任务采用不同的决策策略。在处理日常事务时，凭借直觉也可以进行较好的决策，所以应节省认知资源去解决更复杂棘手的任务。鉴于认知调控的积极作用，初次创业、缺乏经验的创业者可以通过后天训练习得认知策略。创业者可以在实践中不断使用这一策略，提高认知调控能力，逐渐将认知调控在潜意识层面自动化地运用，克服创业过程中的认知偏见，以实现用较少的认知资源做出更好的决策的效果。

例证 2-4

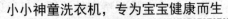

小小神童洗衣机，专为宝宝健康而生

第三节 创 业 决 策

创业行为发生在复杂的现实环境之中，这意味着创业者所处的环境对其创业行为存在很强的影响力。面对不同的环境，创业者应该采取不同的机会认知和决策行为，依时而变、顺势而为，从而站在创业活动成功的"风口"。外部环境既定，创业者更应该提升内在功力，切不可因循守旧、故步自封。创业者不仅要提高自身的知识技能，更要积极学习，更新创业认知，做出更理性、更全面的创业决策。

一、创业个体决策

（一）个体决策的概念

个体决策，是指在面临某种问题的情况下，个体为实现某种目标，在多个备选方案中选择一个较优方案的分析判断过程。组织中的个体都需要做出决策。高层管理者要决定设置什么样的组织目标、提供什么样的产品或服务、如何建构最佳的公司总部、在哪里新建一家工厂等；中低层管理者要决定生产日程安排、选择新员工、合理分配薪水的增长。非管理层的员工所做出的决策同样影响他们的工作及其为之工作的组织。

（二）创业个体决策及其影响因素

创业过程中的很多决策需要创业者关注。创业个体决策具有狭义和广义之分。前者是指潜在创业者做出创办自己企业的决策，从而成为一个创业者的决策过程。后者是指潜在的或新生的创业者在创业活动过程中的决策过程。这个过程不但包括狭义的创业决策过程，还包括创业机会识别、风险投资、创业模式的选择等活动中的认知和决策过程（樊少华，2007）。

创业者决策的出发点是：衡量外部环境，依据目前所拥有的资源做出相应的假设，并在实际运作中对自己的假设判断进行验证，然后进行调节。在面临变化的新环境时，更新自己的资源条件，再次进行新的假设和检验。在这个过程中不断降低环境的不确定性，从而能够利用创业机会与资源获取创业成功的回报，这就是螺旋上升的创业活动实践式决策（唐靖，2007）。

创业个体决策的认知过程受到诸多方面的影响，除受个人认知因素和环境因素的影响外，创业个体决策任务自身的复杂性以及创业活动风险等也在很大程度上影响着创业个体决策。

1. 个人认知

创业活动中决策方案的制订、选择及实施过程均受到创业者认知过程的影响。首先，是否存在问题和是否有决策的需要是一个认知问题。例如，个体之间对机会的警觉意识和能力、关注点不同，以及个体间获取信息的难易度差异造成了他们对信息的选择性过滤，导致只有一部分人能够捕捉到创业的"机会之窗"（杨俊，2014）。此时，潜在的创业者面临着是创业还是就业的选择，是否从就业者变为创业者的决策问题。其次，创业者的认知过程会影响他对信息的获取、解释和评估，因此，不恰当或者有偏差的认知可能使决策者错失与创业问题有关的重要信息而影响方案的制订。同时，由于对信息的过滤、加工和解释不同，认知还会影响创业者对创业模式、创业融资和创业方向等的评价与选择。

2. 创业环境

创业活动植根于复杂的现实环境之中，创业活跃程度的一个重要决定因素就是创业的环境条件。创业企业与创业环境存在的这种密切关系，其核心是创业企业资源的需求和创业环境资源的供给所具有的有机联系（蔡莉等，2007）。资源依附理论指出，外部环境可以保证企业在自身资源不足时获取其所需要的创业资源，而这就要求创业企业要与提供这些资源的外部环境中的主体建立密切的关系，从而保证企业的顺利创建和发展。创业者面临的环境由需求和供给两种市场组成，因为创业企业是各种资源的需求方，外部环境是这些资源的供给方。对某种资源来讲，如果资源的需求大于资源的供给，或者资源的供给大于资源的需求，这两种状态就都没有达到资源的有效配置，但如果外部环境对资源的供给较好地满足了创业企业对这种资源的需求，则实际上达到了一种均衡状态，也是一种较好的理想状态。

因此，创业者在进行决策时，一方面要考虑如何通过改善外部环境的资源供给来满足创业企业的资源需求；另一方面，要在把握既定的环境资源供给状态下，采取决策行动，及时地调整创业企业的资源需求以适应外部环境。

例证 2-5

饿了么——上海和上海人共同孕育出来的独角兽

3. 创业活动复杂性

创业活动的参与主体涉及创业企业、政府、投资机构、教育机构、专业机构和公共机构等。政府提供政策支持和税收优惠；投资机构提供资金支持和企业管理经验；教育机构提供技术来源和人才库；专业机构和公共机构等提供专业性服务（咨询、会计、法律服务等）。创业者在进行决策时，时常要根据创业活动的不同发展阶段，倚重不同的参与主体提供的相关资源。例如，在创业企业孕育落地阶段，创业者更多地要基于政府的优惠政策和财政资金的支持进行创立企业的决策。在创业企业发展初期，创业者要考虑引进那些适合自身的风险投资，以促进企业进一步发展和管理规范化。教育和科研院所提供的人才服务，以及专业机构等带来的专业性服务，则贯穿了创业企业发展的整个过程（蔡莉等，2016）。创业活动的复杂性决定了创业者进行创业决策时必须动态地因时而异，因需调整。

4. 创业风险

机会与风险永远并存。对于创业者而言，他们不仅需要寻找与利用创业机会，同时还要承担一定的技术、人员和资金等创业风险。创业失败会给创业者带来很大程度上的心理、时间和资产等方面的成本损失。因此，认识和化解创业风险就成为创业活动面临的最重要的任务之一，创业者在创业过程中做出的创业决策也就显得更为慎重（刘万利等，2010）。创业者在创业之初往往会通过搜寻更多的创业项目信息，尽可能选择风险相对较低且收益较高的项目来进行创业，通过全面地识别与审视创业机会，做出利用创业机会最优化的决策。为了确保创业企业快速地开发或重组资源以适应环境的变化，降低企业承担的风险，提升抵御风险的能力，创业者会做出将必要的资源用于开发新的产品和服务来拓展新的市场等创业决策。同时，根据所面临的风险类型，制订适合创业状况的战略目标与执行计划，通过内部组织的学习与资源共享实现组织的有效运作，以此改善新企业的运营管理能力，并促进创业绩效的提升（董保宝，2014）。

此外,创业者的决策还受到创业者思维方式、气质与性格、市场竞争和组织压力、情绪和情感、创业榜样等因素的影响。

二、创业决策模型

创业是创业者与创业机会、创业资源等互动之下实现价值创造的行为过程。而研究创业过程中的决策问题是破解创业过程规律之谜并教授创业管理的关键,而创业者则是决策过程的核心行为主体。

（一）创业环境—机会认知—创业决策模型

创业者所处的创业环境是时刻变化着的,新创企业的创业者或者公司创业的企业家不会,也不可能一成不变地采用某种创业决策进行创业活动。市场需求的快速变动、供给矛盾的加剧和竞争对手的涌入等,会使外部环境的不确定性持续地增加。这些因素都影响着创业者的机会认知和决策行为。

环境的特点决定机会的性质,不同的环境要求创业者拥有不同的机会认知方法,要求其采用不同的决策方法来开发商业机会。研究者将创业环境分为风险性环境、不确定性环境和模糊环境,并分析创业者面临的产品服务的需求和供给两种市场状态。因此,唐靖等（2007）构建了一个综合的决策模型,如图 2-1 所示。

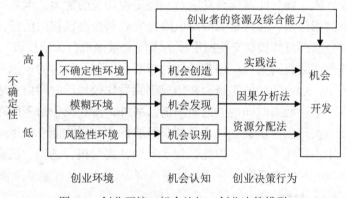

图 2-1 创业环境—机会认知—创业决策模型

在决策前,能够预知可能出现的结果及其出现的概率,那么创业者面临的环境可称为风险性环境;在决策前,知道可能出现的结果,但是每种可能结果的概率不可知,那么创业者面临的就是模糊环境;在决策前,可能出现的结果和结果出现的概率均不可知,那么创业者面临的环境就是不确定性环境。基于不同的环境,创业者的创业决策行为要进行相应的调整,采取不同的方法识别、发现和创造机会。另外,选用合理的决策行为方式,意味着创业战略也要做相应的调整。

（二）创业者——有限理性决策人

诺贝尔经济学奖获得者赫伯特·西蒙（Herbert Simon）在研究了人的心理因素在经济行为中的作用后,提出了"有限理性"理论。他指出,经营者表现出有限理性而非纯理性。换言之,当他们试图理性地行动时,他们受到获得信息和加工信息的能力方面的限制。另外，时间限制和政治考虑（如需要取悦于组织中的其他人）也会束缚人按理性行动。

整个创业过程最终来源于特定人群的行动，因此，从创业者的角度出发来研究创业者为什么会做出这样的创业决策，以及如何做出这一决策的行为过程，具有重要的意义。

1. 创业者的理性

理性是一种科学性，它能够对分析对象的错综复杂关系进行梳理，并找出诸如因果关系等内在联系，从而能够概括成一系列假设并寻求验证，最终有助于预测在类似环境下将发生什么情况（陈震红，2004）。

（1）对机会成本的衡量。通常，创业行为的机会成本主要由创业者创业前的状况所决定，表现为创业者现有的既得利益，主要包括现有的收入水平与其受教育程度等。创业者在做出创业决策之前会对创业的预期收益与机会成本做一个比较，该评价过程实质上就是对其现在和未来的评估比较过程，是对未来风险的理性规避过程（张玉利，2003）。

（2）对社会关系资源的利用。社会关系资源主要是指存在于社会结构之中，通过促使行动者进行交易与协作等特定活动而产生效益的资源，这些资源表现为社会网络及其某些特征，如信任与规范。创业者的社会关系资源主要表现为其社会关系网络，创业者的创业路径高度依赖于创业者个人拥有的社会关系网。通过利用社会关系网不仅能够改善创业者的创业环境，而且能够提高其应对不确定性环境的能力。例如，创业者进行融资时，由于没有信用记录，通常难以博得风险投资者和金融机构的信任，但是社会关系网中的亲戚朋友会依据与其长期交往所形成的牢固关系而进行天使投资。

（3）对最佳创业时机的选择。创业活动的核心在于创业机会的识别和创业机会窗口的把握。一般来说，创业活动的实施会在形成创意后比较短的时间内完成。这是因为机会并非永远存在，它会随着时间的消逝而消逝。另外，潜在竞争对手的存在也决定了只有在较短的时间内实施创业机会，缺乏资源与经验的创业者才能有效地抓住机会，并在与后来者的竞争中占据先入优势。因此，创业者要把握时机，选择"机会之窗"开启的时候进入，在最短的时间内获取创业活动所需的资源，将产品或服务最快地推向市场。

例证 2-6

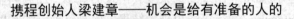

携程创始人梁建章——机会是给有准备的人的

2. 创业者的不完全理性

人们的决策行为往往会背离传统的理性行为者模型：一方面，囿于认知能力的有限，直觉会在很多情况下发挥作用，这就增加了对理性行为者模型的系统性偏离；另一方面，人类动机的复杂性也会导致决策行为背离理性行为者模型。人们在不确定性世界中做判断常常依赖于有限的启发式,并提出了不确定性决策的三种常见的启发式:代表性、可得性以及锚定和调整[卡尼曼(Kahneman),1979],这些对不确定性决策的认知策略起了里程碑式的开创作用。

(1)代表性启发式。它是指人们倾向于根据样本是否能够代表(或类似)总体来判断其出现的概率,对于代表性越高的样本,就判断其出现的概率越高。由于创业活动并不是一种常规的、经常发生的活动,没有很多的经验信息可循,所以为抓住"机会窗口",创业者不可能等到获得所需的全部或大量信息之后再做出创业决策。

(2)可得性启发式。它是指人们倾向于根据客体或事件在知觉或记忆中的可得性程度来评估其相对频率,容易知觉到的或容易回想起的客体或事件被判定为更常出现。这在创业者对其创业风险的感知方面表现突出。风险感知是对经历了消极事件的概率的主观评价,是一种社会和文化结构,反映生活在不同文化思想背景下人们的价值观、符号和历史。对风险的感知会由于习惯熟悉的知觉情况而减少,也就是说,创业者产生过重复的行为或者经历过几次风险后,对这些风险的感知将减少,因为风险对其而言已经逐渐变得熟悉。巴博萨(Barbosab)和基库尔(Kickul)(2007)认为,感知风险对于创业者会产生损失感知和收益感知两种情况,损失感知会减少创业行为,而收益感知会增加创业行为。因此,基于以往的创业风险感知,创业者会对其创业行为产生正面或负面的影响。

(3)锚定和调整启发式。它是指在判断过程中,人们最初得到的信息会产生"锚定效应",人们会以最初的信息为参照来调整对事件的估计,这就是认知偏见中的锚定偏见。它是指个体往往根据某一参照点之间的相对关系而不是该对象的绝对水平,来确定某一行为或者机会的价值。在创业决策中,创业者之所以会潜意识地运用直观推断和偏见的思维方式,是因为在既定的决策环境下,偏见与直观推断决策方式会使创业者感知到的风险较小,更加能够满足创业者的成就感、个人的独立性与控制欲等,从而更容易促使其创建新企业。这是个体在不确定和复杂条件下进行决策的简化战略[扎耶克和巴泽曼(Zajac & Bazerma),1991]。

三、创业团体决策

(一)创业团体决策的方法

创业团体在进行决策时,可以依据具体的情况采用针对性的决策方法,通常包括如下四种(杜惠英,2020)。

1. 议会讨论法

议会讨论法起源于英国议会的相关法律,至今已经有七百余年的历史。具体程序如下:先由某个成员以动议的形式就某个建议或者提议进行陈述,然后大家共同展开辩论,修改完善,最后投票表决。虽然这种方法既耗时又烦琐,但它保证了充分沟通和民主决策。该方法最适合各种正式的商务会议。

2. 列单法

列单法又被称为列名团队法。具体程序如下:第一,在决策会议之前首先界定好问题;第二,会议开始,分析相关的数据和信息;第三,成员之间不做讨论便提出自己的方案或者评估已有方案；第四，权衡各种方案的利弊，集中讨论每个提案；第五，形成科学决策，得出最佳方案。

3. 头脑风暴法

头脑风暴法是现代创造学创始人奥斯本于1938年首次提出的，其特点是让与会人员敞开思想，使各种设想在相互碰撞中激起脑海中的创造性风暴，其目的在于最大限度地发掘和创造新想法。头脑风暴法应该遵循以下原则：第一，杜绝批评和嘲讽；第二，鼓励随心所欲，自由畅想；第三，欢迎献计献策，多多益善；第四，不准私下交流，以免打断思维活动；第五，寻求最佳的方案。

4. 德尔菲法

德尔菲法是由美国兰德公司于20世纪50年代发明的，需要借助"监督小组"和"解答小组"之间的有效互动，收集专家意见。其具体程序如下：第一，监督小组首先就某个问题设计出一套问卷，然后由解答小组做出应答。解答小组的成员可以是某个或者多个领域的专家，也可以是普通人，其具体成员构成取决于问卷的目的。它在一定程度上反映出解答小组成员的知识面和判断力，因此，选择合适的人参与解答小组是成功实施德尔菲法的重要前提。第二，解答小组在互不交流的前提下，单独完成问卷。第三，解答小组答完问卷之后，监督人员将答卷进行汇总，然后将数据和相关资料反馈给解答小组。同时，为了进一步解决解答小组中的意见分歧，再提供一份问卷让解答小组完成。这一程序可能得重复多次，且问卷需要不断依据具体的情况进行修改。如此多次反馈并用统计方法处理数据，可得到比较客观的、相对一致的结果。第四，监督小组最后就问卷结果写出分析报告，以供决策者使用。

（二）创业团体决策的原则

创业团体在决策时首先要考虑如下六个原则。

（1）先冷静，再决策。从理论上来看，决策是一个理性的过程，但遗憾的是大多数人在决策时无法做到理性，而在非正常情绪下的决策大多数会导致决策失误，因此，创业团体在决策时需要首先保持情绪冷静和稳定。

（2）鱼和熊掌无法兼得。许多人有追求完美的欲望，尤其是自信的人更容易有"完美强迫症"。但是一家创业公司很难有足够的资源和基础追求完美，在决策时往往会面临着难以取舍的情况，这种情况是大多数创业者"焦虑"的主要原因，也是创业团体决策过程中遇到的主要障碍。因此，创业团体在创业时需要权衡利弊，科学取舍。

（3）真实的未必是正确的。大多数人在决策时会倾向于相信自己的感觉和经验，但是我们在很多情况下不太可能了解事情的全部过程或者全貌。因此，在创业团体开会决策时，最容易出现的错误就是每个人都坚持己见，而这些意见都是各自的真实感受。为了确保团体决策的有效性和科学性，创业团体必须明白真实的未必是正确的。

（4）设定好合适的最终拍板人。团体决策其实是最难的事情，几个不同背景的人去讨论一件事，其中大多数人具有决策权力却没有决策的背景知识。例如，如果创业团体讨论的是营销问题，同时技术负责人和财务负责人具有同样的话语权，结果将会非常不幸。因此，在团体决策讨论时，一定要设一个最终的拍板人，让知识背景与决策话题最接近的人做决策拍板人，其他人可以建议，但要一致尊重最终拍板人的决定。

（5）绝不相互埋怨。创业过程会充满很多不确定性，没有人能确保不犯错误，甚至错误的决策要比正确的决策次数多得多。此外，团体决策经常会出现团体成员意见不合的情况，在这种情况下，相互埋怨会摧毁决策者的信心和感觉，会让结果变得更糟糕。

（6）不要对投资人隐瞒任何信息。作为投资人，每天需要见很多人，需要对行业的宏观局面非常了解，也会看到很多成败的案例，当然希望能够将经验和教训告诉自己所投资的公司。既然公司的治理机构赋予了创业者和投资人对公司重大事务的决策权力，双方就必须进行良好的合作才能够成功。为了让投资人支持创业者的决策，就必须尽量让他们多了解公司的情况。

本章小结

1. 认知是个体认识客观世界的信息加工活动，是由感觉、知觉、记忆、想象、思维等认知活动按照一定的关系组成的功能系统。

2. 创业认知主要关注创业者如何采用简化的心智模式收集和处理有关机会认知、企业创立等信息的问题，以进一步揭示创业过程动态性和复杂性背后的本质因素。

3. 创业认知的影响因素有创业自我效能、创业经验、文化价值观等。

4. 在复杂多变和充满不确定性的创业情境中，创业者认知的知识结构和信息加工方式都对其创业认知的形成有着重要影响。

5. 认知偏见是个体决策时因为不能够达到完全理性而采取的一些简化的认知模式。囿于人类决策的非理性与创业者的不完全理性，创业者认知偏见不可避免。

6. 认知偏见包括代表性偏见、锚定偏见、禀赋效应、确认偏见、情绪扩散、乐观偏见、计划谬误、过于自信、控制幻想和相信小数定律等。

7. 广义的创业个体决策，是指潜在的或新生的创业者在创业活动过程中的决策过程，不仅包括狭义的创业决策过程，还包括创业机会识别、风险投资、创业模式的选择等活动中的认知和决策过程。

8. 创业环境—机会认知—创业决策模型认为，基于不同的环境，创业者的创业决策行为要进行相应的调整，采取不同的方法识别、发现和创造机会。

课程思政

1. 纵深推进"大众创业、万众创新"是深入实施创新驱动发展战略的重要支撑，大学生是"大众创业、万众创新"的生力军。在新征程上，要以实际行动贯彻落实党的二十大精神，牢记习近平总书记嘱托，胸怀"国之大者"，投身强国建设、民族复兴伟业，把创新创业的理想追求融入党和国家事业之中。

2. 中华优秀传统文化中蕴含着丰富的创新创业精神，对青年大学生既是鼓舞，也是实践指南。大学生要吸取中华传统文化的精髓，改变就业观念，树立"先就业后创业，能创业就创业"的就业理念,在创业中发挥自强不息的奋斗精神,闯出自己的一片天地。

思考练习题

一、简答题

1. 什么是创业认知?影响创业认知的因素有哪些?
2. 创业动机的类型有哪些?
3. 创业者基于机会认知的创业决策模型是怎样的?
4. 创业团体决策的原则有哪些?

二、单项选择题

1. 创业个体对创业认知过程的监督和反思,以及对环境线索的捕捉、利用,属于创业个体对创业过程的(　　)。

　　A. 自我效能　　　　　　B. 认知调控
　　C. 认知偏差　　　　　　D. 价值观

2. 如果创业者面临模糊环境,发现机会之后,为了开发机会,会倾向于实施的决策行为是(　　)。

　　A. 实践法　　　　　　　B. 因果分析法
　　C. 资源分配法　　　　　D. 目标倒推法

三、多项选择题

1. 影响创业者创业决策的因素有(　　)。

　　A. 个人认知　　　　　　B. 创业环境
　　C. 创业活动复杂性　　　D. 创业风险

2. 影响创业认知的因素有(　　)。

　　A. 创业自我效能　　　　B. 创业者性别
　　C. 创业经验　　　　　　D. 文化价值观

心理测试

创业者认知偏见情况量表

1. 目的:试想现在的你是一位创业者,表2-1所示的量表将有助于你评估自己的认知偏见情况。

表2-1　创业者认知偏见情况量表

量表内容	陈述内容	完全同意	同意	一般	不同意	完全不同意
控制幻觉	1. 我认为我可以准确预测创业产品的市场需求量	5	4	3	2	1
	2. 我认为我可以准确预测其他的竞争者可能进入市场的时间	5	4	3	2	1

续表

量表内容	陈述内容	完全同意	同意	一般	不同意	完全不同意
控制幻觉	3. 我认为我可以有效控制所遇到的大多数企业风险	5	4	3	2	1
	4. 尽管存在许多企业倒闭的情况,我依然认为我可以使企业获得成功	5	4	3	2	1
过度自信	1. 我相信我可以不断发现新的市场,提供满足顾客需求的新产品或服务	5	4	3	2	1
	2. 我相信我可以与很多人建立和维持长久的关系,并从中获得资金、信息等资源的支持	5	4	3	2	1
	3. 我相信我可以创造一个工作环境使人们愿意为我工作	5	4	3	2	1
	4. 我相信我可以有效地进行财务管理,控制成本	5	4	3	2	1
	5. 我相信我可以在压力和冲突下有效率地进行工作	5	4	3	2	1
	6. 我相信我可以在突发或不确定情况下做出有效决策	5	4	3	2	1

2. 指导语:量表包括两个部分,第一部分是了解创业者的自我认知情况(控制幻觉,指个体过分强调他的技能能够提高绩效的一种认知偏见),共四种陈述。第二部分是了解创业者的经营管理情况(过度自信,指个体过于自信而导致过高地估计了一些事情的确定性),共六种陈述。请标明你对每个陈述同意或不同意的程度。请如实回答以便更好地了解自己的认知偏见类型。做完后按后面的方法记分。时间约需6分钟。

3. 记分:将"控制幻觉"各题项的分数相加,得到控制幻觉的分数;将"过度自信"各题项的分数相加,得到过度自信的分数。得分越高,说明该类型的倾向性越明显。

4. 讨论:根据自己的认知偏见类型(是控制幻觉还是过度自信),分享一个自己日常生活中认知偏见的例子(如报考大学和专业、社团决策等)。

资料来源:社会网络、创业者认知偏差对企业风险识别的影响研究[D]. 杭州:浙江理工大学,2014.

管理游戏

创业机会评估

以下是一个小案例,由您来评估案例中发现的这个机会是不是一个值得开发的机会。

"您能给小牛戴上隐形眼镜吗?"目前人们对肉制品的健康、安全与天然提出了更高的要求,因此,肉牛的喂养正转向天然放养,既满足了消费者的需要,也避免了动物权益保护的争议。然而,天然放养状态下小牛喜欢打架也是一个重大的问题,也会造成一定的经济损失。研究发现,尽管牛是红绿色盲,但是蓝色的光却可以大大安抚小牛,使其变得温和,从而大大降低打架的可能性,然而白天放养的牛是不可能用蓝光照射的。

丹尼尔·加里森(Daniel Garrison)发现,如果给牛戴上蓝色的镜片,就会有同样的效果。因此他考虑,是否可以给小牛戴上一种蓝色的硬性角膜接触镜(即一种硬质隐形眼镜)来解决这个问题。丹尼尔·加里森认为他发现了一个很好的市场机会和创业机会,根据他的测算,由于该种眼镜可以多次重复使用,牛农在每头牛上所花费的成本约为3美元,而据此得到的收益约增加 4 美元,而他个人的成本约为 1.5 美元,利润还是相当丰厚的。

然而丹尼尔·加里森也发现,如果他想成立一个公司来实现该想法,风险很大,因为他无法确定成功的把握有多大。牛农们可能难以接受他这个"怪诞"的想法,如果失败,牛农也会担心自己成为笑柄。虽然眼镜可以重复使用,使得每头牛的成本并不高,但牛农的初期投入还是较大的,而且牛农们会担心重复使用中的服务问题。另外,牛肉市场的价格也有可能出现波动,如进口、经济衰退或市场竞争变得更加激烈等导致牛农的经济利润下滑。此外,这也有可能导致动物权益组织的反对。如果创业失败,他将会蒙受巨大的损失,而且会失去目前他所拥有的这份报酬相当优厚的工作。事态的发展似乎也加深了他的担心,到目前为止还没有投资者愿意投资。幸运的是,有些亲朋好友支持他的想法,他目前已经有了一家名为 ODC 的公司,但没有什么具体业务,他现在打算以这家新公司来做引入隐形眼镜这件事情。

请您假设自己是丹尼尔·加里森,设想自己会怎么做,回答下面的问题,并在每一个陈述旁边写下一个数字,来表示其与您的情况的相符程度。其中,1 表示完全不同意,2 表示基本不同意,3 表示不确定,4 表示基本同意,5 表示完全同意。

1. 我认为丹尼尔·加里森引入隐形眼镜失败的可能性非常高。(   )
2. 我认为丹尼尔·加里森引入隐形眼镜可能损失的数量将是非常大的。(   )
3. 我认为丹尼尔·加里森引入隐形眼镜可以做得有多好的这个预测结果具有很大的不确定性。(   )
4. 我认为丹尼尔·加里森引入隐形眼镜的总体风险很高。(   )
5. 我认为丹尼尔·加里森引入隐形眼镜是一个商业机会。(   )
6. 我认为丹尼尔·加里森引入隐形眼镜是一个不错且值得开发的商业机会。(   )
7. 在案例给定的情境下,我认为这个商业机会是可行的。(   )
8. 我能够准确地预测该隐形眼镜总的市场需求。(   )
9. 我能够准确地预测更大的竞争者会在什么时候进入市场。(   )
10. 我能够使企业获得成功,即使其他很多人都失败了。(   )
11. 如果政府统计数据与咨询机构的研究资料能够表明,该设想有非常丰厚的利润与美好的前景,但你在一次旅行中偶尔遇上了两位农场主,他们说不会购买你的隐形眼镜,这个时候你还是认为这个机会是值得开发的。(   )

案例分析

一个中国新创企业的成长奇迹

北京小米科技有限责任公司是一个代表了移动互联网创业时代的再创业公司,它的创造人雷军 1969 年出生在湖北省,1987 年考上了武汉大学计算机系,仅仅用了两年时间修完了大学所有的学分,甚至完成了大学的毕业设计。受到《硅谷之火》中苹果公司创业故事的影响,在大学四年级的时候,雷军开始和同学王全国、李儒雄等人创办三色公司,其间还与王全国合作编写了雷军的第一个正式作品 Bitlok 加密软件并且组建了黄玫瑰小组；除此之外，他们还用 Pascal 编写了免疫 90，此产品获得了湖北省大学生科技成果一等奖。当时的产品是一种仿制金山汉卡，可是随后出现了一家规模比他们更大的公司，"山寨"了他们的产品，量大价优，最终把他们拖垮了。

1992 年，雷军与同事合著了《深入 DOS 编程》一书。同年，雷军加盟金山公司，先后出任金山公司北京开发部经理、珠海公司副总经理、北京金山软件公司总经理等职。1998 年 8 月，他开始担任金山公司总经理。2000 年年底，金山公司股份制改组后，他出任北京金山软件股份有限公司总裁。

雷军 22 岁进入金山，一直工作到 38 岁，在金山工作了整整 16 年，其间完成了金山的 IPO（首次公开募股）上市工作。2007 年 12 月 20 日，雷军辞去了金山 CEO（首席执行官）的职务。2011 年 7 月 11 日，金山软件董事会提名委员会提名雷军出任董事长一职，这一提议获得了董事会的一致通过，雷军正式接手了金山软件。

作为一个天使投资人，雷军热情地投资了诸多项目，包括卓越网、逍遥网、尚品网、乐讯社区（移动互联社区）、多玩游戏王、拉卡拉、凡客诚品、长城会等二十多家新创企业。投资这些新创企业为他今后的二次创业奠定了商业新模式基础。

2009 年第四季度，苹果公司的 iPhone 手机正式在中国市场上市，一时间震撼了全世界。面对这一重大创新给予人们的惊喜，雷军很快发现了商机，觉得自己做得可能比苹果更好。2010 年 4 月，雷军与 Google 中国工程研究院原副院长林斌、摩托罗拉北京研发中心原高级总监周光平、北京科技大学工业设计系原主任刘德、金山词霸原总经理黎万强、微软中国工程院原开发总监黄江吉和原 Google 中国高级产品经理洪峰六人联合创办了小米科技，并在 2011 年公布了其自有品牌手机。

小米公司毫不犹豫地将自己定位为一家专注于高端智能手机资助研发的移动互联网公司。目前，小米旗下三大核心业务分别是 MIUI、米聊和小米手机。MIUI 是小米科技旗下给予 Android 进行深度优化、定制、开发的第三方手机操作系统，特别受手机发烧友欢迎的 Android ROM，支持小米手机的所有机型及合作手机。

2013 年 8 月，小米完成了第四轮融资，整体估值达到了 100 亿美元。这次小米融资后，市值超过了许多老牌的手机厂商，因此小米科技成为位列阿里巴巴集团、腾讯、百度之后的中国第四大互联网公司，在中国的硬件公司中，仅仅次于联想集团。从初创到估值超过了 100 亿美元，小米仅仅花费了 34 个月的时间，大大低于新创企业 46 个月的时间周期，创造了小企业成长的国际速度。

问题讨论：

1. 在创业初期，创业者知识的认知和结构对创业公司的创业方向有何重大影响？
2. 你如何评价"87 后"对自己的职业生涯认知？
3. 如何找到志同道合的创业伙伴，快速地做出创业决策？

 本章参考文献

[1] 张雷，梁冬松，韦国才. 创新创业教育实训教程[M]. 镇江：江苏大学出版社，

2018.

[2] 周玮. 大学生创新创业实务教程[M]. 苏州：苏州大学出版社，2020.

[3] MITCHELL R K, BUSENITZ L W, BIRD B, et al. The central question in entrepreneurial cognition research 2007[J]. Entrepreneurship Theory & Practice, 2007, 31(1): 1-27.

[4] KRUEGER N F, DAY M. Looking forward, looking backward: from entrepreneurial cognition to neuro-entrepreneurship[J]. International Handbook, 2009, 5(3): 321-357.

[5] 梁宁建. 当代认知心理学[M]. 上海：上海教育出版社，2014.

[6] 盛义保，付彦林，王鉴颖，等. 大学生创新创业教育基础[M]. 合肥：合肥工业大学出版社，2020.

[7] SHAVER K G. The social psychology of entrepreneurial behavior[J]. International Handbook, 2010, 5: 359-385.

[8] BANDURA A, CAPRARA G V, BARBARANELLI C. Sociocognitive self-regulatory mechanisms governing transgressive behavior[J]. Journal of Personality & Social Psychology, 2001, 80(1): 125-135.

[9] GIBBS R W, JR, PERLMAN M. The contested impact of cognitive linguistic research on the psycholinguistics of metaphor understanding[M]//KRISTIANSEN G, ACHARD M, DIRVEN R, et al. Cognitive Linguistics: Current Applications and Future Perspectives. New York: Mouton de Gruyter, 2006.

[10] 张玉利，薛红志，杨俊. 论创业研究的学科发展及其对管理理论的挑战[J]. 外国经济与管理，2007，29（1）：1-9.

[11] WESTHEAD P, WRIGHT M. Novice, portfolio, and serial founders: are they different?[J]. Journal of Business Venturing, 1998, 13(13): 173-204.

[12] BUSENITZ L W, LAU C M. A Cross-cultural cognitive model of new venture creation[J]. Entrepreneurship Theory & Practice, 1996, 20(4): 21-57.

[13] KURATKO D F, HORNSBY J S, COVIN J G. Diagnosing a firm's internal environment for corporate entrepreneurship[J]. Business Horizons, 2014, 57(1): 37-47.

[14] 王晔. 文化价值观、创业认知与创业决策的关系研究[D]. 长春：吉林大学，2012.

[15] HOFSTEDE G. Motivation, leadership, and organization: do American theories apply abroad [J]. Organizational dynamics, 1980, 9(1): 42-63.

[16] VALLIERE D. Towards a schematic theory of entrepreneurial alertness[J]. Journal of Business Venturing, 2013, 28(3): 430-442.

[17] SARASVATHY S D, SIMON H A. Effectuation, near-decomposability, and the creation and growth of entrepreneurial firms[C]. First Annual Research Policy Technology Entrepreneurship Conference, 2000.

[18] 刘依冉，杨俊，郝喜玲. 创业认知：研究现状和展望[J]. 现代管理科学，2014（12）：100-102.

[19] 陈建. 大学生创新与创业基础[M]. 北京：北京理工大学出版社，2021.

[20] 赵文红，孙卫. 创业者认知偏差与连续创业的关系研究[J]. 科学学研究，2012，30（7）：1063-1070.

[21] MCGRATH R G, MACMILLAN I C. The entrepreneurial mindset: Strategies for continuously creating opportunity in an age of uncertainty[M]. Boston: Harvard Business Press, 2000.

[22] HAYNIE J M, SHEPHERD D A, PATZELT H. Cognitive adaptability and an entrepreneurial task: the role of metacognitive ability and feedback[J]. Entrepreneurship Theory and Practice, 2012, 36(2): 237-265.

[23] 徐小洲，叶映华. 大学生创业认知影响因素与调整策略[J]. 职教论坛，2010（28）：83-88.

[24] 樊少华. 基于前景理论的创业决策模型研究[D]. 长春：吉林大学，2007.

[25] 唐靖，张帏，高建. 不同创业环境下的机会认知和创业决策研究[J]. 科学学研究，2007，25（2）：328-333.

[26] 杨俊. 创业决策研究进展探析与未来研究展望[J]. 外国经济与管理，2014，36（1）：2-11.

[27] 蔡莉，崔启国，史琳. 创业环境研究框架[J]. 吉林大学社会科学学报，2007（1）：50-56.

[28] 蔡莉，彭秀青，王玲. 创业生态系统研究回顾与展望[J]. 吉林大学社会科学学报，2016，56（1）：5-16.

[29] 刘万利，胡培. 创业风险对创业决策行为影响的研究：风险感知与风险倾向的媒介效应[J]. 科学学与科学技术管理，2010，31（9）：163-167.

[30] 董保宝. 风险需要平衡吗：新企业风险承担与绩效倒U形关系及创业能力的中介作用[J]. 管理世界，2014（1）：120-131.

[31] 陈震红. 创业者创业决策的风险行为研究[D]. 武汉：武汉理工大学，2004.

[32] 张玉利. 创业管理：管理工作面临的新挑战[J]. 南开管理评论，2003（6）：4-7.

[33] 秦朔. 携程梁建章：永在"未完成"状态的天才企业家[J]. 青年文学家，2016（4）：49-52.

[34] 杜惠英. 管理沟通[M]. 重庆：重庆大学电子音像出版社，2020.

[35] ZAJAC E J, BAZERMAN M H. Blind spots in strategic decision making: the case of competitor analysis[J]. Academy of Management Review, 1991, 16(1): 37-56.

[36] 陈婷婷. 社会网络、创业者认知偏差对创业风险识别的影响研究[D]. 杭州：浙江理工大学，2014.

[37] 张石花. 基于认知理论的创业机会评估研究[D]. 成都：西南交通大学，2011.

[38] 刘治. 大学生创新创业[M]. 沈阳：东北大学出版社，2020.

第三章
创业者素质与测评

学习目标

- ➢ 了解素质的概念和理论。
- ➢ 掌握创业者的主要素质。
- ➢ 掌握创业者的主要个性。
- ➢ 掌握创业者的个性心理特征对创业成长管理的影响。
- ➢ 了解创业者素质测评的内容。
- ➢ 了解科技型创业者素质测评模型。

引例

猎豹 CEO 傅盛:我为什么不顾一切地努力

2010年,在一次金山员工大会上雷军如此评价傅盛:一个有决心、毅力和能力的人。雷军称他见过不少有能力的人,但是真正有决心和毅力、真正有创业精神的只有傅盛一个。

2003年,中国互联网刚经历互联网泡沫,当时风光的企业是盛大游戏公司和三大门户网站,风云人物是独裁者陈天桥和首富丁磊。马云、李彦宏和周鸿祎等还是成长中的小人物,傅盛则是"在人群之中还不错,但永远不是第一"。

从3721到奇虎360的五年,是傅盛的自信心从无到有再到爆棚的五年。他机缘巧合地成为中国第一代产品经理。这个角色通常承担着大量的压力和责任,却几乎没有权力可言。幸好他善于换位思考,习惯去理解别人而不是沉溺在自己的世界中。做产品,偏左一点是冒险,偏右一点是保守,而他总能找到最好的黄金分割点,既兼听,又有特点,所以他比多数天生聪颖的人都更适合做一名产品经理。2008年9月,傅盛从奇虎360离职,随后出任可牛影像董事长,2010年加入金山网络公司。2014年3月,金山网络更名为猎豹移动公司,傅盛出任猎豹移动公司CEO,最终实现从大佬的"马前卒"变成巨头的"王后"。

此时,猎豹已然是一家在美国纽约证券交易所上市的价值30亿美元的公司,其旗下的Clean Master移动月度活跃用户高达3.4亿。2012年,公司营收大概只有2.9亿元,2013年只有7.5亿元,2014年总收入16.74亿元,2015年总收入36.84亿元,成为一家连续几年保持年度增长超过100%的全球性公司。2016年3月16日,傅盛当选2016年"全球青年领袖"。

傅盛在2015年公司年会上说:"为什么我要不顾一切地努力?因为我终于知道所有

的努力都是让你知道这个世界本来的样子。你只有真正努力过，才知道这个世界长什么样，才知道这个世界是怎样真实的存在。我为什么要不顾一切地努力？因为我爱这个世界，因为它真的很美好，因为我可以和你们一起去看最美的风景。"

引例中，创业者傅盛过去很多年都习惯于仰视别人，始终被影响，始终在学习，从不敢懈怠。他默默成长，一点点建立自信，持续努力，最终取得突破。

个性决定行为，行为影响命运。生活中的每个人，受成长环境和工作氛围等因素的影响，会形成不同的知识、经验、个性倾向和心理特征，尤其是闯荡商业江湖的创业者，其素质（知识、经验、性格、气质、能力等）对突破创新、极致投入、团结激励等创业活动都有重大影响。

第一节　创业者素质

一、创业者素质概述

素质是指人的思想和行动的潜在要素和势能，素质的外在化就表现为各种认识和改造世界的能力。应该说完成一项比较复杂的工作，需要具备较高的综合素质，而对于创业而言，更是如此。由于创业者是创新的实施者、生产要素的组织者和重新组合者、新市场的开拓者和企业的经营管理者，对创业者的素质要求也随着社会经济的发展而不断提高。当前，学者将企业家的行为特征归纳为如下十个方面。

（1）梦想（dream）：创业者对他们自己及公司的未来具有眼光，强烈地梦想成功。

（2）果断（decisiveness）：不犹豫拖沓，不因循守旧，而是决策敏捷，这是企业家成功的关键。

（3）实干（doers）：一旦决定某个行动，总是尽快实行。

（4）决心（determination）：全身心投入事业，极少半途而废，即使面对似乎难以逾越的障碍也是如此。

（5）奉献（dedication）：献身于事业，工作起来干劲儿十足，不知疲倦，创业时一天工作 12 小时，一周工作 7 天是常见的。

（6）热爱（devotion）：热爱自己的事业、产品以及服务。

（7）细节（details）：仔细地计划和管理创业的事务。

（8）命运（destiny）：掌握生活的主动权，把握自己的命运。

（9）金钱（dollars）：致富并非初衷，但财富是衡量创业成功的重要尺度之一。如果取得成功，就应该得到相应的回报。

（10）分享（distribution）：与自己的员工分享企业的所有权，因为员工是新公司成功的关键。

此外，常见的创业者素质既包括了良好的道德素质，也包括了健康的身体素质。

在道德素质方面，优秀的职业道德和工作风格是创业者发挥知识和才能的重要保证。

良好的道德素质包括事业心、责任感和守信誉等。

（1）事业心。强烈的事业心造就高度的敬业精神，内在动力能够驱使创业者拼命地工作，使创业者全力以赴地经营企业，最终取得企业与自身成功。

（2）责任感。创业者要时刻以社会利益、企业利益、员工利益为重，在满足自身利益、企业发展的前提下，要大公无私、忠义耿直、勇于负责、敢于担当。

（3）守信誉。随着市场经济的发展和社会的进步，人们的社会交往进一步密切，诚信也越来越成为人们一致的要求。开放的社会需要开放的组织和个人，需要彼此之间的信任，以促进交流和交往。就创业者而言，诚信更是商业竞争中的立身之本。

在身体素质方面，健康的身体素质体现在身体健康、体力充沛、精力旺盛、思路敏捷。一个成功的创业者不但要深入实际调查、处理事务，而且要协调企业内外关系，与各方人士和部门进行沟通交流，每一项工作均需要付出巨大的心力和体力。因此，健康的体魄是创业成功的前提。创业者可以通过精心控制饮食、定期锻炼、适当休息和放松等方式来逐步提高自己的身体素质。

二、培养创业者素质

素质和能力、业绩、行动是有区别的。素质是一种隐含的品质，没有目的，这种品质是本能的，是人的一种潜质，体现在思维方式上、在平时的一言一行中。创业者身上的素质是人的一种本能，不是由学校培养的，而是受到了三个方面因素的影响：第一，创业素质可能大部分是天生的，占据了全部比重的 40%。第二，家庭教育是创业者素质形成的重要因素，包括父母的教育、长辈的教育，还有兄弟姐妹的影响。第三，影响创业者素质形成的一个重要因素是社会教育，一个人成长的社会环境，会让社区内所有人思维接近、价值观趋同，社会的耳濡目染会让人们获得更多的相关知识。

培养创业者素质需要着重关注创业者内在心理素养、创业技能、创业基础知识。

1. 创业者内在心理素养

创业者内在心理素养是指创业行为习惯和思维方式的内在、深层次特质，对人的创业行为表现起着关键性的作用，其从深到浅包含五个测评因素，依次是：① 创业动机，即创业者内在的自然而持续的创业想法和偏好，往往驱动、引导和决定创业行为；② 创业品质，即创业者的持续而稳定的行为特性；③ 创业者自我认知，即创业者对自己的认识和看法；④ 创业者价值观和角色定位，即创业者对创业的是非、重要性和必要性等的价值取向，以及创业预期等；⑤深层次的创业知识，即创业者长期积累或者受到他人影响的创业经验和技巧，是很难短期内学到并掌握的创业素养。

2. 创业技能

创业技能是指为了实现创业目标、有效地利用自己掌握的知识而需要的创业能力。它包含五个测评因素，分别是机会识别能力、学习和开拓创新能力、社交与资源整合利用能力、组织经营与战略管理能力和风险决策能力。值得注意的是，创业者要能够把这几种能力协调地平衡发展，形成有机的能力聚合体，领导所创立的企业，带动创业团队，逐步走向成功。

3. 创业基础知识

创业基础知识是指为了顺利地进行创业活动,所需要知道的事实型与经验型信息。它包含六个测评因素,分别是企业运作和市场开发知识、商业基础知识、创业行业背景、专业技术基础知识、法律基础知识、对国家政策和经济形势的认识。

创业者内在心理素养是人内在的、难以测量的部分,不容易通过外界的影响而得到改变;创业技能和创业基础知识是创业者的外在表现,是容易了解与测量的部分,相对而言,也比较容易通过学习培训、反复的训练和经验的积累来改变和发展。

三、成功创业者的独特素质

早在1970年,霍纳迪(Hornaday)和邦克(Bunker)在《人事心理学》一书中就开始讨论成功创业者素质。那些拥有创业素质的人员比不具备创业素质的人员具有更高的实施创业行为的倾向。成功的创业者都具有一些独特的素质。

库拉特科(Kuratko, 2009)指出,创业者决定了创业,因此了解创业者的素质将有助于我们更好地学习创业这门学科,而大多数创业者的素质是可以进行归纳及概括的。创业者素质更多地反映了创业者内在的个性特征,这些个性特征涵盖了决心与毅力、远见、创业激情、容忍不确定性、承担可预计的风险、追求成功、机会导向和寻求反馈八个方面。

1. 决心与毅力

在所有品质特征中,只有拥有必胜的信念才能使创业者克服所有的困难与挫折。顽强的决心、百分百的投入会使他们穿越令常人止步的险滩,同时,也能够弥补自身的不足。通常在创立高风险企业时,他们会准备一份融资计划,使风险投资家从多方面考察他们的决心与毅力以及是否全身心投入,例如,是否愿意抵押自己的房屋、缩减开支、牺牲与家人共度的时光,甚至降低生活水准。

2. 远见

创业者清楚地知道自己的方向,他们甚至可以看到公司未来的样子。例如,苹果公司已故的创始人史蒂夫·乔布斯梦想生产出从小学生到商界人士都能使用的微型计算机,它不仅是一台机械化的设备,还将是人们生活中学习和交流必不可少的组成部分。这一远见卓识使得苹果公司成为微机行业的佼佼者。然而,并非所有创业者都具有这种预见性眼光,大多数情况下,随着他们对公司的现状及其未来发展越来越了解,这种清晰的愿景才逐渐建立起来。

例证 3-1

Facebook Messenger 的艰难诞生

3. 创业激情

创业激情是创业活动的关键驱动力。创业过程被视为一个情绪之旅，情绪对支持创业行动具有重要意义。创业激情作为积极情绪的重要组成部分，是驱动创业活动的关键因素。创业者自身所散发出的情感有助于我们理解他们为何情绪激烈，又如何积极调动自身及其公司的能量与干劲儿［卡登（Cardon），2013］。此外，创业激情与普通情感不同，它十分强烈，人们形容它是一股点燃我们最强劲情感的力量，或者说它是一种可以使创业者取得辉煌业绩的巨大能量。可见，创业激情是创业思维的重要组成部分。

4. 容忍不确定性

刚刚起步的创业者身处充满变化的不确定环境中，这种模糊以及压力影响着企业的方方面面，挫折与惊喜不可避免，甚至缺少组织、结构和秩序也算是他们的一种生活方式。创业者频繁遭遇各种挫折与变化后，就慢慢适应了这种不确定性。成功的创业者往往更喜欢这种不断变化的环境，甚至会因为不确定性的存在而感到兴奋，职业的稳定和退休对他们来说是毫无意义的。

5. 承担可预计的风险

成功的创业者不是赌徒，他们合理地预测并理智地承担风险。决定开始创业，是他们反复评估、深思熟虑的结果。他们总是尽可能地让每件事情都能如其所愿地发展，避免不必要的风险。因此，他们会考虑同其他人共同承担财务和商业风险，如劝说合伙人及投资者进行投资、要求债权人提供优惠政策以及说服供货商赊购商品等。

6. 追求成功

创业者的行为是发自内心的。在别人看来，他们内心有着强大的欲望去竞争，去不断超越自己的标准，去追逐并实现一个又一个充满挑战的目标。这种渴望成功的、具有高成就追求的创业者，往往能够承担较大的风险。他们考察所处环境，思考如何增加胜算的机会，并采取相应的行动。因此，对于创业者来说，当做好充分的考量准备时，高风险的决策便已经转化为适中的一般风险了。

7. 机会导向

成功且不断进步的创业者善于把握机会，而不是资源、组织结构或者战略。以机会为导向的创业者深知机会无处不在、无时不在。他们抓住了最初的机遇，并做出了具有重要影响的决策。他们寻求机遇时目标明确，即使难度较大，也无碍其去努力实现。他们会集中自己的精力有选择性地寻找机会，并排除与目标不符合的事项。创业者以机会目标为导向，还可以帮助他们按照轻重缓急的标准安排与创业相关的事项，同时为绩效评价提供依据。

8. 寻求反馈

卓越的创业者也是高效率的学习者。和大多数人不同的是，他们非常希望了解自己的成绩以及如何改进和提高，为了做出这些判断，他们积极寻求反馈并加以利用，反馈可以帮助他们从失误与挫折中吸取教训。在错误中学习并积累经验，对创业者当前的创业和未来的连续创业都大有裨益。

第二节 创业者的个性心理特征

个性与日常生活中所谈的性格有所不同,性格只是个性的一个组成部分。个性的心理结构主要由个性倾向性与个性心理特征组成。个性倾向性主要包括需要、动机、兴趣、理想、信念和世界观等,这些都是人进行活动的基本动力。个性心理特征主要包括性格、气质和能力。本章主要探讨创业者的个性心理特征。创业者的个性倾向性将在第四章进行深入讨论。

一、个性心理特征概述

个性是指个体的比较稳定的、经常影响个体的行为并使个体和其他个体有所区别的心理特点的总和。个性心理特征是个体身上经常表现出来的本质的、稳定的心理特征。个性心理特征主要包括性格、气质和能力。影响个性心理特征形成的因素主要包括遗传、环境和情境。个性心理特征受基因的影响很大。基因学家在实验中取得大量的证据证明:人体有特定的基因控制着像焦虑和抑郁这些情绪。此外,脾气好坏在很大程度上也是由遗传基因决定的。表3-1列出了常见的一些性格表现与基因之间的关系。

表3-1 性格表现与基因之间的关系

性 格 表 现	受基因影响程度/%
创新(喜欢在更高的层次思考问题)	65
乐观(自信、愉快、正能量)	63
外向(活跃、和蔼、喜欢引人注目)	61
事业心强(追求自我实现)	60
条理性强(擅长分析问题)	55
热情好客(具有团队凝聚力)	54
保守(尊敬传统和权威、守纪律)	51
孤僻(爱独处,总感到被人利用,为生活抛弃)	48
忧郁(易忧伤、灰心、感情脆弱、敏感)	46
谨慎(逃避风险,宁可费事,也求平安)	43

二、创业者的个性心理特征与创业成长管理

创业者在创业成长中的作用主要体现在创业战略的制定与执行上,这是由于创业企业的战略方向决定了创业及其成长的方向和绩效。在创业成长中,创业者通常较少采用正式的战略规划方案,他们的战略规划和执行过程更多的是通过行动表现出来(余绍忠,2012)。这些非正式的战略决策过程反映了创业者的个性心理特征,包括高成就感、创新偏好、内外控兼修等。

(一)高成就感

高成就感的创业者具有以下特征:对决策承担个人责任、设置目标并努力实现、有

反馈的需要，后来的研究也验证了很多成功创业者都有较高的成就感。

创业者追求高成就感与他们对成功的欲望密不可分，他们内心涌动着对成功的渴望，即使身处逆境依然积极主动。因此，在创业企业的成长过程中，高成就感的创业者热衷于为自己的选择而不断向前挑战［安格（Unger）等，2015］。与成就感不高的人相比，他们偏好于解决遭遇到的难题和挑战而非坐等结果，他们习惯于花时间考虑如何把事情做得更好。渴望成就的创业者将会追逐相对广泛的产品和服务市场，以便为创业企业获得更多的发展机会，同时，对成就感的渴求驱使其采取的企业战略更为积极主动。

（二）创新偏好

创造力和创新是创业活动的天然属性，创新偏好则属于创业者的典型特征。创新赋予人力和物质资源以新的、更大的创造财富的能力。成功的创业者对好的创意会在创业过程中继续进行开发，坚持不懈地将这些想法和创意进行优化、实践，直至转变为现实。

创业者的创新行为具体包括：创业前期，通过思考、调查、尝试、实践等过程开发新的创意；在创业过程中，不断学习、研究和开发新产品、新服务和新工艺，将创意市场化以获得收益，积极主动进军新行业和新市场，实现更多的价值创造。

例证 3-2

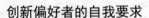

创新偏好者的自我要求

（三）内外控兼修

心理控制源理论认为，个人性格与其行动之间有密切关系。这可以用来解释为什么有些人会积极、愉快、主动地应付困难处境，而同时另一些人面对逆境则表现出消极的内心状态。心理控制源将个性分为内在控制（内控）与外在控制（外控）两种状态（刘丽，2011）。内控性格的人认为结果取决于内在原因，人们的行为、个性和能力是事情发展的决定性因素，深信自己能够通过努力和负责的行动掌握和改变自己的命运。而外控性格的人更多地认为事情的结果是由机遇、运气、社会背景、任务难度、他人及超越自己控制能力的外部力量的因素所决定的，更容易屈服于外部环境。内控性格的人相对于外控性格的人更不容易感受到工作压力，但当确实存在个体以外的力量控制着行为的结果时，外控型人格将具有优势。

创业者更多是两种性格的结合体。他们一方面具有自觉意识和自主精神，处世严谨，富有责任心，长于自我分析，执着于自己的事业和理想，不轻易为环境变故所动，因此，才能在司空见惯的环境中捕捉到新的灵感，发掘新的需求，进行创业活动。另一方面，创业者又会在时代潮流中把握其创业活动的社会价值所在，借助外部力量，顺势而为，获得创业助力，实现更大的创业成功。创业者兼修良好的内控性格和开放的外控性格，对其创业行为的成功有着较大的独特价值［伊沙克（Ishak），2015］。

中国高铁企业的创业培育

三、创业者的性格

（一）A 型性格和 B 型性格

在生活中，有些人充满时间紧迫感，倾向于从事高强度的竞争活动，这些人就拥有 A 型性格（type a personality）。A 型性格者总是不断驱动自己要在最短的时间里做最多的事，并对阻碍自己努力的人或事有极其强烈的克服欲望。在竞争日趋激烈的社会中，这种性格特点被高度推崇，它将直接影响个体的物质利益的获得。

A 型性格表现为如下五个方面。

（1）运动、走路和吃饭的节奏很快。

（2）对很多事情的进展速度要求加快。

（3）总是试图同时做两件以上的事情。

（4）休闲时光对他们而言只是换另一种方式工作。

（5）着迷于数字，他们的成功是以每件事情中自己获益多少来衡量的。

与 A 型性格相对应的是 B 型性格（type b personality），B 型性格的人较容易适应现有的生活和工作节奏，很少因为要从事不断增多的工作或要无休止地提高工作效率而感到焦虑，但他们对于未来会有充分的思考并制订计划。

B 型性格表现为如下四个方面。

（1）较少有时间紧迫感以及其他类似的不适感。

（2）认为没有必要表现或讨论自己的成就和业绩，除非环境要求如此。

（3）充分享受娱乐和休闲，注意授权并激发下属积极性。

（4）充分放松并思考接下来的工作事项。

A 型性格者常处于中度至高度的焦虑状态中，他们不断给自己施加时间压力，总为自己制定最后期限。这些特点导致了一些具体的行为结果，例如，A 型性格者是速度很快的工人，他们对数量的要求高于对质量的要求；B 型性格者沉稳思考的方式，则更多地提高了决策的有效性。

在组织中，A 型性格者和 B 型性格者谁更容易成功？尽管 A 型性格者工作十分勤奋，但 B 型性格者常常占据组织中的高层职位。最优秀的推销员常常是 A 型性格者，但高级经营管理人员却常常是 B 型性格者。其中缘由就在于 A 型性格者倾向于放弃对质量的追求,而仅仅追求数量,然而在组织中晋升常常授予那些睿智而非匆忙、机敏而非敌意、有创造性而非仅有好胜心的人。

在创业早期,创始人与创业成员更多地表现出 A 型性格,因为他们面临的创业机会窗口稍纵即逝,把握住创业机会后,又会有大量的创业团队望风跟进,致使创业竞争日趋激烈,创业团队必须马不停蹄地日夜奋战,才能在创业浪潮中脱颖而出。创业者和创业成员在竞争焦虑中,自然而然地不断驱使自己在最短的时间里做最多的事情,以求能够在"创业风口"消失前蜕变。而当创业进入稳定发展时期,创始人和创业高管逐渐从经营的具体事务中抽身出来,思考创业组织进一步发展的竞争战略,寻求下一个"市场风口"和"技术爆发点",以使组织能够在需求新奇多样、技术快速迭代的竞争中占领先机。此时,创业者身上更多地展现出 B 型性格的特征。

埃隆·马斯克:勤勉的实干家、疯狂的梦想家

(二)创业者的个性特质

个性特质理论认为人的行为不受他的类型所制约,而是由个人在一定程度上都有的各种稳定的特质所决定。特质是指个人有别于他人的特性,这些特性是较为永久一致的。这里以卡特尔 16 种个性特质为例加以说明。

由美国心理学教授卡特尔(Raymond Bernard Cattell)编制的卡特尔 16 种个性因素问卷(the sixteen personality factor questionnaire,16PF)被认为是最典型的因素分析个性问卷,在临床、工商业、政府部门及教育方面有着广泛的应用,特别是在人才选拔、就业指导及心理咨询方面具有较高的使用价值。

卡特尔 16 种个性特质包括以下内容:

A. 乐群性	B. 聪慧性	C. 稳定性	E. 恃强性
F. 兴奋性	G. 有恒性	H. 敢为性	I. 敏感性
L. 怀疑性	M. 幻想性	N. 世故性	O. 忧虑性
Q1. 实验性	Q2. 独立性	Q3. 自律性	Q4. 紧张性

其中,乐群性、兴奋性、敢为性、敏感性、独立性和自律性等特质与创业者更为紧密相关。研究表明,创业者更喜欢与有新奇想法的人交流聚会,对不熟悉的问题保持着兴奋感,并对新生事物具有足够的好奇心。他们认为很多重要的决策都是在信息不确定的情况下做出的,只要认为有价值的事情,就会尽力去做。绝大多数创业者独立于大众价值观之外,坚持自我思考和自我探索,当完成一个项目时,成就感会驱使其进一步努力(王诗桐,2015)。

四、创业者的气质类型

沿用古希腊医生希波克拉底（Hippocrates）的划分方法，可将气质分为多血质、胆汁质、黏液质和抑郁质四种基本类型。它们的具体特点如下。

（1）多血质：感受性低而耐受性较高，不随意的反应性高；具有可塑性和外倾性；情绪兴奋性高，外部表露明显；反应速度快而灵活。

（2）胆汁质：感受性低而耐受性较高，不随意的反应性高，反应的不随意性占优势；外倾性明显；情绪兴奋性高，抑制能力差；反应速度快，但不灵活。

（3）黏液质：感受性低而耐受性高，不随意的反应性和情绪兴奋性均低；内倾性明显，外部表现少；反应速度慢，具有稳定性。

（4）抑郁质：感受性高而耐受性低，不随意的反应性低；严重内倾；情绪兴奋性高而体验深；反应速度慢；具有刻板性，不灵活。

五、创业者的能力素质

创业者的能力素质在创业活动中具有重要的作用，决定着创业企业的成败存亡。对创业者来说，必须具备优秀的创业素质，才能开创繁荣旺盛的宏伟事业。创业者的能力素质是创业者通过学习、实践而形成和发展起来的，具有内在的、本质的及相对稳定的身心素质系统（李时椿，2014）。成功的创业者虽然走的道路有所不同，但所具有的素质却有相同之处。创业者共同具备的基本素质有创造性思维与创新能力、自省能力、自控能力、持续解决问题能力、优秀的交际和整合能力五个方面。

1. 创造性思维与创新能力

创造性思维是指能够以较高的质量和效率获取知识，并能根据市场需求灵活地运用所学知识开发出新产品和新技术的思维方式。创造性思维不仅注重对知识的学习能力，更强调发现问题和解决问题的能力。创业者拥有丰富的想象力和创造力以及系统的逻辑分析能力，他们善于在身边的事物和人际中找到不同的联系，并从如何满足这些需求、如何帮助自己完成计划的角度去思考，从而产生新创意、新产品和新服务。

成功的创业者能够在创业的活动过程中将自身的创造性思维与创新能力充分发挥出来，打破各种旧观念的束缚，开创新局面。他们相信自己的能力，善于从失败中学习，这些都是创业创新成功的关键。

例证 3-5

松下电器：创新只为生

2. 自省能力

自省其实是一种学习能力。创业既然是一个不断摸索的过程，创业者就难免在此过程中做出错误的决策。自省正是认识错误、改正错误的必要前提。对创业者而言，自省的过程就是反思现状、思索未来的学习过程。有没有自我反省的能力，是否具备自我反省的精神，决定了创业者能否认识到自己所犯的错误，能否改正所犯的错误，关系他能否吸取经验教训和学到新东西，使其未来能够更好地进行决策。

3. 自控能力

自控能力是指人们能够自觉地控制自己的情绪和行动，既善于激励自己勇敢地去执行所做的决定，又善于抑制那些不符合既定目标的愿望、动机、行为和情绪。自控能力是坚强的重要标志。成功的创业者相信自己的力量，他们不认为企业的成败由宿命、运气或者类似因素所致。相反，他们相信成就和暂时的挫折都在自己的控制之中，他们自己可以决定事情的结果。因此，他们会自觉地控制好自己的情绪，成功时不欣喜若狂，失败时不沉沦于幽怨自责。他们会激励自己发现新的征程，走过黑暗的无助，采取可操作的步骤，从而达成一个更好的目标。这种自我控制的特征与追求高成就、勇于承担责任以及高度自信是一致的。

4. 持续解决问题能力

创业者的自信和乐观使他们相信事情总是可以找到一种方式予以解决，只不过多花点时间罢了。这不是意味着在勇敢地攻克影响企业正常运营的困难或阻碍时，创业者是盲目的或者是有勇无谋的。如果认为问题过于简单或是难以解决，创业者通常会考虑放弃，因为简单的问题会使人生厌，难以解决的问题则会延误时间。就算创业者有着异乎寻常的毅力，他们仍然实事求是地思考哪些事情可以做到，而哪些事情不能做到。同时，他们还知道从哪里可以获得帮助，用来解决那些既困难又无法避免的问题。

5. 优秀的交际和整合能力

创业不是引"无源之水"，栽"无本之木"。创业者创业，必然有其凭借的条件，即其拥有的创业资源，而这在很大程度上取决于创业者建立、拓展和整合资源的能力。交际能力是指妥善处理组织内外关系的能力，包括与周围环境建立广泛联系和对外界信息和资源的吸收、转换能力，以及正确处理上下左右关系的能力。整合能力就是不墨守成规、勇于创新的能力。整合不仅是对新资源的整合，更是对原有资源的整合；不仅是对有形资源的整合，更是对无形资源的整合；不仅是对自身资源的整合，更是对社会资源的整合；不仅是资源的优化配置，更是系统放大。

创业者一方面要努力拓展自己的交际圈，扩大自己的人脉资源，开阔眼界；另一方面，要整合自身资源、职业资源和朋友资源，充分利用各种资源，为自己创业所用。

第三节 创业者素质测评

创业者个性对成功创业起决定性作用。研究表明，创业者个性是成功创业重要的个性化特征，不具备一定素质就盲目创业，往往可能导致很高的失败率。毛翠云等（2009）在素质冰山模型基础上，构建创业者素质模型及其测评指标体系，利用层次分析法确定指标权重，从而建立了成功创业者素质效标，以诊断一般创业者素质缺陷和不足，优化创业培训项目。

一、创业者素质测评概述

创业者个性是指创业者实现成功创业所具有的独特品质和能力。按照素质构成来看，创业者素质同样包括心理素质和生理素质两个方面，其中创业者心理素质是关键，包括智能素质（如知识、智力、技能和才能等）、品德素质（如思想品质和道德品质等）、文化素质（如文化广度、深度和社会工作经验等）和心理健康等。

（一）基于 RISKING 评价模型的创业者素质测评

基于 RISKING 评价模型的创业者素质测评主要包括七个方面（李变花，2020）：资源、想法、技能、知识、才智、关系网络和目标。具体而言，R 代表资源（resource），包括好的项目资源，主要是指创业者必需的人力资源、物力资源以及财力资源等。I 表示想法（idea），主要是指具有市场价值的创业想法，能够在一定时期内产生利润，应该具有一定的创新性、可行性以及持续拓展性，S 代表技能（skill），主要是指创业者所需要的专业技能、管理技能和行动能力等。如果个人不完全具备，但是团队之间可以形成技能互补，这也是不错的能力组合。K 代表知识（knowledge），主要是指创业者所必需的行业知识、专业知识以及创业相关知识。良好的知识结构有助于帮助创业者开阔视野、发挥才智。I 代表才智（intelligence），主要是指创业者的智商与情商，具体表现为观察世界、分析问题、思考问题和解决问题的能力。N 表示关系网络（network），创业者需要良好的人际亲和力和关系网络，包括了合作者、服务对象、新闻媒体甚至竞争对手。一般来说，善用资源者都会有较强的调动资源的能力。G 代表目标（goal），明确的创业方向和目标、精准的市场定位对创业而言是至关重要的。

（二）基于胜任力模型的创业者素质测评

创业者属于企业的领导者和决策者，承担着创业过程中出现的各种风险和责任。胜任力（competency）由"科学管理之父"泰勒提出，创业者胜任力被认为是某种高层次的特征，包括了个人能力、技能和知识，可以说是企业创业者成功完成一项工作或者管理一个企业的综合能力的总和。依据胜任力模型中的冰山素质模型，可将创业者胜任力模型分为两大方面：一方面是指显性胜任力，即在水面以上的创业技能和创业相关的理论知识；另一方面是隐性胜任力，即在水面以下的创业者内在的心理素质和潜在的个人特质等。一般而言，创业者的显性胜任力包括创业技能、经营管理能力和知识胜任力。其中，创业技能包括社交技能、团队合作技能、社会阅历和规划执行力；经营管理能力包括组织经营能力、信息获取分析能力以及控制与管理能力；知识胜任力主要包括企业运作和市场开发知识、相关法律知识、行业相关知识以及经济形势和国家产业政策。隐性胜任力包括心理胜任力和个人特质。其中，心理胜任力包括个人品质素养、心理素质、机会识别能力以及毅力坚持性，而个人特质包括学习和开拓创新能力、人格特质、资源整合利用能力、战略与领导能力以及创业动机。

（三）创业者个性素质测评指标权重确定

创业者素质测评是指采用科学方法，收集创业者在创业活动中的表征信息，做出量值的判断过程。其第一步就是确定测评指标合理权重，主要方法有专家咨询法、层次分析法、多元分析法和主观经验法。毛翠云等（2009）运用层次分析法对创业者素质权重进行计算与合成，得到各因素综合测评权重，如表3-2所示。

表3-2　创业者素质综合测评权重

变　量	项　目	项目权重	测评因素	因素综合测评权重
创业者素质	内在心理素质	0.777	创业动机	0.202
			创业品质	0.202
			创业者自我认知	0.202
			创业者价值观和角色定位	0.107
			深层次的创业知识	0.064
	创业技能	0.155	机会识别能力	0.049
			学习和开拓创新能力	0.049
			社交与资源整合利用能力	0.027
			组织经营与战略管理能力	0.015
			风险决策能力	0.015
	创业基础知识	0.068	企业运作和市场开发知识	0.024
			商业基础知识	0.016
			创业行业背景知识	0.010
			专业技术基础知识	0.006
			法律基础知识	0.006
			经济形势和国家产业政策	0.006
合计		1.000		1.000

（四）创业者个性素质测评综合评价

为了使测评的结果规范化、统一化和计分简单化，对每一个测评指标均采用统一的百分制计分法。

（1）完全主观性的创业者的内在心理素养，是决定创业素质是否优异的关键因素，它们不容易被观察和测量，难以改变和评价，通常采用专家组面试和创业者书面自我测评相结合的方法来判断创业者具有某种创业心理素质的等级，按1～10等分法评分：一等代表最好水平，得满分100分；二等代表优秀水平，得90分；三等代表良好水平，得80分；四等代表较好水平，得70分；五等代表一般水平，得60分；依此类推，九等代表极差水平，得20分；十等代表最差水平，得10分。测试时，专家组测评分数占70%，自我测评分数占30%，最后将各测评指标（因素）得分与对应的综合测评权重相乘，累加得到创业者素质综合得分。

（2）对于具有主观性和客观性综合的创业技能和深层次的创业经验、技巧等知识，可采用创业者自我对照素质书面自测的方法来判断创业者自身具有某种创业技能和经验的等级,同样按照1~10等分法评分。

(3)对于客观性强的创业基础知识,最容易测评,因此,采用传统百分制书面问答测试方法进行量化测评,得到测评分(毛翠云等,2009)。

二、科技型创业者素质测评

与一般创业活动相比,科技创业活动在进行高新技术的研发和商业化过程中,伴随着巨大的技术和市场风险,资金、人才、技术和科技服务等创业资源的获取、整合与运用,都对创业者提出了更高的要求。党的二十大报告明确提出:"须完善科技创新体系。坚持创新在我国现代化建设全局中的核心地位。完善党中央对科技工作统一领导的体制,健全新型举国体制,强化国家战略科技力量,优化配置创新资源,优化国家科研机构、高水平研究型大学、科技领军企业定位和布局,形成国家实验室体系,统筹推进国际科技创新中心、区域科技创新中心建设,加强科技基础能力建设,强化科技战略咨询,提升国家创新体系整体效能。"因此,综合评价科技型创业者素质是一个十分复杂的系统问题。陈海涛等(2006)基于文献资料研究成果,并结合对成功的科技型创业者案例的研究,找到了一种更适合于评价科技型创业者素质与能力的层次分析法和模糊综合评价相结合的方法。

(一)科技型创业者的素质构成

科技型创业者是一类知识型和经营型相结合的人才,具有很强的自我驱动能力和独创性。

作为创业的主体要素,科技型创业者在技术创新创业过程中扮演着研发者和运营者的重要角色,这要求科技型创业者应该具有较高的综合素质和能力,其素质与能力的具体构成如图3-1所示。

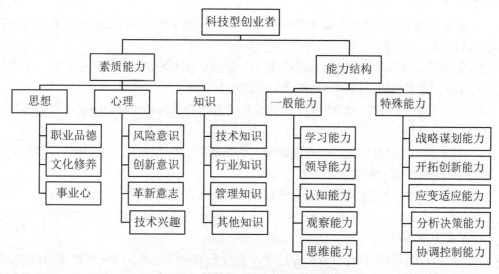

图3-1 科技型创业者的素质构成

(二)科技型创业者素质与能力的测试评价表

陈海涛等(2006)提出了适合中国科技型创业者素质与能力评价的指标体系,如表 3-3 所示。

表 3-3 科技型创业者素质与能力的测试评价表(素质结构部分)

层次	要素	指标构成	标		准		
科技型创业者素质	思想	职业道德	优秀	良好	一般	较差	很差
		文化修养	很好	较好	一般	较差	很差
		事业心	很强	较强	一般	较弱	很弱
	心理	风险意识	很强	较强	一般	较差	很差
		创新意识	很强	较强	一般	较差	很差
		革新意志	很强	较强	一般	较差	很差
		技术兴趣	很多	较多	一般	较少	很少
	知识	技术知识	渊博	广泛	一般	狭隘	浅薄
		行业知识	渊博	广泛	一般	狭隘	浅薄
		管理知识	渊博	广泛	一般	狭隘	浅薄
		其他知识	渊博	广泛	一般	狭隘	浅薄

本章末提供了科技型创业者素质与能力的测试评价表(能力结构部分),如表 3-4 所示。

通过对科技型创业者创业成功所需要的素质与能力进行评价,构建了科技创业人才追求创业成功所需要的素质能力模型,它将有助于在科技进步与创新发展中界定和选择潜在的科技创业人才,为科技创业人才的识别、选择与培养提供方法与参考标准(孙芬等,2010)。

本章小结

1. 素质是指人的思想和行动的潜在要素和势能,素质的外在化表现为各种认识和改造世界的能力。

2. 创业者的个性特征涵盖了决心与毅力、远见、创业激情、容忍不确定性、承担可预计的风险、追求成功、机会导向和寻求反馈八个方面。

3. 个性是指个体的比较稳定的、经常影响个体的行为并使个体和其他个体有所区别的心理特点的总和。

4. 创业者的能力素质包括创造性思维与创新能力、自省能力、自控能力、持续解决问题能力、优秀的交际和整合能力五个方面。

5. 创业者个性中的警觉性、风险感知力、自信和乐观等特质,对创业者成功把握创业机会有着重要作用;而高成就感、创新偏好、内外控兼修等个性,则对新创企业的成长过程起着积极的促进作用。

6. 综合评价科技型创业者素质是一个十分复杂的系统问题。与一般创业活动相比,科技创业活动在进行高新技术的研发和商业化过程中,伴随着巨大的技术和市场风险,资金、人才、技术和科技服务等的创业资源的获取、整合与运用，都对创业者提出了更高的要求。

7. 创业者个性素质可从三个维度进行测评：创业者的内在心理素养、创业技能、创业基础知识。

课程思政

1. 习近平总书记在党的二十大报告中提出"有理想、敢担当、能吃苦、肯奋斗"这一新时代好青年标准，鼓励青年人要把握宝贵青春，在实践中成就自我。结合这一标准，大学生要进一步弘扬创新精神，在实践中提升创新创业技能，更好地将所学知识与社会发展紧密结合，践行青春担当。

2. "榜样的力量是无穷的。"大学生要充分学习丰富的历史文化资源，紧密联系中国共产党和中国人民的奋斗历程，发扬艰苦奋斗的精神，弘扬传承"永久奋斗"的革命传统，积极投身创新创业实践，汇聚起民族复兴的强大力量。

思考练习题

一、简答题

1. 什么是素质？创业者的素质涵盖哪些方面？
2. 创业者的个性素质对创业过程有哪些影响？
3. 创业者素质可以从哪些维度进行测评？
4. 相对于一般创业者，科技型创业者的哪些素质对其创业成功影响较大？

二、单项选择题

1. 不属于创业者素质的是（　　）。
   A. 容忍不确定性　　　　　　B. 承担可预计的风险
   C. 结果导向　　　　　　　　D. 创业激情

2. 处在技术、市场、政府政策、竞争形势变化的情境中，创业者能够识别机会的敏锐的洞察力属于（　　）。
   A. 创业警觉性　　　　　　　B. 风险感知力
   C. 过于自信　　　　　　　　D. 创业远见

三、多项选择题

1. 创业者的能力素质包括（　　）。
   A. 创造性思维与创新能力　　B. 持续解决问题的能力
   C. 优秀的交际和整合能力　　D. 自省与自控能力

2. 与创业企业成长管理密切相关的创业者个性心理特征有（　　）。
   A. 高成就感　　　　　　　　B. 机会导向
   C. 创新偏好　　　　　　　　D. 内外控兼修

四、创造力训练

思考以下各事项并写下你据其能想象到的所有功能（每一项用5分钟时间）。

- 一位自负的员工。
- 一颗大鹅卵石。
- 一根倒下的树干。
- 一把椅子。
- 一个计算机神童。
- 一位执着的雇员。
- 一卷空的遮盖胶带。
- 一只旧的轮毂罩。
- 一个旧衣架。

资料来源：库拉特科. 创业学：第9版[M]. 薛志红，李静，译. 北京：中国人民大学出版社，2014.

心理测试

科技型创业者素质与能力的测试评价表（能力结构部分）（见表3-4）

表3-4　科技型创业者能力结构

层次	要素	指标构成	标准				
科技型创业者能力	一般能力	学习能力	很好	较好	一般	较差	很差
		领导能力	很强	较强	一般	较弱	很弱
		认知能力	很强	较强	一般	较弱	很弱
		观察能力	很好	较好	一般	较差	很差
		思维能力	很好	较好	一般	较差	很差
	特殊能力	战略谋划能力	很好	较好	一般	较差	很差
		开拓创新能力	很好	较好	一般	较差	很差
		应变适应能力	很好	较好	一般	较差	很差
		分析决策能力	很好	较好	一般	较差	很差
		协调控制能力	很好	较好	一般	较差	很差

资料来源：孙芬，曹杰. 高层次科技创业人才素质评价研究[J]. 山东社会科学，2010（12）：77-88.

创业者个性素质测试量表

创业者的出身各不相同，但凡是企业家都有一些相近的个性特点，比如超强的自信心、忍耐力，还有事业心。有些人天生就是企业家，因为他们有企业家的潜质。成功的企业家或者创业者在承担风险的能力、责任心、忍耐力等方面都超出常人。在表3-5所示的各项表述中，请根据实际情况进行评价。要是你的得分是105分或更高，恭喜你，你具有较好的创业者个性素质。

表 3-5　创业者个性素质测试量表

测量维度	测量题项	非常不同意	不同意	不确定	同意	非常同意
成就需求	无论事情多困难，我会尽力而为	1	2	3	4	5
	完成一个项目时，我会觉得有成就感	1	2	3	4	5
	只要认为有价值的事情，我就会尽力去做	1	2	3	4	5
	经常反省自己的努力是否足够	1	2	3	4	5
	追随大众价值观，自己努力去获得	1	2	3	4	5
	我经常会为自己喜欢的工作熬夜	1	2	3	4	5
风险承担性	如果能遇到待遇优厚的小企业，我愿意放弃稳定的工作	5	4	3	2	1
	如果未来环境不确定，我更加求稳而不是冒险	5	4	3	2	1
	若不确定目前使用的手机修好的时间，我应该再买	5	4	3	2	1
	我愿意把多余的钱存起来，这样比较稳妥	5	4	3	2	1
	我宁愿多等待些时间来换取高的投资回报率	5	4	3	2	1
	即使可能降价，我也愿意现在买它	5	4	3	2	1
	会向银行贷款买房，不会去租房	5	4	3	2	1
	整体而言，只要可以成功，我就会放手一搏	5	4	3	2	1
	我愿意从事非本身专业的工作	5	4	3	2	1
	我不愿意和一个发生争执的朋友合作，即使他很优秀	5	4	3	2	1
内控制源	能否得到领导的器重，主要看自己的能力	1	2	3	4	5
	我是否出车祸取决于我的驾驶技术	1	2	3	4	5
	在订立计划时，我确信我可以实现它	1	2	3	4	5
	我的人品决定我拥有多少朋友	1	2	3	4	5
	我的生活由我的行为决定	1	2	3	4	5
	我一般能够保护自己的利益	1	2	3	4	5
	我得到我想要的，这是我努力的结果	1	2	3	4	5
	我完全能主宰生活的一切	1	2	3	4	5
模糊容忍度	一个不能给出明确答复的专家可能懂得不多	5	4	3	2	1
	按照时间表生活的人可能会失去很多生活乐趣	5	4	3	2	1
	一份好的工作是明确要做什么和如何做	5	4	3	2	1
	长远来看，处理小的事情比处理大的问题更有成效	5	4	3	2	1
	处理难题比处理简单问题更有趣	5	4	3	2	1
	用惯的东西比不熟悉的好	5	4	3	2	1
	那些过着平静生活的人更让人羡慕	5	4	3	2	1
	我们许多重要的决策都是在信息不确定下发生的	5	4	3	2	1
	我喜欢和熟人聚会，不喜欢和陌生人在一起	5	4	3	2	1
	我们越早达到目标越好	5	4	3	2	1
	没有完成明确任务的管理者，是给下属创新的机会	5	4	3	2	1

资料来源：王诗桐. 创业者特质、创业态度与创业倾向关系研究[D]. 长春：吉林大学，2015.

 **管理游戏**

开发你的大脑

我们的社会及其教育制度主要针对那些逻辑、分析、推理等左脑技能发达的人进行奖励,而很少关注在实践中使用右脑技能。表3-6给出了开发左脑与右脑技能的几种方法,希望通过使用这些方法能发掘你们的天才想象力和超人智商。

表3-6　开发左脑与右脑技能的几种方法

左 脑 技 能	右 脑 技 能
1. 按步骤规划你的工作和生活; 2. 阅读各个时期哲学、法律和逻辑方面的书籍; 3. 对所有活动设定时间表; 4. 利用计算机程序进行辅助; 5. 对于将来的事物及其状况深入想象,将细节视觉化; 6. 练习画肖像、漫画、风景	1. 在交谈或者写作中使用明喻或暗喻来描述人和事; 2. 不工作时把手表摘下,抛开时间观念; 3. 搁置你对想法、新认知、电影、电视节目等的最初判断; 4. 记下你的预感、感觉、直觉,统计它们的准确率

资料来源:库拉特科. 创业学:第9版[M]. 薛志红,李静,译. 北京:中国人民大学出版社,2014.

 案例分析

"动态密码"的网络安全卫士

他不用微信支付,也没有支付宝,他的个人消费和理财几乎都是通过最传统的"真金白银"来完成的。如果就此认为他是一个被互联网时代抛弃的人,那你可能被表象所迷惑了,他从事的工作恰恰是在与互联网最息息相关的网络安全领域。

他就是上海众人网络安全技术有限公司创始人、董事长,上海市信息安全行业协会会长谈剑锋。曾经的网络"白帽"黑客靠最锋利的矛行走江湖,如今却化身网络安全卫士,用最坚固的盾保障信息安全。

1. 技术"愤青"

谈剑锋是曾经名震互联网的"绿色兵团"的创始人之一,玩游戏打出世界纪录。2005年,一款网游"魔兽世界"登陆中国,谈剑锋和一起玩游戏的朋友经常40人组队,由他担任队长,率领队友在虚拟战场中"厮杀"。在玩游戏的过程中,经常有队员被盗号,辛辛苦苦打出来的装备和纪录瞬间蒸发,这让谈剑锋很恼怒。

技术"愤青"开始思考网游账号的安全问题:有没有技术或者产品能把玩家辛苦建立的游戏账号保护起来?当时,国内只有类似U盾的密码产品,他觉得既不方便又不实用。而欧美发达国家金融系统都在使用一种动态密码技术的身份认证产品,这给了谈剑锋启发。于是,开发一款既安全又便捷的账号密码保护产品,成了他和队友的创业初衷。

"公司之所以取名'众人',就因为任何创业都离不开众人团结。众人拾柴火焰高,用来纪念青春燃烧创业的起步。"谈剑锋笑着说。

2. 十年磨一剑

网络安全是个特殊领域，密码行业更是"高门槛"，是被严格管控的领域。当时谈剑锋团队研发的动态密码技术和产品在国内还是空白，要想投入市场，必须经过许多主管部门的许可，经过层层评审和检测，集齐全部牌照才有机会召唤市场这条"神龙"。

谈剑锋没想到，拿完所有部门的许可证，他们花了整整4年时间。他已经记不得来来回回跑了多少趟，经历过多少专家评审会的答辩，申请了多少道审批程序。其间他也想过放弃，但是看着兄弟们没日没夜研制出的好产品，又感到壮志未酬的难过。等全部许可证拿到手的那一刻，他们以为，前途一片光明，但是又迅速被现实"浇"了个透心凉。

2010年前后，国内对网络系统的保护普遍使用的是U盾技术，动态密码尚处于一片空白。谈剑锋团队走上了艰辛的市场推广之路。他们带着动态密码产品去银行、证券等金融企业，一家家上门"磨"。可是对方永远在问："你们有案例吗？""没有，希望您能成为我们的第一个案例。"然而，不是人人都敢做"第一个吃螃蟹的人"，何况涉及金融领域的安全。最艰难的那段时期，公司没有一分钱收入，已经连续四个月发不出工资。但谈剑锋说自己固执，做事情容易"一根筋"。

谈剑锋是幸运的，他的坚持等到了曙光来临。2011年年末，中国证券监督管理委员会对证券网上交易提出双因素认证的新要求，金融账户必须要经过双重认证。政策变化带来了新的市场需求，上海浦东新区一家知名证券公司给了众人科技第一笔订单，"当时他们只购买了100枚密码器，总共也就1万元收入，和现在比太微不足道了，可那时候对我们意义非凡。"谈剑锋说。

功夫不负有心人，众人科技研发的动态密码产品被国家相关机构认定为"填补国内空白，国际先进水平"。在很多核心技术上，众人科技拥有完全自主知识产权。另外，我国动态密码技术的所有国家标准、行业标准等，都是众人科技作为组长单位牵头起草的，其中，国家标准成为国内第一个认证安全技术标准被国际标准组织所采用。

3. "三有"青年

在朋友眼中，谈剑锋是一个"有情怀、有技术、有个性"的"三有"青年。他从小在部队大院成长，大学读的是军校，"我虽然没有穿上军装报效祖国，但选择网络信息安全这块隐形疆场，同样可以保家卫国。"

"选择做网络安全这条路很艰苦，因为核心技术都掌握在外国人手中。"十年来，他带着"众人"摸着石头过河，坚持不懈，这需要信念和情怀。谈剑锋展示了一组数据：我国芯片、操作系统等核心软硬件产品绝大部分依赖于进口，国外巨头占据我国信息产品市场份额的77%、芯片和精密制造设备市场份额的85%、计算机操作系统市场份额的95%和卫星导航定位产业市场份额的95%。"互联网时代，大数据的发展和安全永远是一对矛盾体，但不能因为惧怕安全问题就不发展，在发展中保障安全，才是正途。"他说，网络信息安全领域需要高尖端技术，而且必须是自主研发、自主可控的核心技术。

自主研发核心技术，这是他和众人科技一直努力不懈的事情。他率领众人科技最新研发的创新密码技术SOTP，给移动互联网带来了一场颠覆性的认证安全变革，再次填补了国内甚至国际空白，并获得了国际发明专利。让他无比欣喜的是，2017年3月，众人科技的安全产品走出国门，受邀参加了全球最大规模的德国汉诺威CeBIT科技展，并一举拿下两家国外银行的大订单。

"我认定的事情会坚持做下去，相信有一天，我和团队可以像当年打下'魔兽世界'升级第一、打破外国人纪录一样，让中国人拥有完全自主的身份认证技术和产品，这是我和'众人科技'最大的梦想。"

资料来源：本案例源于网络，并经作者加工整理。

问题讨论：

1. 从网游账号安全问题促使谈剑锋研发密码保护产品这件事，谈谈解决问题的创业能力的重要性。
2. "有情怀、有技术、有个性"是不是科技型创业者的共有个性特征？

本章参考文献

[1] 陈博文，徐鸣. 金山猎豹杀入浏览器红海[J]. 创业家，2012（8）：18-20.

[2] 韩国文，陆菊春. 创业学[M]. 武汉：武汉大学出版社，2015.

[3] 张耀辉. 创业基础[M]. 重庆：重庆大学出版社，2018.

[4] 陈广仁. 埃隆·马斯克：疯狂的梦想家、勤勉的实干家[J]. 科技导报，2016（6）：111-112.

[5] 王诗桐. 创业者特质、创业态度与创业倾向关系研究[D]. 长春：吉林大学，2015.

[6] 毛翠云，梅强. 创业者素质综合测评信度多元概化分析[J]. 科技管理研究，2009（12）：473-476.

[7] CARDON M S, GREGOIRE D A, STEVENS C E. Measuring entrepreneurial passion: conceptual foundations and scale validation[J]. Journal of Business Venturing, 2013, 28(3): 373-396.

[8] 李时椿，常建坤. 创新与创业管理[M]. 南京：南京大学出版社，2014.

[9] 库拉特科. 创业学：第9版[M]. 薛红志，李静，译. 北京：中国人民大学出版社，2014.

[10] 曾华玲. 创业者个人素质与创业成功之间的关系[D]. 上海：华东理工大学，2013.

[11] 王沛，陆琴. 创业警觉性、既有知识、创业经历对大学生创业机会识别的影响[J]. 心理科学，2015（1）：160-165.

[12] 刘万利，胡培，许昆鹏. 创业机会识别与创业意愿关系研究：基于感知风险的中介效应研究[J]. 世界科技研究与发展，2011，33（6）：1056-1059.

[13] MALMENDIER U, TATE G. Does overconfidence affect corporate investment? CEO overconfidence measures revisited[J]. European Financial Management, 2005, 11(5): 649-659.

[14] 余绍忠. 创业资源、创业战略与创业绩效关系研究[D]. 杭州：浙江大学，2012.

[15] UNGER J M, RAUCH A, WEIS S E. Biology (prenatal testosterone), psychology (achievement need) and entrepreneurial impact[J]. Journal of Business Venturing Insights, 2015, 4: 1-5.

[16] KURATKO D F. Introduction to entrepreneurship[M]. Eight Edition. Canada: South-Western Cengage Learning, 2009.

[17] 刘丽. 子女教育心理控制源与中学生应对方式的关系研究[J]. 经济策论（上），2011，18（3）：172-174.

[18] ISHAK S, OMAR A R C, MOEN J A. World-view, locus of control and entrepreneurial orientation in social entrepreneurship endeavour[J]. Mediterranean Journal of Social Sciences, 2015, 6(3 S1): 592.

[19] 黎舜，彭扬华，赵宏旭. 创新创业基础[M]. 上海：上海交通大学出版社，2022.

[20] 周琳，叶健. 摩拜单车：重新定义城市出行[J]. 发明与创新·大科技，2016，13（11）：15-16.

[21] 毛翠云，梅强. 创业者素质模型与综合测评方法[J]. 统计与决策，2009（24）：59-61.

[22] 杜运夯，何荣军. 创新思维与创业教育[M]. 北京：机械工业出版社，2018.

[23] 李变花，姬康. 创新创业基础：跨界与融合[M]. 北京：北京师范大学出版社，2020.

[24] 陈海涛，赵海刚，靖续迪. 科技型创业者素质与能力评价方法研究[J]. 情报科学，2006，24（7）：974-979.

[25] 孙芬，曹杰. 高层次科技创业人才素质评价研究[J]. 山东社会科学，2010（12）：77-80.

第四章
创业价值观与态度

学习目标

- ➢ 了解创业价值观的含义与体现。
- ➢ 掌握企业家精神的概念和内涵。
- ➢ 了解创业态度及成功创业者应有的态度。
- ➢ 了解创业组织承诺的内涵与影响因素。
- ➢ 树立正确的大学生创业价值观与态度。

引例

俞敏洪：创业要有服务社会的价值观和踏实的目标

正确的价值观是创业的基础，是必不可少的隐形竞争力。"正确的价值观，可以让你走在正确的道路上。你跟人打交道时，肯定愿意跟一个好人打交道，如果这个人不好，他再有钱，再有才华，你也不敢重用他。任何一个行业，都要做到让老百姓愿意把自己的身家性命委托给你，这样事情才能够做大。"俞敏洪如是说。

他曾提过，成功分为短期和长期，短期成功后名利有可能就会失去，要想获得长期的成功，就需要有持久的理念和价值观。他谈到，自己的行动准则和做事要求就是："要做对自己有好处，对别人也有好处的事情。别人并不仅仅指我的家人，也指整个社会中的成员"。所以，就创业而言，就是通过创业者和团队的实践与努力，服务于社会，这是除创造利润之外，创业者最应该遵循的价值观。

价值观决定了创业应该"有所为"，也要"有所不为"。俞敏洪坚决反对一心挣钱、只顾利益、投机倒把等行为，他直言不讳，"我讨厌那些利用国家资源，或跟国家权贵结合起来创业的所谓企业家，或者利用国家资源和利用权贵来获得企业发展的人，坦率地说，这不是他们的本领，他们是利用人民的钱在做事情"。

所以，在为社会提供好的服务这一价值观下，俞敏洪给出了创业方向的建议："在选择创业项目过程中，需要把科技和生活紧密地联系在一起。任何脱离生活和普通老百姓的创业都是不现实的，创业过程中更重要的是为了改变人民的生活状况，要使人民有所受益，这样的项目才具备成长下去的土地。"

资料来源：俞敏洪：创业要有服务社会的价值观和踏实的目标[EB/OL]. http://www.ccg.org.cn/archives/29383，2016-07-25.

在引例中，俞敏洪强调了创业者创业首先要有正确的价值观，才能在创业道路上越走越远，成就创业事业。价值观和态度是个性倾向性的重要组成部分，对人们的行为具有重要的影响作用。创业者的价值观尤为重要，创业者秉承"让社会变得更美好"的创业价值观，才诞生了华为、苹果等优秀企业。创业成员的价值观和态度则决定他们是否愿意融入企业文化，投身业务的拓展创新，与创业企业一起成长和发展。因此，创业者在创业过程中应该注意创业成员与创业企业间的价值观契合程度，以便整合组织价值观和员工价值观，提高员工的工作满意度和组织承诺，进而提高工作绩效，促进新创企业的健康持续发展。

第一节 创业价值观

个体对金钱、物质等客观事物有着自己的衡量标准，这些客观事物对个体而言，有轻重主次之分，反映出个体取向的倾向性，即价值观。价值观不是与生俱来的，而是在后天生活和工作的环境中逐步形成的，一旦形成便相对稳定。创业价值观反映出个体对创业活动的态度和偏好程度，对在创业过程中个体品质和能力的发挥具有重大影响。

一、价值观的含义与类型

（一）价值观的含义

价值观代表一系列基本信念和看法：从个体或社会的角度来看，某种具体的行为类型或存在状态比与之相反或不同的行为类型或存在状态更可取（罗宾斯，2021）。《辞海》对价值观的解释为："关于价值的一定信念、倾向、主张和态度的观点，起着行为取向、评价标准、评价原则和尺度的作用，是人生观的重要组成部分，是人们对人生价值的认识和根本态度，具有行为取向功能"。

简而言之，价值观是个体对客观事物的综合态度，能够直接影响个体对事物的看法和行为。价值观如同一个总指挥，支配着个体的需要、动机乃至行为。价值观影响个体的人际关系，影响个体的决策，影响个体及组织的看法。

（二）价值观的类型

按内容、表现形态，价值观可分成不同的类别，奥尔波特、罗克奇、格雷夫斯、霍夫斯泰德等学者对它分别进行了分类。

1. 奥尔波特的价值观分类

奥尔波特（G. W. Allport）将事物的价值分为六种，即经济的价值、社会的价值、审美的价值、理论的价值、政治的价值和宗教的价值，相应地，人们的价值观可分为六种（Allport, 1931），如表4-1所示。

表 4-1　奥尔波特的六种价值观

类　　型	价值观的特点
经济型	强调有效和实用
社会型	强调对人的热爱
审美型	重视外形与和谐匀称的价值
理论型	重视以批判和理性的方法寻求真理
政治型	重视拥有权力和影响力
宗教型	关心对宇宙整体的理解和体验的融合

六种价值观中，只有经济型和社会型的价值观对创业具有较为密切的影响。创业是整合和突破现有资源而实现对机会的识别与追寻，是将不同的资源组合加以利用和开发并创造价值（特别是经济社会价值）的过程。具有经济型价值观的创业者，更注重创业行为对整个群体所产生的有效性和实用性［普里（Puri），2013］。

2. 罗克奇的工具与目的价值观

罗克奇（M. Rokeach）设计了罗克奇价值观调查问卷（Rokeach value survey），它包括两种价值观类型：工具价值观（instrumental values）和目的价值观（terminal values），每一种类型都有 18 项具体内容，如表 4-2 所示。目的价值观指的是一种期望存在的最终目的，它是一个人希望通过一生而实现的目标；工具价值观指的是偏爱的行为方式或实现终极价值观的手段，主要表现在道德和能力两个方面（罗克奇，1973）。

表 4-2　罗克奇的工具与目的价值观

工具价值观	目的价值观
雄心勃勃（辛勤工作、奋发向上）	舒适的生活（富足的生活）
心胸开阔（开放）	振奋的生活（刺激的、积极的生活）
能干（有能力、有效率）	成就感（持续的贡献）
自我控制（自律的、约束的）	自由（独立、自主选择）
富于想象（大胆、有创造性）	幸福（满足）
勇敢（坚持自己的信仰）	平等（兄弟情谊、机会均等）
智慧（有知识的、善于思考的）	家庭安全（照顾自己所爱的人）
助人为乐（为他人的福利工作）	和平的世界（没有冲突和战争）
正直（真挚、诚实）	美丽的世界（艺术与自然的爱）
清洁（卫生、整洁）	内在和谐（没有内心冲突）
独立（自力更生、自给自足）	成熟的爱（性和精神上的亲密）
宽容（谅解他人）	国家的安全（免遭攻击）
符合逻辑（理性的）	快乐（快乐的、闲暇的生活）
博爱（温情的、温柔的）	救世（救世的、永恒的生活）
顺从（有责任感、尊重的）	自尊（自重）
礼貌（有礼的、性情好）	社会承认（尊重、赞赏）
负责（可靠的）	真挚的友谊（亲密关系）
欢乐（轻松、愉快）	睿智（对生活有成熟的理解）

目的价值观中的舒适的生活、振奋的生活、成就感、自由和幸福等内容是创业者重要的创业动机;而工具价值观中的雄心勃勃、心胸开阔、能干、自我控制和富于想象等内容则是创业者和创业成员克服创业障碍的重要心智条件[安格尔(Unger),2015;牛芳等,2011]。

3. 格雷夫斯的价值观等级类型

格雷夫斯(C. W. Graves)在对企业组织各类人员进行大量调查的基础上,按表现形态将价值观划分为由低到高的七个等级类型,即反应型、部落型、自我中心型、坚持己见型、玩弄权术型、社交中心型和存在主义型,如表4-3所示。

表4-3 格雷夫斯价值观的七个等级类型

级别	类型	价值观的特点
第一级	反应型	没有意识到自己和周围的人是作为人类而存在的,总是照着自己基本的生理需要做出反应,而不顾其他任何条件。这种人非常少见,实际等同于婴儿
第二级	部落型	依赖性,服从于传统习惯和权势
第三级	自我中心型	信仰冷酷的个人主义,爱挑衅,比较自私,主要服从于权力
第四级	坚持己见型	对模棱两可的意见不能容忍,难以接受不同的价值观,希望别人接受自己的价值观
第五级	玩弄权术型	通过戏弄别人,篡改事实,以达到个人的目的,积极争取地位和社会影响
第六级	社交中心型	把被人喜爱和与人善处看作重于自己的发展,受现实主义、权力主义和坚持己见者的排斥
第七级	存在主义型	能高度容忍模糊不清的意见和不同观点的人,对制度和方针的僵化、空挂的职位以及权力的强制使用敢于直言

企业员工的价值观多分布在第二级到第七级之间,管理人员的价值观多数属于第四级和第五级,但随着时代的发展,属于第六级和第七级的管理人员会越来越多(Graves,1970)。

在创业初期,创业者大多表现出自我中心型和坚持己见型的价值观特点,如苹果公司的史蒂夫·乔布斯、谷歌公司的拉里·佩奇、阿里巴巴的马云和大疆创新的汪滔等。而在创业成功后,为更好地进行创业成长管理,创业者的社交中心型和存在主义型的价值观又会显示出其作用,以开拓多元化的业务、提升产品服务的创新品质,实现创业企业的发展[托姆齐克(Tomczyk),2013;林赛(Lindsay),2015]。

4. 霍夫斯泰德的民族文化价值观维度

荷兰社会学家吉尔特·霍夫斯泰德(G. H. Hofstede)提出的一种由以下五种文化维度组成的框架(Hofstede,1980),可以用来比较民族文化的价值观。

(1)权力距离(power distance)维度。权力距离是指某一社会中地位低的人对于权力在社会或组织中不平等分配的接受程度。各个国家由于对权力的理解不同,在这个维度上存在着很大的差异。欧美人不是很看重权力,他们更注重个人能力;而亚洲人由于体制的关系,注重权力的约束力。

(2)不确定性规避(uncertainty avoidance)维度。不确定性规避是指一个社会受到不确定的事件和非常规的环境威胁时，是否通过正式的渠道来避免和控制不确定性。回避程度高的文化比较重视权威、地位、资历、年龄等，并试图以提供较大的职业安全，建立更正式的规则，不容忍偏激观点和行为，相信绝对知识和专家评定等手段来避免这些情境。回避程度低的文化对于反常的行为和意见比较宽容，规章制度少，在哲学、宗教方面容许各种不同的主张同时存在。

（3）个人主义与集体主义（individualism and collectivism）维度。它衡量某一社会总体是关注个人的利益还是关注集体的利益。个人主义倾向的社会中人与人之间的关系是松散的，人们倾向于关心自己及小家庭；而具有集体主义倾向的社会则注重族群内的关系，关心大家庭，牢固的族群关系可以给人们持续的保护，而个人则必须对族群绝对忠诚。

（4）男性化与女性化（masculinity and femininity）维度。它主要看某一社会是代表男性的品质（如竞争性、独断性）更多，还是代表女性的品质（如谦虚、关爱他人）更多，以及对男性和女性职能的界定。男性品质指数的数值越大，说明该社会的男性化倾向越明显，男性气质越突出；反之，则说明该社会的女性气质突出。

（5）长期取向和短期取向（long-term and short-term orientation）维度。它是指某一文化中的成员对延迟其物质、情感、社会需求的满足所能接受的程度。这一维度显示有道德的生活在多大程度上是值得追求的，而不需要任何宗教来证明其合理性。长期取向指数与各国经济增长有着很强的关系，20世纪后期东亚经济突飞猛进，长期取向是促进发展的主要原因之一。相对于长期取向，短期取向更强调眼前的成果和收益，而非为了长期利益而做出的牺牲和延迟满足的行为。

文化价值观与创业决策之间存在显著的正相关。其中，权力距离感越强，能够接受的权力距离的程度越高，个体就更倾向于制定创业决策，并成为创业者（张秀娥等，2012）。而个人主义较强的个体则更倾向于制定对自己有益的行为决策，因此为了个人利益的最大化，极有可能制定创业决策，从事创业活动。对不确定性的容忍，则让创业者发现了更多的可能性，发掘出创业机会。此外，男性化和女性化维度揭示了社会对男性和女性品质的重视，对个体的创业意愿产生一定影响。最后，长短期取向影响着个人是否为长期目标而从事创业。这些文化维度构成了霍夫斯泰德的文化价值观框架，对个体的创业倾向和决策过程产生一定影响。

二、创业价值观的含义与体现

创业价值观不是人们主观想象的产物，它的形成与发展需要一定的条件和基础。创业价值观直接指导创业活动，个体的创业价值观一旦形成往往具有相对稳定性，并且在创业实践活动中表现出鲜明的个性特征。创业者在创业的各个阶段依据创业价值观进行创业价值目标、创业价值手段和创业价值评价等方面的选择。

（一）创业价值观的含义

创业价值观是创业者在创业目标的认识、创业手段的选择以及创业评价上所反映的价值倾向，它体现了创业者的创业目的和创业行为的判断和选择标准，以及对创业价值的评价倾向。创业价值观与创业的技术和方法有着本质的区别，它是创业的技术和方法的灵魂，是创业者进行创业活动的价值理念、精神品质和价值追求（赵晓凯，2013）。

（二）创业价值观的体现

创业主体的创业价值观体现在其创业过程中的创业价值目标、创业价值手段和创业价值评价等方面。

1. 创业价值目标

创业价值目标是人们思考、确定并追求的对创业有重要意义的目标，它涉及"为什么创业"的问题，是个体创业行为的动因，是创业价值观的核心。常见的创业价值目标有经济利益、个人发展、帮助他人和挑战自我等。

2. 创业价值手段

创业价值手段是人们为了达到创业价值目标而采取的途径和方法，涉及"怎样进行创业"的问题，是创业价值目标实现的具体方式。创业者在创业过程中经常会遇到启动资金、业务手续、组织运营和人员管理等方面的问题，创业者处理这些问题的手段和方式能够反映出自身的某种价值取向。创业者主要的创业价值手段取向有：自主经营，个人独立解决创业过程中遇到的难题；寻找合作伙伴或建立非合伙性的合作关系；寻求政府政策的扶持或寻求亲朋好友的帮助；投机操作，游走于"潜规则"边缘；积极学习，借鉴已有的成功经验（于丛聪，2015）。

3. 创业价值评价

创业价值评价是创业者对创业价值的评定，是对"创业有何种价值""怎样创业才最有意义"等问题在认知基础上的评价，它涉及"如何评价创业"的问题。创业者对自身创业行为的价值评价往往表现出明显的积极性，具体体现在：创业是人生的财富，既锻炼了个人能力又赢得了赞誉；创业促进了个人成长，让自己想问题更加全面、客观；创业带来了物质、经验、人脉等方面的收获；创业实现了个人的想法，展示了个人的能力，让自己变得自信（赵晓凯，2013）。

三、创业者价值观

价值观反映出个人对周围客观事物及其对自己行为结果的意义、效果与重要性的总看法。创业者价值观则是指个人对创业的态度和看法，包含个人对创业目标的认识和在创业时采取的行为方式的判断和选择标准。创业者价值观主要体现了个人的创业心理品质以及在创业过程中应对各种人和事的能力。

创业者作为创业活动过程的核心要素，其自身的兴趣、需要、信念和理想等价值观，对创业者的创业动机、创业自我效能感等方面的形成具有重要的影响。

（一）强烈的创业兴趣

在日常的学习和工作中，成功的创业者深知任何事物对于不同的人而言都有着各自的价值，盲目地效仿并不一定会获得同样的效果。容易放弃的都不是自身所钟爱的，所以在开始创业选择项目时，就应该选择自己最感兴趣的项目，而不是目前看来最赚钱的项目。只有这样，创业者才会在遇到困难时坚持不懈地寻找突破口，在遇到瓶颈时竭力创新。乔布斯创办苹果公司是缘于其自身从小对电子学的浓厚兴趣，即使他也曾徘徊迷茫过，但依然选择不盲目地跟从他人，而是清楚地认识和了解自己的兴趣所在，勇于思考和探究事物的价值，保持清晰的头脑，探索出一条适合自己兴趣发展的创业之路（贾涵寓，2011）。

反观国内，我国的大学生大多数按部就班地走升学就业之路，而忘记了寻求自己的兴趣所在和思考事物的真正价值。当我们能够置身于所钟爱的兴趣之中时，自然就会不断地学习、探索、研究、拓展、创新，抱着一种"求知若饥，虚心若愚"（stay hungry, stay foolish）的态度，才能先人所想，洞察先机。

创业"菇"事缘于兴趣

（二）高度的成就感需要

创业者与一般经理人有着不同的需求偏好，正是这种偏好影响其经营或者创业行为。对成就感的高度需求，促使很多人选择创业来实现满足。相比而言，经理人则倾向于获得权力而非成就感。创业者比经理人拥有更多的成就感动机（曾照英等，2009）。为人工作，只是以自身职业的成功去成就别人事业的成功。只有创业，为自己工作，才是攀登自己人生巅峰的不二法门。

获得成就认可、扩大圈子影响、实现创业想法、控制自己人生等需要，形成了潜在创业者重要的心理倾向，极大地促进了他们创业动机的形成，构成了他们进行创业活动的内驱力，刺激着他们进行创业活动。

张凯竣等（2012）基于成就目标理论发现：我国在校大学生的创业动机包括精神动机、名利动机和责任动机三个维度。精神动机是激发大学生创业倾向的最主要因素。大学生思想活跃，容易接受新鲜事物，具有开拓创新精神，其精神动机与企业家创业动机中的内在报酬（带来满足感、挑战自我、提升自身能力等）比较类似。名利动机是其中重要的组成部分，反映了大学生希望通过创业获取权力、财富、地位等外在认可的动机。责任动机是大学生创业动机中的另一个重要因素。大学生创业一方面能缓解自身就业压力，另一方面也能帮助更多的人共同致富，实现梦想，推动社会的不断进步。

（三）自我超越的信念

自我超越就是追求卓越，就是造好创优。没有自我超越的信念，很难确定创业活动与社会需要的价值关系，也难以促使创业的理念变成现实，更无法实现创业的根本价值。这是因为从本质上讲，自我超越在创业活动中的具体表现为：不满足于停留在小规模或者现有规模上，而是追求创业企业持续成长，发掘新的消费痛点，提供新的产品服务，探索新的商业模式，不断地创造价值和财富，追求从优秀到卓越。

自我超越的信念让创业者能够不断设定新的、更高的目标，推动企业不断变革创新，更加有效地整合多种资源，在复杂多变的环境中保持竞争优势，从而在激烈的市场竞争中更好地发展（李时椿等，2014）。

四、企业家精神

创业者作为创业机会的识别者与利用者，其价值观对创业组织的价值观有重大影响，而创业者率先承担起创业风险的责任，勇于创新，敢担风险，把握机会创建企业，更显示出一种高度凝练的企业家精神（夏洪胜，2014）。

（一）企业家精神的概念

企业家精神是指企业家组织建立和经营管理企业的综合才能的表述方式，它是一种重要而特殊的无形生产要素（周培玉，2008）。企业家精神是创业者进行创业创新的智力资源、资本保障和精神源泉的集合（王艳茹，2011）。企业家精神的本质是企业家对资源进行利用和管理的能力，面对激烈的市场竞争，企业家敏锐地识别机会、创造机会，并创造性地开发新资源，将现有资源以最优方式整合，创造出对企业发展有利的新资源来形成保持企业竞争力的机制，从而为企业创造财富、获取利润（庞长伟等，2011）。企业家精神是企业家在企业的发展中所表现出的创新能力、创业能力、成长能力和经营能力，是企业家在企业对外面临新的发展机会时，能够积极进行创新和创业活动，在企业内能够保持一种积极的生产经营活动，促进企业健康成长，是一种对外开拓、对内守成的精神（李焕焕，2021）。

（二）老板与企业家的联系与区别

老板是指企业的所有者或经营者，他们通常是公司的创始人或大股东，对企业的日常运营和战略决策都有决定性的影响。企业家是指企业中敢于创新并创造价值的领导者，企业家通过创新活动优化资源配置，改变生产函数，塑造市场，承担风险，颠覆竞争模式，为社会创造新价值（陈丽红，2020）。两者的区别表现在以下四个方面。

1. 角色定位不同

老板通常是指企业或组织的所有者，他们承担着组织中的权力和责任，他们可能是企业的创始人、股东或雇佣的高级经理。而企业家是指那些富有创造性和创新精神的人，他们发现并利用商机，创建新的企业或推动现有企业的发展。

2. 主要关注点不同

老板更侧重于组织的管理和运营，他们负责制定战略、监督员工、管理资源，并承担企业的风险和责任。企业家则更强调创新、创造和发展新的商业机会，他们通过创新思维、冒险精神和组织能力来追求进步，并承担与此相关的风险。

3. 目标不同

老板的主要目标是公司的稳定和盈利，他们可能更注重经营管理的规范性和效率性。而企业家则更加注重创新和变革，他们追求市场机会、价值创造和企业的成长。

4. 风险承担不同

老板通常在一个已经建立的企业中工作，他们面对的挑战是如何管理和发展现有的业务。而企业家则在创业阶段面临更大的不确定性和风险，他们需要从零开始建立企业，并克服各种创业难题。

尽管老板和企业家之间存在这些区别，但在某些情况下，一个人可以同时扮演两个角色，即既是企业的老板又是企业家。需要强调的是，企业要想做强做大，企业经营者必须从老板蜕变成为企业家，但这并非是简单易行的事，只有当他们的从商动机发生改变，不断追求创新与成长，老板才有可能成为企业家（武文胜，2008）。

（三）企业家精神的内涵

企业家精神的内涵并不是静止不变的，而是动态演进的，具体包括创新创业精神、学习精神和责任精神等。其中，创新创业精神是最根本、最核心的价值取向，是企业家精神的灵魂；学习精神是推动企业家精神不断自我完善、自我演进的内生动力，是企业家精神的关键；责任精神则是规范和引导企业家行为，实现自我约束的内在机制，是企业家精神的应有之义（王敏，2012）。2017年9月8日，《中共中央 国务院关于营造企业家健康成长环境 弘扬优秀企业家精神 更好发挥企业家作用的意见》用36个字对弘扬优秀企业家精神提出要求，即弘扬企业家爱国敬业、遵纪守法、艰苦奋斗的精神，创新发展、专注品质、追求卓越的精神，履行责任、敢于担当、服务社会的精神。2020年7月21日，习近平总书记主持召开企业家座谈会并发表重要讲话，充分肯定了企业家群体所展现出的精神风貌，明确提出了"增强爱国情怀""勇于创新""诚信守法""承担社会责任""拓展国际视野"五点希望，丰富和拓展了企业家精神的时代内涵。

1. 持续的创新创业精神

创业是发展市场经济的重要引擎，是技术进步和社会繁荣的不竭源泉。创新创业精神是指在创新创业活动的过程中，创新创业主体普遍表现出来的思想意识、价值观念、基本态度、行为方式等思想理念和精神状态。

创新创业精神是企业家精神的最重要要素之一，包括四层含义：① "从无到有、从小到大"的创造精神；② 用新方法组织生产要素和发现潜在新市场的创新精神；③ 争创第一与不怕失败的冒险精神；④ 战略型企业家在竞争中合作的协同精神。创新创业精神是创业者和创新者们的精神动力和发动机，是创业企业诞生与发展壮大的灵魂和精神支柱，对创业活动产生潜移默化的影响。

2. 终身的学习精神

在经营企业中，企业家也需要不断学习，及时吸收新的知识和理论，并且根据实际需要积极地将这些理论知识应用于日常经营。德鲁克认为，企业家精神可以通过后天的学习加以培养，是一种可以系统学习的知识。学习、获得知识，然后在企业经营活动中充分利用知识，以获取利益的能力成为企业家精神的一种重要内容。

学习精神是指在创新创业活动过程中，创新创业主体不断追求获取新信息、积累新知识，以及总结历史经验的进取意识和精神状态。学习精神具体包含两层含义：① 挖掘探索和运用匹配新知识的开拓进取精神，分享愿景与开放心智的交流精神；② 学习精神要求创业者和创新者们时刻保持持续学习的能力，能够快速获取、运用和创新信息以维持、提升企业家及企业持续的创新创业能力。

3. 造福他人的社会责任精神

创业者创建企业和企业家经营企业，通过企业的创新创业活动为社会提供产品和服务，在获得企业利润、促进企业成长和发展的同时，应当具有很强的社会责任感，履行更多的社会义务和责任，平衡企业的经济效益和社会效益，促进两者的和谐发展。

社会责任精神是指在创新创业活动过程中，创新创业主体所表现出的热爱自身职业、规范经营行为、满足顾客需求、服务于社会等具体的行为特征和心理意识。社会责任精神具体表现为：① 持之以恒和执着奋斗的敬业精神；② 尊重顾客价值与履行社会责任的奉献精神；③ 信任他人与被人信任的信用精神。

企业家精神作为创业者和企业家的灵魂与核心要素，既决定了创业者和企业家的能力，也决定了一个企业的管理和治理水平。处于经济和社会转型时期的中国，更需要培育和弘扬新时代的企业家精神，使创业者和企业家具有强烈的创新和学习精神，肩负社会和历史赋予的责任，为国家经济和社会的进步与发展贡献自己最大的努力。如今，企业家精神催生下的创业已经成为推动经济发展的重要力量，创业经济社会正在形成。

例证 4-2

SpareFoot：我们当园丁，我们做义务劳动

第二节 创业态度

态度是个体对特定对象（人、观念、情感或者事件等）所持有的稳定的心理倾向。这种心理倾向蕴含着个体的主观评价以及由此产生的行为倾向性。创业态度则是个体对创业的看法和喜好程度（姜海燕，2012），表现其对创业价值和创业过程中遭遇的挑战、成就、权力和社会认可等方面的态度。归根结底，创业是一种积极进取的工作态度，是一种昂扬向上的生活态度。

一、态度的含义

态度是指主体对特定对象做出价值判断后的反应倾向——要么喜欢，要么不喜欢。态度包括认知、情感、行为三个成分。与工作相联系的态度主要有三种：工作满意度、工作参与、组织承诺。工作满意度是指个人对他所从事工作的一般态度；工作参与是指个体在心理上对他的工作的认同程度，认为他的绩效水平对自我价值的重要程度；组织承诺是指员工对于特定组织及其目标的认同,并且希望维持组织成员身份的一种状态。

创业态度是指人们对创业的认识程度和喜好程度。它包括对独立、挑战、成就、权力、财富和社会认可等的态度,也包括提升自己地位和威望的态度,检验自己的创意和想法、解决个人就业、促进国家经济发展、为社会做贡献等方面的态度。创业态度不同于独立、创意、地位和金钱等一般心理状态,其指向性和针对性较强,是创业者或潜在创业者对创业的想法(向春等,2011)。

二、态度对创业组织行为的影响

创业成员的态度对创业组织的创业行动会产生重要的影响。持积极创业追求态度的组织成员,其创业倾向较强,并且创业热情和创业精神往往较为持久,在创业实践行动中,其工作效率、学习能力和挫折承受能力也往往高于平均水平(夏洪胜,2014)。

(一)持积极的态度,提高创业员工的工作效率

工作态度和工作效率的关系非常复杂。研究发现:对工作感到满意、持积极态度的职工,其工作效率可能很高;而对工作不满意、持消极态度的职工,其工作效率也可能很高。显然,工作态度与工作效率之间不存在显著的相关关系,这可能有两个解释:① 对某些职工来说,提高工作效率并非他们的直接目标,而是借以达到其他目标的手段,因此无论他们喜不喜欢工作,仍会以很高的效率完成工作;② 在群体压力的作用下,对工作满意、效率过高的职工会以降低工作效率来排除压力,而对工作不满意的人也会以提高工作效率来与群体大多数人保持一致。

但在创业组织内,只有不断在工作上执着努力,才会有进步和提升;只有积极主动地去解决新生问题,才能发现机遇、创造机会。拥有执着主动态度的创业员工,更倾向于提升自身的工作效率,在平时的工作中夯实基础,跟随创业组织在必要时做出明智的选择,从而把握住机会,实现与创业组织的共同成长。

(二)持主动开放的态度,提升创业学习能力

人们在接收某种新知识时,对其内容的吸收和记忆受个体态度的影响。如果所学知识与自身原来所持观点及兴趣一致,必然对之抱有好感,注意力集中,思维活跃,易于理解、吸收、记忆,学习效果也好;反之,则引不起学习的兴趣,学习效果也不好。

在当今科学技术飞速进步的时代,学习能力愈发受到企业界的重视。作为创新创业组织,创业企业的创新能力和实践能力更需要不断提高。创业者自身应该明确创新创业的态度,切实增强学习意识,树立创业工作与学习提高相互促进的理念。一方面,完善企业知识管理系统,实现创业管理,学习资源共享,使员工及时、准确地获取最新的信息,便于创业决策的制定。另一方面,逐步完善学习培训体系,创新学习培训方法,就业务能力、专业知识和综合素养等一系列内容对员工进行培训,以提高创业企业员工的能力与素质,提高创业活动的有效性。

(三)持乐观正面的态度,增强应对创业挫折的毅力

加拿大心理学家兰波特通过实验对一批大学生的忍耐力进行测定,他发现个体对其

所属群体的认同感和效忠心越强,其忍耐力就越强。同样道理,一个职工如果热爱所属企业,热爱本职工作,就比别人具有更强的忍耐力和吃苦精神,能够承担更艰苦而繁重的工作。

积极正面的态度有利于养成良好的心理素质。由于创业者是创业企业的领导者和战略决策者,每一个决策都可能直接影响企业的生存和发展,承担的风险很大,因而工作的压力也很大。而且随着市场竞争愈演愈烈,积极的态度和良好的心理素质对创业者而言更是必不可少。在面对危机或者重大挫折时,创业者应当从容不迫,沉着、积极地应对,给企业员工坚定信心,推动创业企业的健康发展。积极的态度也能让员工在组织变革和开拓创新中勇敢面对挫折和失败,磨炼出不畏失败和百折不挠的毅力,经得起各种创业风浪的考验。

三、创业态度概述

创业态度反映的是个体对创业的看法和偏爱程度。个体的态度对即将要实施的行动会产生重要的影响作用。个体对于创业越认同,对于创业活动越投入,则表明其创业态度越积极。因此,创业者的某些价值观对其创业态度有重要影响,而成功的创业者则往往显示出某些共有的态度特征。

(一)创业态度的影响因素

创业态度对创业活动的影响是多方面的,包括对独立的渴望、对个人成就感的追求、对挑战的享受、对权力的诉求、对社会认可度的期待、对社会和国家的贡献。

显然,个体的某些价值观对创业态度产生直接的作用。以下三种价值观对国内创业者的创业态度产生着深刻的影响:① 积极进取精神。积极进取价值观者重视价值的实现,越是感知到竞争环境的激烈,其创业态度的倾向性就越明显。② 取得成功的愿望。创业态度受到创业业绩的影响,成功的创业会受到尊重,其态度的倾向性就更强。③ 社会地位和权力。重视社会地位和权力的创业者被给予的评价越高,创业的倾向性也越明显。因此,三种价值观都对创业态度显示出正向相关性(王诗桐,2015)。

换言之,敢于接受挑战、具有创业精神、善于领导和沟通、重视个人贡献、具有较高的风险承担能力和成就动机等个人特质,都会显著地影响创业者的创业态度,继而影响其创业倾向。

(二)成功创业者应有的五种态度

创业一直蒙着一层神秘的面纱,对此,斯坦福商学院创业研究中心领导人格劳斯贝科认为,揭开创业的神秘面纱的一个方法就是认清成功创业者之间的共性(古森,2009)。格劳斯贝科就他所观察到的情况,辨别出经常伴随成功创业者的五种态度,具体如下。

(1)成功的创业者们展示出"一直对现状不满足"的进取态度。创业者们认为他们能够比现在做得更好,换言之,他们习惯通过变革寻找机遇,他们坚信只有不断尝试,不"守株待兔",主动出击,才能发现机遇和创造机会。

(2)创业者必须要有"耐得住寂寞"的独处态度。创业是一个非常自我的过程,是一种生活方式的选择。伴随创业者的是数不清的不眠之夜,"朝九晚五"对于创业者只是偶然，创业者们必须愿意承受孤独，做出艰难的抉择，因为他们在组织流程图中的级别高于所有的同辈，必然要承担更多的责任。

（3）成功的创业者清楚他所擅长的事情，秉承专注的态度。"合理的能力"加上"专注的态度"能为创业事业添光加彩。如果没有这种才能或才华，创业者很难组建创业队伍，更难创办企业。

（4）关注细节的精益求精态度。尽管有些创业者胸怀大志、高瞻远瞩，但他们往往也会关注细节部分。他们深知细节产生差距，精益求精方能使得产品和服务出众，获得社会大众和同行的尊重。

（5）对不确定性的容忍态度。成熟的创业者必须能够容忍模糊性和不确定性。换言之，他们必须能够接受不确定的未来。毕竟，不是每个创业企业都能成功，情况也很少是按照计划来进行和发展的。但是，接受模糊性并不等同于接受不必要的风险。

例证 4-3

领航中国无人机"瞰世界"——大疆创新

第三节 创业组织承诺

创业组织承诺源于组织行为学领域的组织承诺和职业承诺。组织承诺通常是指员工对组织及其目标的认同感，以及对组织的归属感。组织承诺代表了员工对组织的忠诚度。高组织承诺意味着员工希望保持组织成员的身份；低组织承诺的员工则倾向于与组织隔离。组织必须采取一定的措施提高员工的组织承诺。

一、创业组织承诺的内涵与影响因素

创业组织承诺是积极组织行为领域兴起的研究热点，是组织承诺和职业承诺与创业研究有机结合而衍生的构想（陈建安等，2014）。创业组织承诺包括创业者创业承诺和创业成员创业承诺。创业者创业承诺是指创业者发现机会、认同并参与新企业创建活动的意愿程度和决心，反映创业者情感、智力和体力应用于追求创业目标的意愿和强度。创业成员创业承诺则是创业成员对创业目标的认同程度和对创业行为的投入，反映创业成员为了达到组织和自身的成就而做出努力的程度（石冠峰等，2015）。

与组织承诺类似，创业组织承诺也分为情感性承诺、行为性承诺和持续性承诺。情感性承诺是指创业者对创立新企业的渴望和需求程度。行为性承诺是指创业者为新企业付出实际努力的意愿程度。持续性承诺是指无论新企业创立过程中有多大的不确定性和

不可预测性，创业者都将继续维持新创企业的意愿强度［迈耶（Meyer）等，2001］。

例证 4-4

兰世立：梦断航空，破产入狱再创业，复生旅游

创业者创办企业和普通个体进入组织成为雇员一样，都是职业选择的结果。但是，与进入组织受雇佣的普通个体相比，没有现存的成熟组织可供创业者融入，其在创业过程中要承担更大的责任和风险。因此，员工的组织承诺和创业者对创业的承诺是无法类比的。此外，创业活动具有的更大挑战性和创业行为具有的更多特殊性，决定了创业者的创业承诺和管理者的职业承诺之间也存在显著差异，创业者的承诺升级程度明显高于管理者。

（一）创业组织承诺的内涵

自从创业组织承诺被提出以来，学者们从不同视角对其进行了解释，具体如下。

1. 行为论

创业组织承诺的行为论注重创业忠诚的外在表现，强调创业者和创业成员认同创业角色并投入智力资本和物质资本等的行为或决定，认为创业组织承诺是新企业创建过程中的关键环节。学者们关注创业者创建新企业的过程，认为创业组织承诺体现在个体开始投入大量的时间、精力、金钱、智力、关系和情感资源到创业项目中（Fayolle 等，2011）。这个过程可以分为新项目发布、创业承诺、新创企业生存和成长三个不同阶段，其中，在承诺阶段要求创业者具备企业创建能力，搜寻、筹集和配置资源能力，学习能力，以及创新能力。

行为论对创业组织承诺的内涵界定主要从创业过程视角来辨析承诺行为，强调创业组织承诺是创业过程的关键节点或关键阶段的行为。

2. 状态论

状态论注重对创业的情感，对创业价值观的坚定信念，强调创业组织承诺是一种结果、一个情形抑或一种状态。创业组织承诺是对创业活动的情感认同和情感投入状态，它反映创业者为实现创业目标而投入的情感程度［艾里克森（Erikson），2002］，是创业者认同并投入新企业创建活动的程度，强调情感资源投入和行为嵌入同时存在［唐（Tang），2008］。创业组织承诺是一种将创业者捆绑到某个或多个目标物上的牵引力，即个体认同并参与创业的强度。这种目标物或是新创企业，或是创业者的职业角色，或是创业目标、创业活动等。

行为论注重创业投入过程的外在表现，而状态论强调坚定创业信念和认定创业活动的状态。尽管前者从纵向外显行为的角度研究创业承诺，后者更多的是关注横截面的内

在心理状态，但是二者挖掘的创业组织承诺内核是相似的。根据新企业创建过程中遇到变革阻力的大小，创业组织承诺可能经历从部分承诺发展到完全承诺的过程。因此，创业组织承诺既是一种状态，也是一个行为过程。

（二）创业组织承诺的影响因素

创业者在创业过程中始终面临重要且艰难的创业组织承诺抉择：是坚持创业还是放弃创业。纵观过去的研究，影响创业组织承诺的因素主要分为两类：一是创业者个体特征；二是创业环境特征。

1. 创业者个体特征

不同的创业者在创业过程中对创业角色的认同具有很大的差异性。成功的创业者具有与众不同的个体特征，包括动机、人格、认知和经验等方面的创业特质。它们既是促使其成功的决定性因素，也是影响其创业组织承诺的重要因素。

（1）创业组织承诺的形成与发展受到创业动机或创业意图的影响。成就动机、客户关系和机会攫取的创业特质对创业组织承诺均有显著的正向作用[哈利姆（Halim）等，2011]。创业意图、感知的吸引力和感知的可行性分别在情境因素、制度环境和经济环境影响下共同作用于创业组织承诺的形成。

（2）人格因素对创业组织承诺产生影响。创业过程中的再投资决策在一定程度上由理性反应或是承诺升级决定。在亲手创建企业而非购买接管企业的情况下，过度自信的创业者更可能承诺升级并扩大企业[佩特拉基斯（Petrakis），2011]。换言之，当创业者开始创建新企业时，越是过分自信的创业者越有可能过度承诺，并投入更多的有限资源到开发创业机会的初创企业上。

（3）创业者的认知风格通过反现实思考、归因方式等对创业组织承诺产生影响。唐（Tang）（2008）探讨了创业警觉性对创业组织承诺及其情感承诺、行为承诺、持续承诺三个方面的影响。研究结果表明：创业警觉性对创业组织承诺的三个维度与总体都有正向作用。另外，风险感知对知觉到的创业组织承诺理想的平均持续时间具有正向影响作用，即创业者感知到的不确定因素可控程度越高，可接受的创业组织承诺持续时间越长。

（4）工作经验和以前的创业经验与创业者的创业组织承诺相关。之前受雇企业的规模与创业者的创业组织承诺呈负相关关系。来自大公司的创业者表现出对创业角色较低的承诺度，尤其是在新创企业经济绩效较差的情况下，来自大公司的创业者更有可能采取创业退出行动。此外，部分学者发现不同创业经历的创业者会形成不同程度的创业组织承诺。具体来说，新生创业者在创办企业并从事商业交易的过程中往往具备较低的创业组织承诺；初次创业者由于与融资人和职业经理人之间存在社会资本的结构空洞，而可能使得创业组织承诺有限[西蒙（Simon）等，2007]；连续创业者在经历过创业的成功或失败后，会进行高水平的创业学习，易再次做出高水平的创业组织承诺。

2. 创业环境特征

创业者的创业组织承诺受其所处的市场和环境条件等的制约。具体来说，影响创业组织承诺的环境包括经济环境、制度环境、就业环境和社会支持环境。

（1）经济环境。经济环境的状况影响创业组织承诺的持续时间。研究结果显示，创业组织承诺持续时间的形成主要受到三个方面因素的影响：微观环境、行业环境和宏观环境。微观环境主要是指企业的内部经营环境，当创业企业出现资金来源困难、财务结构中的杠杆率提高、项目规模扩大、投资的回收时间延长等情况时，都会减少创业者的承诺持续时间。行业环境是指企业涉入行业状态、所处地域条件及相关业务关系等外在要素的集合。当商业周期进入不景气阶段时，创业者会感觉到产业萎缩，难以维持而不得不放弃。宏观环境是指一切影响行业和企业的宏观因素。当创业者预期未来会有收入增长率的提高、官僚腐败的减少、劳动力市场的改善等积极的信号时，他们的创业承诺会大幅提高，从而把创业公司经营得更好。

（2）制度环境。制度环境分为三个维度：规制维度（政府的政策）、认知维度（广泛共享的社会知识）和规范维度（影响一个国家商业行为的价值系统）。规制维度包括强制的法律、制度、规定和政府政策等最正式的促进和限制行为的制度；认知维度是指那些公认的能使自己在团体和社会中生存而在互动中形成的行为标准；规范维度反映社会对企业家和创业活动的尊敬程度，是人们长期形成的观念（王占兴，2009）。政府与市场的界限明确、产权与私权明晰、法制健全与执法严格、尊重创业者和企业家、鼓励创新创业活动等良好的制度环境，都使得创业者对未来有一个稳定的预期，从而会产生更高的创业组织承诺。这样使得创业者可以安心专注于创新和创业，提高创业活动的有效性。

（3）就业环境。外部工作机会和寻找工作的难易程度等就业环境也可能直接影响创业组织承诺。创业组织承诺的产生有两个必需的条件，即创业者优先选择创业项目和能够克服妨碍变革的阻力。在创业者没有外界压力所迫放弃创业项目的条件下，创建企业活动被认为是优先的选择，此时，创业组织承诺才会产生。创业者优选创业项目，是一种渴望改变的需求，但是只有当创业者能够克服妨碍变革的阻力时，这种实际的变化才会发生。创业组织承诺产生的两个必需条件不是独立的，而是一个复杂的系统，只有二者同时满足，创业者才会产生完全的创业组织承诺［法约尔（Fayolle）等，2011］。

（4）社会支持环境。社会支持环境也是创业环境的构成因素之一。集中在工作外的因素有家庭、创业活动特征等带来的创业压力、创业满意度等。相关研究结果表明，创业者的创业压力对创业组织承诺整体、持续承诺和行为承诺均起到显著的正向影响，而对情感承诺没有直接影响（许小东等，2010）。另外，工作时间缺乏弹性和工作负荷过重等，将对创业者承诺投入工作的时间产生显著的影响。与工作相关的满意度也会影响创业者的创业组织承诺。在新企业开创第二年拥有较高满意度的创业者，预见新创企业能够维持到第三年的可能性更大，且具有更大可能承诺投入更多的资产到新创企业中。

二、创业组织承诺对创业活动的影响

创业组织承诺对预测创业者推进创业活动和实现创业目标的重要影响正被越来越多的学者所关注。在创业组织承诺影响创业活动的研究中，主要涉及新创企业的成长和创业者的创业退出两个方面。

（一）新创企业的成长

创业组织承诺与新创企业生存和成功关系密切。企业的规模、年龄或行业类型并不影响企业的成长和发展，创业组织承诺是解释企业快速壮大的重要因素。初创企业快速成长离不开资金的支撑，外部投资者的投资是重要来源之一。无论是创业者还是新创企业创建团队的创业组织承诺，对于外部投资者的投资决定都会产生重要的决定性影响［卡登（Cardon），2009］。例如，天使投资人会将创业者展现的创业热情作为是否决定投资的重要因素，其中创业组织承诺是创业热情中被着重关注的行为内容。虽然创业者展现出的创业组织承诺在资金筹集的不同阶段的重要性不一致，但是都与天使投资人评价创业者的融资潜力密切相关。

作为一种重要的创业态度，高创业组织承诺的创业者会全力以赴地推进创业的进程，保持着激扬的斗志，主动解决在创业中遇到的各种问题，能够更好地承受创业压力，较少出现创业懈怠的情况，从而推动初创企业向前发展。同时，创业者的高创业组织承诺也会使得他们对创业项目和创业团队充满信心，不轻易放弃创业进程，从而保持企业的稳定发展，并带来新创企业绩效的不断提高。此外，持续的创业组织承诺能够提高创业者的能力，进而对其成功创业产生重大的影响。这些都极大地提升了创业活动的有效性，提高了创业绩效。

陈欧：创业是我的生活方式

（二）创业者的创业退出

创业退出是创始人离开参与创建的公司，同时在不同程度上从公司的主要所有权和决策结构中退出的过程。在设想、酝酿、成长和发展的创业过程中，创业者随时可能退出创业。缺乏创业组织承诺是创业退出的重要原因之一［德蒂安（DeTienne），2010］。在设想和酝酿阶段，创业者开始考虑创建新企业的想法，识别机会并做出决定是否承诺投入时间和资源。当新创企业发展到初级阶段时，如果创业者对公司仍没有强烈的心理承诺，也没有承诺对公司投入大量的时间、金钱和精力等，那么在其他选择的诱惑下退出创业是比较有可能的，这是导致创业退出的重要原因之一。

高创业组织承诺的创业者，会把自己的创业公司当作一种生活来经营，当作一种事业去追求，他们更多地想借助创业企业这一载体，实现个人对社会、信念的担当和责任，因此，除非万不得已，否则不会选择离开曾经挥洒热血的创业领地。

基于不同的退出动机，创业退出可以划分为主动（自愿）退出（voluntary exit）和被动（非自愿）退出（involuntary exit）［尼科洛娃等（Nikolova, et al.），2020］。主动退出是指创业者由于缺乏继续经营的意愿或动机，包括出于个人原因（如退休、健康问题和家庭原因等）、追求其他财务或职业机会而主动退出企业［胡斯托等（Justo, et al.），2015］，或者已经达到或完成创业的目的（如创业者为获得临时收入创建企业，并在缓解收入压力后解散企业）[德蒂安等（DeTienne, et al.），2015]；被动退出则是指创业者由于企业经营不善等原因而被迫退出企业（如企业破产）[胡斯托等（Justo, et al.），2015]。

第四节　大学生的创业价值观与态度

"大众创业，万众创新"是我国未来一段时间内经济社会发展的趋势。大学生作为国家发展创业型经济的重要人才资源，其创业活动得到了国家和整个社会的关注与支持。继2014年高校毕业生人数突破700万之后，2022年高校毕业生人数突破1000万，达到1076万之多。而2023年，高校毕业生有1158万，相比2022年超出82万！毕业生人数在年年递增，大学生就业难已是十分突出的问题。因此，大学生创业已成为进一步扩大就业渠道的重要途径，也是当前我国市场经济建设和完善的客观要求。

在大学阶段，学生的生理和心理均趋于成熟，视野不断开阔，尽管他们站在同一起跑线上，面对同样的教育资源，但由于价值取向和生活态度不同，所以其发展方向和程度也各有不同。最为重要的是，价值观和态度还会对大学生的创业意识、创业动机与创业实践起着至关重要的影响。因此，大学生创业也是其价值观和态度外显践行的重要途径。

一、大学生的创业价值观与创业教育

创业教育是高等教育改革和培养创新人才的热点话题。创业教育的内容包括培养大学生树立创新意识、创业精神，优化创业知识结构，提高创业能力，等等。然而，创业是一个复杂的过程，大学生创业能否成功涉及方方面面的因素，其中创业价值观发挥着重要作用。创业价值观并不是天然地存在于人们的心中，其形成与发展需要一定的条件和基础，是在教育引导和环境熏陶的双重作用下形成的。一个人的创业价值观一旦形成，往往具有相对的稳定性，并且在创业实践活动中表现出鲜明的个性特征。

（一）高校创新创业教育主导的创业价值观

近年来，高等院校不断强化创新创业教育，取得了一些显著成效。一是坚持把创新创业教育提到学校重要议事日程，建立由校长任组长、分管校领导任副组长，大学生创新创业部门牵头，各有关部门相互配合、齐抓共管的创新创业教育工作机制。二是坚持立德树人基本导向，修订人才培养方案，明确创新创业教育目标要求，建立创新创业教育课程体系。三是坚持强化创新创业实践，加强高校与地方政府资源共建和共享，广泛搭建"众创空间"等实习实训平台，积极办好中国"互联网+"大学生创新创业大赛等各级各类创新创业竞赛等，对深化高校创新创业教育改革、提高高等教育质量、促进学生全面发展、推动毕业生充分创业就业起到了积极的推动作用（王逸凡，2022）。

对于大多数大学生来说，其创业价值观形成的关键期便是在高校集中接受创业教育的时期，创业价值观同创业教育之间存在着密切关系（王占仁等，2019）。从国家层面来看，大学生的创业价值观应该坚持爱党、爱国、爱社会主义的统一，坚持个人利益与集

体利益的统一；从个人层面来看，大学生的创业价值观应具有敢闯精神、会创意识、奋斗精神和诚信意识（樊凯，2021）。

（二）大学生的创业价值观存在的问题

通过有效的创新创业教育，可极大提升大学生的综合素质，促进高校毕业生充分就业，但在创业教育实践中偏重于知识的单向传授，缺乏对创业价值观的培育与践行，导致在创业实践过程中大学生的创业价值观产生偏差，影响了大学生的创业积极性和创业成功率。而创业价值观是大学生形成正确的创业目标、选择正确的创业实践途径的根本保障。当前大学生处于我国特有的创业文化与创业支持环境以及自身发展的特殊时期，这使一些大学生在创业价值观方面存在不同程度的问题（沈文青等，2014）。

1. 熟知创业理论，实践能力不足

随着知识经济时代的发展，我国高等教育不断深化，创业教育逐渐步入正轨，诸多高校开设了"创业基础""职业生涯规划"等必修课，有的高校还开设了"创业管理""创业组织行为学""创意"等选修课，目的是培养大学生的创业意识与创新精神，提高大学生的创业能力。尽管大学生们的知识掌握熟练度尚可，但缺乏实践的检验和进一步磨炼，缺乏必要的实践指导，是难以实现创业成功的。大学生创业知识的学习与应用应该是相辅相成、相互促进的。因此，我们倡导在高校创业教育中，应在保证大学生理论学习的同时，加强理论的实践应用。

2. 选择更趋多样性，创业信念不坚定

随着经济全球化的深入与文化多样性的渗透，单一的、封闭的、可以超越个人主体意识的传统价值观念已经从学生的思想观念中淡化甚至消失。正确看待文化多样性的现状是培养大学生创业价值观的前提与基础。中华传统文化与中国现代文化、主流文化与非主流文化、东方文化与西方文化相互交融、交织并存，为大学生价值观的形成提供了丰富多样的选择，但如果大学生对不同的文化缺乏理性的判断和自我方向的选择，一律照单全收，就将造成价值观的偏离甚至错位，从而严重影响大学生日后的进步与发展。

高校毕业生就业选择越来越多元化，在尝试创业的大学生当中，有相当一部分是迫于就业压力，抱着"试一试"的态度去创业，这就导致创业信念不坚定（任文芳等，2022）。创业信念不坚定就容易造成思想上的摇摆，做任何事情都缺乏毅力与决心，导致创业失败（罗生红，2019）。

3. 看重物质收获，忽视品格提升

创业的价值具有多重性，其中最鲜明的两点是显性的物质价值和隐性的人文价值。物质价值是指可以直接从创业过程中收获的金钱和地位提升，这些都是不需要从创业中提炼的，可以直接为人所得、为人所用，既是显性价值，也是直接价值。而创业过程中不易被人发觉的是隐性的精神提升，可将其概括为品格的提升，即品质和性格的提升。大学生在创业过程中遭受挫折、经受历练，性格会更加坚强，个人行为将更有韧性。

创业从起步到发展起来之后，必然不会再是个人的行为。在与他人交往中习得交往之道，学会为他人和社会着想，更富有团队合作精神、关怀之心和社会责任感，这是创

业者在创业过程中收获的更具有价值的财富。而这较为隐性的价值往往被大多数准备创业或正在创业的大学生所忽视,甚至抛弃。一些大学生一味向往创业的种种成就,而对创业过程中展现出来的优秀品格,如团队合作、公平竞争、社会责任、博爱奉献等有所轻视甚至视而不见。我们应该在大学生创业价值观教育中更加鲜明地倡导隐性价值的获取,强调创业过程中自我品格的磨炼。

4. 自我观念为主,缺乏社会责任

市场经济的发展和利益主体的多元化,使得个人的独立性、自主性地位得以逐渐确立。在市场经济条件下,从事经济活动的个体必然从自身的利益需求出发选择自己的行为。大学生一方面通过积极思考,确立人生坐标,选择创业方式,最大限度地实现人生价值;另一方面,在追求自我、实现价值的同时,利益和效益至上的观念成为指导他们进行价值评价的标准,从而使他们更加注重个人实惠,忽视社会利益,创业价值取向呈现出重个体利益而轻社会奉献的不良倾向。

一些大学生片面地认为,市场经济为个人发展提供了充分的机会,就应当处处以自我为中心,要展示自我、突出自我,实现自我价值,甚至错误地认为市场经济就必然是以追求金钱为目的,创业的价值就在于更快地获取金钱、地位和名誉,甚至不惜以牺牲社会利益和他人利益为代价来获取个人所得,缺乏对整个社会的尊重和责任感。

二、促进大学生建立正确的创业价值观

当代大学生的创业行动应该汲取优秀中华传统文化的精华和精髓,摒弃当前社会上的一些不良风气,走出误区,培养诚信正直的道德品质,树立积极向上的价值观,走正确的创业路。具体来说,可以从创业精神、创业态度、创业道德三个维度提升内在素质,促进大学生建立正确的创业价值观(曾智等,2015)。

(一)以"自力更生"的国家发展理念,培养大学生自立自强

当代大学生创业要建立可持续发展的目标,这需要汲取中华优秀传统文化的精髓,培养大学生自强不息的创业精神。中华传统文化的创业精神,其本质就是自强不息,强调付出和努力成正比,"一分耕耘,一分收获",强调事业的发展需要依靠自身的能力不断努力。"愚公移山""精卫填海"的传统故事,美的公司"疯狂煮夫"深入饭煲行业十多年只为做一个好饭煲的当代故事,都激励着创业者坚持不懈地努力,最终能够实现从量变到质变,得到巨大的收获。

中国航天——自力更生、创业无悔

(二)以"公正法治"的社会管理模式,培养大学生"走正道"

当代大学生创业需要端正法治思维的创业态度,这既是优秀中华传统文化的精髓,也是企业发展的重要保障。依法治国是我国推动社会发展的有力保障。法治在社会主义核心价值观体系中是社会层面的重要环节。具备法治思维是中华传统文化对每个人为人处事的基本要求,正如孟子所云:"不以规矩,不能成方圆",强调完成任何事情都要按照参与人员共同恪守的规则去进行。这样的规矩意识、法治思维也是当代大学生在创业过程中的有效保障。很多失败的大学生创业团队,就是因为没有明确的责任、权益划分,仅凭创业热情支持,在利益面前团队分崩瓦解。因此,具备法治思维的契约精神是大学生创业迈向成功的重要保障。

(三)以"诚信卓越"的个体经营思路,培养大学生"树品牌"

当代大学生创业还应该努力塑造诚实守信的创业精神,将树立百年老店作为目标,不去追求不计后果的利润最大化。以社会整体发展的视角观察,建立在不诚信基础上,以欺诈、骗取的手段去追求经济利益,这样的方式无疑是"杀鸡取卵"。

诚信是市场经济秩序的灵魂和基础,是创业者健康人格的道德基石之一,也是创业者和创业团队生存和持续发展之本。大学生作为受过高等教育的创业群体,更应当认识到"坚持诚信和追求卓越"在创业中的长远价值,激发自身对诚信品质的内在心理需求和精神需要,从而树立起创业的良好品牌。当代大学生应该充分认清自己肩负的社会责任,在"诚信卓越"的经营思路指导下,实现自我价值和社会价值的和谐统一(邓洪玲,2012)。

例证 4-7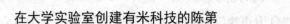

在大学实验室创建有米科技的陈第

三、大学生创业态度的影响因素

创业态度是指个体对创业的看法和喜好程度。创业态度包括对独立、挑战、成就、权力、财富和社会认可等的态度。在影响大学生创业行为的因素中,创业态度是其中很重要的一点。对当前高校大学生创业态度的现状和影响因素进行探讨,将有助于高校深入探讨大学生创业行为的心理机制,从而为高校有针对性地开展创业教育提供依据和指导。

大学生的创业态度在性别、经营经验(无论是帮别人经营或是自主经营)、创业教育培训等方面存在显著的差异,其中,有过自主经营、帮别人经营、经常参加创业类活动社团组织等经历的大学生,比从未有过创业类教育和创业经验的大学生,其创业态度更为积极，更有可能进行创业活动（姜海燕，2012）。大学生的创业态度受其对创业信息的了解、自我效能感、主动性人格、成就需求、创业资源、社会支持以及创业经历的影响（张岭，2020）。

（一）大学生的个体背景对其创业态度的影响

创业态度在性别上的差异显著，男性显著高于女性，而在年级、是否独生子女上没有明显的差异。男性的创业态度比女性更为持久而恒定，究其原因，可能是受到性别与职业关联的刻板印象以及性别差异的影响。社会普遍认为女性更应该倾向于寻找安稳、轻松的工作。

此外，男性比女性更加能够表现出乐于接受挑战的性格特征。随着生活压力的增加，男性对创业表现出更强的兴趣，希望通过创业来创造更优越的生活条件，因而更乐意将创业作为一种可选择的就业方式。

（二）创业教育对大学生创业态度的影响

大学生的创业态度在是否受过系统创业教育和创业培训方面存在明显差异。接受过系统创业教育的个体，其创业态度要明显高于上过一两门创业类课程的个体；而从未有过创业教育培训经验的个体的创业态度不明显，要显著低于其余有过创业教育培训经验的个体。

接受过创业教育的学生更易于承担风险、做出有利于自身的决定。创业课程的学习能够提高大学生的信心，这可能是因为通过创业教育课程，大学生掌握了新的知识和技能，能够更全面、正确地认识自我，并进一步联系实际，整合可供自己创业的资源，从而修订自己的创业计划，使其更有科学性。此外，创业课程中提供的一些成功的创业案例，也是大学生创业过程中学习的榜样，这有助于激发他们积极的创业情感，更好地帮助他们增强创业态度。

（三）经营经验对大学生创业态度的影响

大学生的创业态度受经营经验的影响明显。具体来看，没有帮别人经营经历的个体的创业态度要显著低于有帮别人经营经历的个体；没有自主经营经验的个体的创业态度要显著低于有自主经营经验的个体。其中，自主经营对大学生创业态度的影响最大，其次为帮别人经营、经常参加创业类社团活动组织、从未有过创业类教育。个体的自主或帮他人经营的工作经验对个体的创业态度产生积极的影响，这可能是因为工作经验可以让个体在现实中进行角色模拟，从而在实践中检验所学的知识，处理实际问题，增加个体对隐性创业知识的领会和掌握；同时也促使个体对创业过程有更为直观的了解，能够更加成熟地对待创业，也有效地增强了个体的信心。可见，工作经验有助于大学生形成创业生涯的感知和态度。

因此，在高校中开设创业课程教育，提供增加大学生工作经验的平台等举措，将能够积极地影响大学生的创业态度。认识是行动的先导，高校在加强大学生创业意识教育的同时，更要通过创业教育途径和方式的变革来增强大学生的创业态度。除在教室里传授知识、提供信息之外，高校创业教育更应该给大学生提供各种可能的创业实践平台，如让大学生深入企业实习，切实了解企业发展模式，让大学生在实践中检验知识；开设校园创业孵化园，为大学生创业提供"练兵"的舞台；注重创业榜样教育的力量，加强大学生与实际创业者、成功创业者的互动，了解创业者的心路历程，形成对创业更为切合实际的计划，提高创业成功率。

乐行天下 CEO 周伟：我就是要做一辆极致的平衡车

 **本章小结**

1. 价值观代表一系列基本信念和看法：从个体或社会的角度来看，某种具体的行为类型或存在状态比与之相反或不同的行为类型或存在状态更可取。

2. 创业价值观是创业者在创业目标的认识、创业手段的选择以及创业评价上所反映的价值倾向，它体现了创业者的创业目的和创业行为的判断和选择标准，以及对创业价值的评价倾向。

3. 创业者作为创业机会的识别者与利用者，其价值观对创业组织的价值观有重大影响，而创业者率先承担起创业风险的责任，勇于创新，敢担风险，把握机会创建企业，更显示出一种高度凝练的企业家精神。

4. 创业态度是个体对创业的看法和喜好程度，表现其对创业价值和创业过程中遭遇的挑战、成就、权力和社会认可等方面的态度。

5. 创业成员的态度对创业组织的创业行动会产生重要的影响作用。持积极创业追求态度的组织成员，其创业倾向较强，并且创业热情和创业精神往往较为持久，在创业实践行动中，其工作效率、学习能力和挫折承受能力也往往高于平均水平。

6. 创业组织承诺是组织承诺和职业承诺与创业研究有机结合而衍生的构想，包括创业者创业承诺和创业成员创业承诺。创业组织承诺的影响因素主要分为创业者个体特征和创业环境特征。

7. 创业组织承诺对预测创业者推进创业活动和实现创业目标有着重要的影响，主要涉及新创企业的成长和创业者的创业退出两个方面。

8. 当代大学生的创业行动应该汲取优秀中华传统文化的精华和精髓，从创业精神、创业态度和创业道德三个维度培养诚信正直的道德品质，树立积极向上的价值观，走正确的创业路。

课程思政

1. 党中央、国务院高度重视大学生创新创业工作。习近平总书记指出，创新是社会进步的灵魂，创业是推动经济社会发展、改善民生的重要途径，青年学生富有想象力和创造力，是创新创业的有生力量，希望广大青年学生在创新创业中展示才华、服务社会。

2. 高校通过创新创业教育可以使大学生的知识综合运用能力和自身发展能力全面提高，从源头上提高供给体系的质量和效率。教育内容和引领路线的选择将直接影响创新创业的成败，用社会主义核心价值观引领大学生创新创业教育应该成为高校立德树人的重要任务。

思考练习题

一、简答题

1. 简述企业家精神的内涵及其体现。
2. 什么是创业者价值观？成功的创业者价值观包含哪些内容？
3. 什么是创业组织承诺？创业组织承诺对创业有何作用？
4. 如何培养当代大学生正确的创业价值观和态度？

二、单项选择题

1. 创业价值观的体现不包括（　　）。
   A. 创业价值目标　　　　B. 创业价值手段
   C. 创业价值选择　　　　D. 创业价值评价
2. 成功创业者应有的五种态度不包括（　　）。
   A. 进取　　　　　　　　B. 独处
   C. 专注　　　　　　　　D. 不容忍
3. 大学生建立正确的创业价值观的要求不包括（　　）。
   A. "当自强"　　　　　B. "寻捷径"
   C. "走正道"　　　　　D. "树品牌"

心理测试

大学生创业价值观测验

当代中国大学生是一个具有专业知识和技能的年轻群体，这个群体思维敏锐，有着把自己的专业知识和技能转化为财富与力量的强烈欲望。培养科学合理的大学生创业价值观，需要准确地把握大学生创业价值观的现状，解析其特征，继而有针对性地开展大学生创业教育。

查看表4-4的各项表述，并根据你的真实想法对它们的重要性程度进行评价。记住：

避免出现每一个条目都是最重要的情况。

表4-4 大学生创业价值观测验

	陈 述 内 容	完全不重要	较不重要	不确定	较重要	非常重要
创业目的	1. 创业是为了国家强盛	1	2	3	4	5
	2. 创业是为了给社会做出巨大的贡献	1	2	3	4	5
	3. 创业是为了使家庭的生活更富足	1	2	3	4	5
	4. 创业是为了使自己变得有权有势	1	2	3	4	5
	5. 通过创业成为传奇人物	1	2	3	4	5
	6. 通过创业发挥自己的专长	1	2	3	4	5
	7. 通过创业培养积极的意志品质	1	2	3	4	5
	8. 为了很有面子	1	2	3	4	5
	9. 为了学以致用	1	2	3	4	5
创业手段	1. 诈骗也是行得通的创业手段	1	2	3	4	5
	2. 做非法生意同样是创业	1	2	3	4	5
	3. 创业时应尽可能偷税、漏税	1	2	3	4	5
	4. 应大力利用政府给大学生创业提供的优惠政策	1	2	3	4	5
	5. 创业应尽量利用朋友的帮助和支持	1	2	3	4	5
	6. 创业没有固定的模式，需要自己灵活应变	1	2	3	4	5
创业评价	1. 创业对解决就业问题是一个很好的对策	1	2	3	4	5
	2. 创业必须要进行技术创新	1	2	3	4	5
	3. 创业于人于己都非常有利	1	2	3	4	5
	4. 创业必须在创新性强的行业里进行	1	2	3	4	5
	5. 创业将是社会经济发展的必然趋势	1	2	3	4	5
	6. 我有强烈的创业愿望	1	2	3	4	5
	7. 我有创业的能力	1	2	3	4	5

记分：除创业手段1、2、3题反向计分外，其他题目正向计分。如果你的总分达到66分或更高，那么恭喜你，你是一位有潜力的创业者，期待你的成功。

资料来源：王晓莉. 研究生的成就动机与创业学习：创业价值观的中介作用[D]. 开封：河南大学，2010.

问题讨论：

1. 与同学交流自己的分数，并比较彼此得分最高的选项有何异同。
2. 和同学们分享还有哪些创业价值观比较影响自己。

创 业 承 诺

这份评估表可以帮助你更好地了解自己的创业承诺，它应该由个人完成。然后，其结果可作为开展团队/班级讨论的基础。本测验约需20分钟。

这一部分量表（见表4-5）是关于你对创业看法的一些描述，分数表示你的赞同程度，请根据你的实际情况在相应的数字上打"√"。

1=非常不同意；2=比较不同意；3=中立；4=比较同意；5=非常同意。

表4-5 创业承诺测试量表

创业看法描述	分		数		
1. 如果这一创业设想不成功，我愿意去其他企业里工作	1	2	3	4	5
2. 如果现在放弃正在创业中的企业，我的生活将受到很大的影响	1	2	3	4	5
3. 我觉得我的企业有很好的发展前途	1	2	3	4	5
4. 就目前的各项环境制度条件，创业是一个不错的选择	1	2	3	4	5
5. 即使这一创业设想并未成功，我也永远不会去其他企业为他人工作	1	2	3	4	5
6. 由于已经投入了很大的心血，我不会考虑放弃创业的	1	2	3	4	5
7. 我会尽最大的努力来建立我的公司	1	2	3	4	5
8. 我个人的理念是"尽一切可能"建立自己的公司	1	2	3	4	5
9. 相比其他职业选择，我更愿意去开创自己的事业	1	2	3	4	5
10. 创业将有助于我实现生活中的其他重要目标	1	2	3	4	5
11. 总体而言，我的技术和能力能够帮助我成功创业	1	2	3	4	5
12. 我相信我可以投入创业过程中需要的全部努力	1	2	3	4	5

资料来源：陶劲松. 创业者创业压力、创业承诺与新创企业绩效关系研究[D]. 杭州：浙江大学，2010.

记分：由上面的打分统计自己的得分之和。得分越高，说明自己的创业承诺越高，创业倾向性越明显。

问题讨论：同学们可以比较彼此之间的各项得分和总分。看看区别在哪里，并分享一个自己日常生活中有关创业承诺的事例（例如，近期或者毕业之后将有可能践行的创业想法）。

案例分析

舒义：身家过亿的新一代互联网领袖

他身家过亿，公司年收入3亿元人民币，目前公司估值1亿美元，现在正在进行第二轮融资，计划引入3000万美元，2011年IDG投资1000万美元……

这一连串数字的创造者是舒义，力美广告创办者，力美是一家从事移动互联网广告业务的企业。2011年5月，《财富》杂志评选出"中国40位40岁以下商界精英"，26岁的舒义是其中最年轻的。

"我在成都认识一个做传统媒体的老板，他做一本类似《精品购物指南》的杂志，现在一年的广告收入也就3000多万元，他花了10年时间。最近找了几个房地产老板给他投资，公司估值5000万元人民币。我上次回去跟他聊，我们现在估值1亿美元，就是六七亿元人民币，他说，你们这个行业简直就是火箭。"

"传统媒体死活想不通,凭什么去年你才三四十个人,年收入就 1 亿元人民币,今年 3 亿元,明年估计就 6 亿元了?凭什么你就可以融两三千万美元?"舒义的话相当自信,也很刺激。

在中国的广告市场,电视广告一年是 3000 亿元,报纸广告一年 400 亿元,杂志市场约 200 亿元。数字媒体的广告分两个市场,一个是起始于 2000 年的 PC(个人计算机)电脑市场,现在大概一年是 400 亿元人民币的规模,这个市场已经发展了 10 年的时间,最大的公司有好耶、华扬联众等,都是 10 年前创业的公司。

舒义说:"2009 年,随着智能手机的兴起,手机可以上网,随后 Pad 的出现,移动终端快速发展,未来人们都会慢慢变成用手机和 Pad 上网。我们 2009 年以后专注于这个行业,是这个行业的领头公司。"

"为什么要专门分手机广告呢?现在很多人,比如我,只在办公室用电脑,出门、出差就带两个东西,iPhone 手机和 iPad。手机和 Pad 未来将成为人们生活、娱乐最主要的介质。媒体的价值就是有多少人去看,那手机和 Pad 就有媒体的价值了。"

对于这个新兴市场,他的判断是:"这个市场现在还比较小,整个国内的广告市场大概是 5000 亿元人民币,现在手机和 Pad 广告市场 2011 年也就四五亿元,2012 年大概 10 亿元左右规模,每年翻番。力美广告 2011 年收入 1 亿元人民币,2012 年收入将达到 3 亿元,占了接近 30%的份额。2013 年我们基本上就可以赚 6 亿元。"

资料来源:舒义:身家过亿的新一代互联网领袖[EB/OL]. http://jingji.cntv.cn/20120406/114779.shtml, 2012-04-06.

问题讨论:

1. 创业者的价值观对创业企业的发展愿景有何影响?
2. 成功创业者应有的态度有哪些?

本章参考文献

[1] 罗宾斯. 组织行为学:第 18 版[M]. 孙健敏,朱曦济,李原,译. 北京:中国人民大学出版社,2021.

[2] ALLPORT G W. Study of values: a scale of measuring the dominant interests in personality[M]. Boston: Houghton Miffin,1931.

[3] PURI M, ROBINSON D T. The economic psychology of entrepreneurship and family business[J]. Journal of Economics & Management Strategy, 2013, 22(2): 423-444.

[4] ROKEACH M. The nature of human values[M]. New York: Free Press, 1973.

[5] UNGER J M, RAUCH A, WEIS S E. Biology (prenatal testosterone), psychology (achievement need) and entrepreneurial impact[J]. Journal of Business Venturing Insights, 2015, 4(1): 1-5.

[6] 牛芳,张玉利,杨俊. 创业团队异质性与新企业绩效:领导者乐观心理的调节作

用[J]. 管理评论，2011，23（11）：110-119.

[7] GRAVES C. Levels of existence: an open systems theory of values[J]. Journal of Humanistic Psychology, 1970(10): 131-154.

[8] TOMCZYK D, LEE J, WINSLOW E. Entrepreneurs' personal values, compensation, and high growth firm performance[J]. Journal of Small Business Management, 2013, 51(1): 66-82.

[9] LINDSAY N J, KROPP F. Values and entrepreneurial orientation of early stage entrepreneurs[M]//Marketing in transition: scarcity, globalism, & sustainability. Springer International Publishing, 2015.

[10] 张秀娥，周荣鑫，王晔. 文化价值观、创业认知与创业决策的关系[J]. 经济问题探索，2012（10）：74-80.

[11] 赵晓凯. 青年创业价值观研究[D]. 北京：中国青年政治学院，2013.

[12] 于丛聪. 当代中国大学生创业价值观研究[D]. 西安：西北大学，2015.

[13] 贾涵寓. 乔布斯：创新创业从兴趣开始[J]. 中国大学生就业，2011，21（1）：19-20.

[14] 曾照英，王重鸣. 关于我国创业者创业动机的调查分析[J]. 科技管理研究，2009，29（9）：285-287.

[15] 张凯竣，雷家骕. 基于成就目标理论的大学生创业动机研究[J]. 科学学研究，2012（8）：1221-1227.

[16] 李时椿，常建坤. 创新与创业管理[M]. 南京：南京大学出版社，2014.

[17] 夏洪胜. 创业与企业家精神[M]. 北京：经济管理出版社，2014.

[18] 周培玉. 企业战略策划[M]. 北京：中国经济出版社，2008.

[19] 王艳茹. 创业教育、企业家精神与创新型经济发展[J]. 产经评论，2011（5）：49-54.

[20] 庞长伟，李垣. 制度转型环境下的中国企业家精神研究[J]. 管理学报，2011，8（10）：1438-1443.

[21] 李焕焕. 公司企业家精神的研究综述[J]. 质量与市场，2021（19）：93-95.

[22] 陈丽红. 企业家精神驱动地方品牌建设的对策思考[J]. 区域治理，2020（4）：97-99.

[23] 武文胜. 中小企业如何做强做大[M]. 北京：金盾出版社，2008.

[24] 王敏. 基于企业家精神视角的中小企业创业创新研究[J]. 理论导刊，2012（7）：48-52.

[25] 周晓彬. 新型冠状病毒肺炎疫情下以企业家精神引领企业践行社会责任[J]. 企业科技与发展，2020（5）：189-191.

[26] 姜海燕. 大学生创业态度影响因素的实证研究：以温州大学为例[J]. 创新与创业教育，2012（3）：94-96.

[27] 向春，雷家骕. 大学生创业态度和倾向的关系及影响因素：以清华大学学生为

研究对象[J]. 清华大学教育研究，2011，32（5）：55-55.

[28] 王诗桐. 创业者特质、创业态度与创业倾向关系研究[D]. 长春：吉林大学，2015.

[29] 古森. 创业家的5种态度[J]. 新前程，2009（4）：92-93.

[30] 陈建安，陶雅，陈瑞. 创业承诺研究前沿探析与未来展望[J]. 外国经济与管理，2014，36（6）：24-31.

[31] 石冠峰，杨高峰. 创业动机、创业承诺与新创企业绩效的关系[J]. 合作经济与科技，2015（18）：150-151.

[32] MEYER J P, HERSCOVITCH L. Commitment in the workplace: toward a general model[J]. Human Resource Management Review, 2001, 11(3): 299-326.

[33] FAYOLLE A, BASSO O, TORNIKOSKI E T. Entrepreneurial commitment and new venture creation: A conceptual exploration[M]//Hindle K, Klyver, K (eds.), Handbook of research on new venture creation. Mass. USA: Edward Elgar Publishing, Inc. 2011.

[34] ERIKSON T. Entrepreneurial capital: the emerging venture's most important asset and competitive advantage[J]. Journal of Business Venturing, 2002, 17(3): 275-290.

[35] Tang J. Environmental munificence for entrepreneurs: entrepreneurial alertness and commitment[J]. International Journal of Entrepreneurial Behaviour & Research, 2008, 14(3): 128-151.

[36] Petrakis E P . Entrepreneurial Time Commitment And Risk[J]. Journal of Business & Economics Research (JBER), 2011, 4(6): 2675.

[37] SIMON M, MIKE W. From human capital to social capital: a longitudinal study of technology-based academic entrepreneurs[J]. Entrepreneurship Theory & Practice, 2007, 31(6): 909-935.

[38] 王占兴. 我国城市的创业制度环境研究[D]. 厦门：厦门大学，2009.

[39] 许小东，陶劲松. 新创企业中创业者创业压力、创业承诺与创业绩效的关系研究[C]. 第五届（2010）中国管理学年会：组织行为与人力资源管理分会场论文集，2010.

[40] CARDON M S, SUDEK R, MITTENESS C. The impact of perceived entrepreneurial passion on angel investing[J]. Frontiers of entrepreneurship research, 2009, 29(2): 1.

[41] DETIENNE D R. Entrepreneurial exit as a critical component of the entrepreneurial process: theoretical development[J]. Journal of Business Venturing, 2010, 25(2): 203-215.

[42] Nikolova M, Nikolaev B, Popova O. The perceived well-being and health costs of exiting self-employment[J]. Small Business Economics, 2020, 57(4): 1-18.

[43] Justo R, DeTienne R D, Sieger P. Failure or voluntary exit? Reassessing the female underperformance hypothesis[J]. Journal of Business Venturing, 2015, 30(6): 775-792.

[44] 王逸凡. 浅谈新时代大学生创新创业教育[EB/OL]. https://reader.gmw.cn/2022-03/28/content_35617766.htm，2022-03-28.

[45] 王占仁，孔洁珺. 中国高校创新创业价值观教育研究[J]. 国家教育行政学院学报，2019（10）：23-30.

[46] 樊凯. 新时代大学生创业价值观研究[J]. 质量与市场，2021（21）：43-45.

[47] 沈文青，孙海涛. 大学生创业价值观与创业教育[J]. 高校辅导员，2014（2）：18-21.

[48] 任文芳，鲍艳丹，贾楠. 心理资本视角下大学生创业教育路径探析[J]. 太原城市职业技术学院学报，2022（1）：99-101.

[49] 罗生红. 思想政治教育视域下女大学生创业能力培养研究[D]. 重庆：重庆工商大学，2019.

[50] 曾智，余梦铷，薛敏. 汲取优秀中华传统文化，促进大学生建立正确创业价值观[J]. 中华文化论坛，2015（12）：175-178.

[51] 邓洪玲. 大学生创业诚信品质教育的障碍及排除对策[J]. 职业时空，2012，8（7）：80-83.

[52] 张岭. 大学生创业态度与创业意愿影响因素研究[D]. 延吉：延边大学，2020.

[53] 王晓莉. 研究生的成就动机与创业学习：创业价值观的中介作用[D]. 开封：河南大学，2010.

[54] 陶劲松. 创业者创业压力、创业承诺与新创企业绩效关系研究[D]. 杭州：浙江大学，2010.

第五章
创业组织激励

学习目标

- ➢ 了解管理激励理论和经济激励理论。
- ➢ 掌握创业管理团队的激励方案。
- ➢ 掌握创业组织员工的激励方案。
- ➢ 了解企业内部创业的激励方法。
- ➢ 掌握大学生创新创业的激励方法。

引例

91家上市公司实施股权激励，中小板、创业板公司逾七成

网宿科技——中国专业的CDN（内容分发网络）及IDC（互联网数据中心）综合服务提供商，客户数量超过3000家，深圳证券交易所上市企业。截至2016年6月，公司已经连续发布多期股权激励计划。公司制定了良好的人才激励机制，目前已累计发布了五期股票期权激励计划。通过营造良好的企业文化、合理制订薪酬方案、实施股权激励等方式，激发员工的工作热情，增强团队凝聚力。网宿科技通过提高核心技术人员的待遇，不断完善对人才的激励机制，同时加大人才引进与培养，扩充所需人才，实现了技术、人才驱动业绩高速增长，并形成了一个良性的循环。

股权激励是一种常见的企业用于激励和留住核心人才而实行的激励机制，旨在通过有条件地给予激励对象（通常为管理层、核心员工等）股份、期权等，让这些员工和企业股东结成利益共同体，从而实现在激励管理层、核心员工的同时，达到个人和企业发展共赢的目的。

从上市公司2016年上半年发布的公告可以看到，实施股权激励方案的公司有91家，其中中小板、创业板公司是"大户"，有68家公司，占比逾七成。对创业公司而言，股权激励能够调动创业团队的工作积极性，能够进一步完善公司的法人治理结构，促进公司建立和健全激励约束机制，充分调动创业公司的高级管理人员、核心业务（技术）人

员的积极性，将投资者利益、公司利益、创业者和创业员工的个人利益结合在一起，使各方共同关注创业公司的长远发展，并分享公司未来业绩成长所带来的价值增值。

资料来源：本资料来源于网络，并经作者加工整理。

引例说明了股权激励对促进创业企业员工为组织长远发展奋斗的重要作用。所谓激励，就是激发员工的工作动机，调动其工作积极性，以促使个体有效地完成组织目标和任务。创业企业更需要通过合适的方式激励创业团队，以做大做强企业。

第一节 激励理论

在企业的经营管理中，如何激发或者培养员工的工作动机，促使员工为实现群体或组织的目标而努力，是重要的管理问题。现代管理强调人是管理的核心，个体的积极性、主动性和创造性将直接影响个体在活动中的行为效率，而个体行为效率又直接影响团体、组织及整个活动中的效率与效益。这些涉及调动个体心理与行为的主动性和积极性的问题，正是激励理论所要解决的。

学者们对激励问题的研究是从以下两个不同的思路展开的：一是在经验总结和科学归纳的基础上形成的管理激励理论；二是在人的理性假设基础上，通过严密的逻辑推理和数学模型获得的经济激励理论。

一、管理激励理论

比较成熟的管理激励理论成果主要有内容型激励理论、过程型激励理论、强化型激励理论和综合激励模式理论等。

（一）内容型激励理论

内容型激励理论又称为需要理论，着重研究激发人们行为动机的各种因素。由于需要是人类行为的原动力，因此该理论实际上是围绕人们的各种需要来进行研究的。

内容型激励理论主要包括马斯洛（Maslow）的需要层次理论、奥尔德佛（Alderfer）的 ERG 理论、麦克利兰（McClelland）的需要理论、赫兹伯格（Herzberg）的双因素理论、哈克曼（Hackman）和奥德海姆（Oldham）的工作特性模型等。

1. 马斯洛的需要层次理论

马斯洛假设每个人具有以下五种需要：生理需要、安全需要、社会需要、尊重需要和自我实现需要。他认为，个体顺着需要层次的阶梯前进，当某一层次的需要得到满足后，高一层次的需要就显得迫切了。

2. 奥尔德佛的 ERG 理论

奥尔德佛认为人具有三种基本需要：生存需要、关系需要和成长需要。与马斯洛的需要层次理论的不同之处在于，ERG 理论认为满足较高层次需要的努力受挫会导致倒退到较低层次的需要。

3. 麦克利兰的需要理论

该理论关注三种需要：成就需要、权力需要和归属需要。如果说马斯洛的需要层次理论和奥尔德佛的 ERG 理论普遍适用于大多数人的话，那么麦克利兰的需要理论则更适合于对企业家的研究，尤其是成就需要和权力需要。

因为成就需要是追求卓越以实现目标的内驱力，所以具有高成就需要的人对工作的成功具有强烈的要求，他们乐于接受挑战性的工作，善于表现自己。而权力需要是影响和控制他人的欲望，具有较高权力需要的人对影响和控制别人表现出很大的兴趣，这种人总是追求领导者的地位。创业者和企业家正是体现出这类特质。

例证 5-1

海尔内部创业的员工激励机制

4. 赫兹伯格的双因素理论

赫兹伯格通过调查研究发现，促使员工在工作中产生满意感的因素往往与工作本身具有直接联系，称为激励因素；产生不满意的因素往往与工作环境或条件相联系，称为保健因素。他认为，良好的保健因素只能使员工的不满意感消除，这类因素是不能产生激励作用的，只有与工作本身有关的因素才是激励因素。

5. 哈克曼和奥德海姆的工作特性模型

他们认为具有较高激励性的工作应具备以下五个特征：① 技能的多样性；② 工作的完整性；③ 任务的重要性；④ 主动性；⑤ 反馈性。此工作特性模型对工作设计具有较大的指导价值。

当个人感到有某种需要时，他往往倾向于采取某些行动，以满足他的这种需要。但问题在于，未满足的需要激发出来的行为未必就是企业所期望的行为。内容型激励理论无法解决这一问题，该问题是由过程型激励理论来解决的。

（二）过程型激励理论

过程型激励理论着重研究人从动机产生到采取行动的心理过程。这类理论表明，要使员工出现企业期望的行为，需要在员工的行为与员工需要的满足之间建立起必要的联系。过程型激励理论主要有弗鲁姆（Vroom）的期望理论、洛克（Locke）的目标设置理论和亚当斯（Adams）的公平理论等。

1. 弗鲁姆的期望理论

该理论认为，一种行为倾向的强度取决于个体对于这种行为可能带来的结果期望以及这种结果对行为者的吸引力。具体而言，当员工认为努力会带来良好的绩效评价时，他就会受到激励，进而付出更大的努力；良好的绩效会带来组织奖励，组织奖励会满足员工的个人目标。根据期望理论，管理者应通过奖励满足员工较为迫切的需要，因为这种奖励对员工来说效价较高。同时，管理者要为员工提供必要的工作条件和工作指导，提高员工完成工作的信心。

2. 洛克的目标设置理论

该理论的要点是：目标的具体性、挑战性、员工对目标的接受程度等因素影响员工的行为。目标设置理论是目标管理的理论基础。从激励的效果来说，有目标比没有目标好，有具体的目标比空泛的、号召性的目标好，有能被执行者接受而又有适当难度的目标比唾手可得的目标好。遇到难度很高、复杂的目标，可以把它划分为若干阶段性目标，通常称为"小步子"。通过"小步子"的逐一完成，最后达到总目标。这是完成艰巨目标的有效方法。

3. 亚当斯的公平理论

在综合有关分配的公平概念与认知失调理论的基础上，美国学者亚当斯于20世纪60年代提出有关激励的公平理论。该理论认为，个人不仅关心自己经过努力获得的报酬的绝对数量，也关心自己的报酬和其他人报酬的关系。人们的这种对公平与否的判断会对自己的工作积极性产生影响。

公平除考虑"分配公平"，也应考虑"程序公平"。针对于此，西波特和沃尔克两位学者提出了"程序公正"的概念。程序公正更强调分配资源时使用的程序、过程的公正性。他们发现，当人们得到了不理想的结果时，如果认为过程是公正的，也能接受这个结果。

过程型激励理论主张要从需要、动机和行为之间的关系入手，才可能激发员工出现企业所希望的行为。出现良好的行为当然是管理者所希望的，如果良好的行为能够反复出现，那更是再好不过的了。但是，关于怎样才能使员工良好的行为反复出现，过程型激励理论并没有过多涉及，这个问题正是强化型激励理论所要解决的。

（三）强化型激励理论

强化型激励理论主要研究人的行为结果对目标行为选择的反作用，通过对行为结果的归因来强化、修正或改造员工的原有行为，让符合组织目标的行为持续反复地出现。具有代表性的是斯金纳（Skinner）的强化理论和凯利（Kelley）的归因理论。

1. 斯金纳的强化理论

斯金纳着重研究人的行为的结果对行为的反作用。他发现，当行为的结果有利于个体时，这种行为就可能重复出现，行为的频率就会增加。凡能影响行为频率的刺激物，即称为强化物（在企业中常常为各种各样的奖酬）。管理者可运用正强化，如赞赏、奖金或认同等手段，以增强员工对良好工作方法、习惯等的学习；也可运用负强化，革除员工的不良工作习惯和方法，并使员工避开不当的行为结果。

2. 凯利的归因理论

所谓归因，是指为了预测和评价人们的行为并对环境和行为加以控制，而对他人或自己的行为结果所进行的因果解释和推论。对行为结果的不同归因会影响人们在未来的行为选择。该理论的启示是：可以通过影响个体的归因，引导他反复选择组织期望的行为。

一些行为主义学者认为，"内容型激励理论""过程型激励理论""强化型激励理论"都过于片面，都仅仅研究了人类行为动机模式中的一个或几个环节，而没有研究人类行为动机模式整体。于是他们将这些结合起来研究并寻求人类行为动机的一般模式和测量激励效果的一般公式，形成了"综合激励模式"（苏明城等，2009）。

（四）综合激励模式理论

综合激励模式理论主要是将上述几类激励理论综合起来，把内外激励因素都考虑进去，系统地描述激励全过程，以期对人的行为做出更为全面的解释，克服单个激励理论的片面性。内在的激励因素包括：对任务本身所提供的报酬效价；对任务能否完成的期望值以及对完成任务的效价。外在的激励因素包括完成任务所带来的外在报酬的效价，如加薪、提级的可能性。综合激励模式表明，激励力量的大小取决于诸多激励因素共同作用的状况。

二、经济激励理论

与管理学通过对人的多种需要研究激励不同，经济学对激励的研究是以经济人为出发点，以利润最大化或效用最大化为目的。然而，传统的厂商理论把利润最大化作为企业唯一的经营目标，而现代企业由于经营权与所有权的分离，企业经营者的追求目标与利润最大化目标往往并不一致。这些不一致尤其体现在创业企业上：创业者与投资者对企业的发展愿景不同会影响企业发展的方向，创业高管与创业员工的利益诉求不同则会决定企业发展的可持续性。

经济激励比较典型的理论成果有委托—代理激励理论、隐性激励理论和"进入权"激励模式等。

（一）委托—代理激励理论

制度经济学认为"代理成本"是企业所有权结构的决定因素，让经营者成为完全剩余权益的拥有者，可以降低甚至消除代理成本。为解决代理问题，经济学提供了以下三种激励措施。

（1）委托人对代理人的直接监督。这种做法一方面因客观存在委托人与代理人之间的信息不对称，直接监督尽管能够减少代理人行为上的偏差，但不能消除代理人思想上的消极因素，因此不能完全消除代理成本；另一方面，可能因监督的成本太高而损害了委托人监督的绩效，通常这种激励措施只能应用于代理人行为结果易于判断的情况。

（2）让代理人承担全部风险，并享有全部剩余索取权，委托人的利益为零。在委托人追求利润最大化的假定下，这种情况是不可能存在的，除非资本的利率为负。因此，在现代企业经营过程中，通常的情况是委托人和代理人之间风险共担，利益均沾。

（3）在委托人与代理人之间按一定的契约进行剩余索取权的分配，将剩余分配与经营绩效挂钩。这是目前绝大多数两权分离的公司对经理激励的方法，不同的只是剩余索取权的分配比例。

在创业企业初期，公司的所有权和经营权一般集中在创业者或者创业团队之中，因而"代理成本"问题暂时不存在，激励主要集中在创业团队和创业员工身上。但当创业企业处于成长期，公司引入风险资本和职业经理人后，内部分工逐渐明确，多数公司的所有权和经营权会随之分离，因而此时应该关注"委托—代理激励"问题。

（二）隐性激励理论

显性激励与隐性激励是激励理论的重要分类。显性激励是指在委托契约中注明的由股东会授予管理者的报酬激励，企业经营业绩的增减通常会同向影响管理者显性激励的增减。显性激励的种类有奖金、年薪、股权和期权等。各种显性激励手段能够有效地提高管理者的工作积极性。

与显性激励相比，隐性激励研究起步较晚。隐性激励是指内生于公司管理者的自我驱动力，实现方式包括声誉、职业前途和控制权收益等不同于物质类的显性激励。这种看不见的激励模式也会显著地影响管理者的行为模式和工作积极性（宋言东，2011）。20世纪80年代，经济学家引入动态博弈理论以分析在多次重复代理关系情况下，竞争、声誉等隐性激励机制能够发挥激励代理人的作用。研究表明，当参与人之间只进行一次性交易时，理性的参与人往往会采取机会主义行为，通过欺骗等手段追求自身效用最大化目标，其结果只能是非合作均衡。但当参与人之间重复多次交易时，为了获取长期利益，参与人通常需要建立自己的声誉，在一定时期内的合作均衡才能够实现。

对创业企业的管理层而言，较为重要的隐性激励有声誉和职业前途。这是因为除显性的薪酬激励之外，他们大多具有自我实现的需要，期望通过创业企业的成功，建立起自身的职业声誉和发展前途。

（三）"进入权"激励模式

按照"不完全合约理论"，企业往往会因为谁控制企业的重要资源，谁就获得权力。而随着企业性质的变化，现代企业中的物质资产所有权不再是企业中的唯一的权力源，人力资源在这方面表现得尤为突出。因此，学者们提出了"进入权"的概念，并且将其定义为使用或处理企业关键资源的能力。这样，进入权就包括了对物质的使用权，在讨论进入权的激励作用时也就包括了物化资产使用权的激励。企业经营管理中对专有性投资的进入权的不同分配会起到不同的激励作用，尤其是对人力资本投资的激励作用，这些都说明了进入权是对所有权激励机制的有益补充（雷宏振等，2011）。

在创业企业内，创业初期的关键资源大多掌握在创始人或者创业团队之中。如何开放必要性资源，以吸引优秀员工"进入"，共襄创业盛举，是创业者应当思考的问题。

第二节　创业组织激励

与能够提供较高的职业起点和具有竞争力的薪酬待遇的大企业相比，初创企业处在发展的起步阶段，既要求高层管理者能够把握企业的全局，制订企业的发展目标与远期规划，又要求员工充分发挥能动性和创造性，帮助企业共同实现战略目标。因此，初创企业实施组织激励需要做的事情主要包括两个方面：一是激励创业管理团队以谋划公司未来，带领公司发展前进；二是激励创业组织员工以留住人才，让他们为企业的发展做出更大的贡献。

一、创业股东股权激励

（一）股权激励的概念

股权激励是指公司以本公司股票（股权）为标的，对公司"复杂劳动者"实施的中长期激励。所谓的"复杂劳动"是指经过一定时期专门的训练和教育，具有一定科学文化知识或技术专长、质量较高的劳动力的耗费，包括以更高的效率创造现有使用价值或创造新的使用价值的创新型劳动。所谓"复杂劳动者"是指公司高级管理人员、骨干职工（含技术骨干等）以及公司认为人力资本不可替代或替代成本偏高的其他人员。

概括地说，股权激励就是一种通过绩效考核使企业的经营管理层、核心技术人员、核心销售人员等核心成员获得企业股权，从而取得股权带来的收益并承担相应的股东责任的一种激励形式。通过股权激励可以使企业的经营管理层、核心技术人员、核心销售人员等核心成员享受一定的经济利益和企业的经营参与权利，使他们能够以股东的身份参与企业的决策、分享企业利润并承担经营风险，从而勤勉尽责地为企业的长期发展提供服务；最终让员工从只重视工资、提成、奖金，到自觉地和创始人一起加油干（赵英杰，2020）。

（二）股权结构的常规类型

股权结构的类型非常多，其中的差异要结合企业自身情况，此处将正确的、对企业发展有助益的股权结构概括为三大类，分别是单层股权结构、双层股权结构和多层股权结构（张影，2021）。

1. 单层股权结构

单层股权结构是由自然人股东直接持股主体公司的股权结构，也是大多数中小微企业和初创企业普遍采用的股权结构。

单层股权结构直观度最好，股权分配一目了然，没有任何中间机构，因此股权操作非常容易，适用于股东人数较少的中小微企业和初创企业。随着公司发展壮大，股东人数势必会增加，尤其是重要股东意见不一致时，会增加股东会/股东大会的通知、召集和主持的工作量。因此，当公司股东人数较多时，不建议继续采用单层股权结构。

2. 双层股权结构

双层股权结构的主体公司不是全部由自然人直接持股，而是嵌套一层持股平台。初创企业、中小微企业在发展成集团公司或上市公司的过程中，由于融资增加了外部投资者，又因股权激励增加了员工持股，单层股权结构逐渐不再适用，演变成双层股权结构甚至多层股权结构在所难免。

3. 多层股权结构

多层股权结构的主体公司不是全部由自然人直接持股，而是嵌套两层或两层以上的持股平台。多层股权结构一般层级较多，股权结构比较复杂，大型企业几乎都采用三层或三层以上的股权结构。从理论上讲，股权结构可以无限层级嵌套，但层级越多，管理难度也越大，很多公司为了特殊目的设置了多层嵌套持股平台，持股平台多是空壳公司，并不实际经营。

（三）创业股东股权激励的形式

股权激励有助于实现经营者与股东的利益统一，实现双方利益捆绑，进而有效化解代理问题（赵庆国等，2023）。对创业股东的股权激励旨在激励创始团队为公司的成功做出贡献。通常通过向他们提供股票或股票期权来实现，包括以下几种形式。

1. 股票奖励

公司直接授予创始团队一定数量的股票，作为对其贡献和努力的回报。这些股票通常会随着时间的推移解锁。

2. 股票期权

公司授予创始团队以事先约定的价格（行使价格）购买公司股票的权利。期权行权通常需要满足一定的条件，例如在特定时间段内工作或达到一定的业绩目标。

3. RSU（restricted stock units）

即受限股票单位，是一种类似股票奖励的形式。公司授予创始团队一定数量的RSU，在特定条件下解锁并转化为普通股。

这些股权激励措施旨在将经济利益与创业者的努力紧密联系起来，促使他们更加积极地参与公司的成长和成功。这种方法有助于提高员工的忠诚度、增强团队合作。

二、创业核心员工激励

（一）创业管理团队激励

创业管理团队是创业企业最重要的人力资源。创业管理团队在创建新企业的过程中起着非常关键的作用，但在市场竞争日益激烈的情况下，团队的人员流失率高是一个普遍的现象。通常情况下，在公司创立的五年内，超过一半的团队无法顺利存活（秦立柱等，2007）。创业企业能否构建起适当的激励机制，以留住高级管理人才和高素质的技术人才，对提高企业的生存能力和竞争能力显得尤为重要。

1. 高层管理者的激励方案

高层管理者是创业企业的管理者，在企业的初期发展中起着举足轻重的作用。他们是初创企业员工队伍中非常重要的群体，有着特殊的职业特征，工作非常规、不确定而又异常重要。对高层管理者的激励方案主要包括以下四点内容。

（1）短期激励以年薪制为主。这是一种面向管理者的激励方案。在创业期，高层管理者的年薪不宜过高。其中，基本年薪是由市场定价或自身的人力资本价值决定的，企业不能随意压低基本年薪。当然，创业初期企业资金不足，多数高层管理者并不在意实际的薪酬激励。另外,有些创业企业会对高层管理者实施风险年薪制,风险年薪是根据风险收益的一定比例提取的。由于创业起步阶段企业盈利很少且资金缺乏,可以将提取比例适当压低,增加长期报酬的比例。当企业亏损时,高层管理者也要相应地承担一定的损失。

(2)长期激励主要采用股权和期权。股权代表所有权。期权代表的是在特定的时间、以特定的价格购买特定所有权的权利,行权之后期权持有者获得的股份是普通股。

创业企业的高层管理者往往和创始人有着密切关系,因此给予一定的股权、组建优秀的创业团队是大多数创业企业采取的做法。另外,还可以实施期权计划,以进一步激励高层管理者。期权计划包括股票期权和虚拟股票期权。

股票期权是指上市公司授予激励对象在未来一定期限内以预先确定的价格和条件购买本公司一定数量股份的权利。激励对象可以其获授的股票期权在规定的期间内以预先确定的价格和条件购买上市公司一定数量的股份,也可以放弃该权利。近年来,这种长期报酬得到了越来越广泛的采用,在我国的创业板,将近八成的上市企业对高层管理者实施了股权激励。这种激励方法适合于处于成长期且已经上市的创业企业。

大多数非上市的创业企业实施虚拟股票期权激励方案。虚拟股票期权激励是指通过授予非股份制企业的经营者一定数量的虚拟股票期权来激励经营者的一种激励机制。与股票期权制一样,实行虚拟股票期权制要求非股份制企业必须要有自己的股票,这种股票被称为虚拟股票。在计划实施过程中,受激励者往往只具有享受虚拟股票所带来的经济收益的权利,并不具有作为实际股东的其他权利。这在一定程度上保持了公司结构的稳定,降低了风险。因此,要对非股份的创业企业的管理者进行有效的激励,虚拟股票期权不失为一种有效的激励方式(孙志国等,2014)。

例证 5-2

期权池(option pool)的设立与大小

(3)成就感、声誉等隐性激励。根据马斯洛的需要层次理论,当低层次的需要得到满足后,其激励作用将降低,高层次的需要将取而代之。高管的需要一般可能达到自我实现层次。麦克利兰的需要理论指出,高管的成就需要、权力需要更是其职业生涯的追求目标。对于一些高管,尤其是对于一些成功高管,财富获取已非其主要目的,"高度成就感"反而是激励的主要驱动力。日本许多公司就常常通过授予某种特殊荣誉并加大宣传等方式让高管获得知名度、社会地位和成就感等满足。这种精神激励的作用是比较持久的,也是物质激励所无法代替的。隐性激励可以表现为对高管的地位、声誉、文化、权力等方面的综合激励,关键在于承认高管人力资本的价值,提高人力资本在企业经营活动中的地位和权力，发挥高管人力资本声誉效应，用企业文化的价值理念激励高管。目前，日本和法国的企业在这个方面做得较好，国内企业仍有很大的提升空间（胡玄辑，2008）。这些都将考验创业者的管理智慧。

（4）奖金激励。根据赫兹伯格的双因素理论，基本薪酬对经营者而言相当于保健因素，对其没有明显的激励作用，当企业盈利或者必要时，可以考虑适当发放一部分奖金作为对管理者努力工作的奖励。美国、日本创业企业的常见做法是：设置一个奖金账户制。公司把发给管理者的奖金强制存入一个单独设置的账户中，并由公司代为管理。为了加大对管理者的约束，年薪中的风险收入并不一次性兑现，而是抽出一部分作为风险基金存入奖金账户，当奖金累计达到一定数额后，管理者可以取走其中的一部分，但大部分需要留在账户中。如果公司由于经营不善亏损或效益下滑，则要按规定从该账户中扣除这部分奖金（刘淑春，2009）。

2. 部门管理者的激励方案

高层管理者带领创业组织勇敢向前，其领导力对创业企业未来的发展至关重要。而部门管理者的执行力对企业的长期发展与稳定则非常重要。许多创业企业能够实现持续的发展，关键不仅在于高层管理者的强有力领导，更在于一批具有改革才能的部门管理者和专业人才。在创业阶段，对部门管理者的激励方案需要考虑以下四个方面。

（1）短期激励以年薪制为主、奖金为辅。对部门管理者实施年薪制，重要的是风险年薪考核标准及比例的确定。风险年薪的考核标准是部门管理者的经营业绩，而风险年薪的比例要结合部门的重要性来确定，如研发部门管理者的比例可适当降低，以稳定的实际年薪促使其能安心地进行研发活动。

（2）给予一定比例的股权。对部门管理者来说，股权激励仍然是最重要的长期激励方式。但与高层管理者相比，部门管理者股权的获取标准及相关权利应以部门业绩为基础。获取比例同样按照部门的重要性来确定。

（3）重视内在报酬。报酬可以划分为外在报酬和内在报酬。外在报酬主要是指组织提供的工资、津贴和晋升机会，以及来自同事和上级的认同。而内在报酬是基于工作任务本身的报酬，如对工作的胜任感、成就感、责任感等。对于部门管理者，内在报酬和工作满意感有相当大的关系。因此，企业可以通过工作制度、高层管理者影响力、人力资本流动政策等内在报酬，让部门管理者从工作本身中得到最大的满足。

隐性激励理论告诉我们，金钱的边际效用随着收入的增加而下降，所以物质激励的作用是有限的，尤其对于已经具有很高收入的管理人员来说更是如此。对管理人员能够产生很大的影响的一类激励被认为是管理者的权力、地位和声誉等隐性激励，而权力是核心，因为权力的失去不仅意味着收入的迅速减少（尤其是职位消费的减少），同时还导致其社会地位和个人声誉的下降。

（4）赋予与所任职位相当的权力。部门管理者的知识层次普遍较高，喜欢从事具有创新及开拓性的活动，而不愿意任何事情都向上级领导请示。针对部门管理者的权力需要制订的激励方案要善于授权，并注意协调集权与分权的关系。

例证 5-3

小米再推股票激励计划，122名骨干奖励超1亿股

（二）创业组织员工激励

在创业企业发展的早期，往往无法为员工提供具有竞争力的薪酬。因此，为了企业的发展，必须探寻有效地激励员工工作的其他途径，必须让早期员工有其他理由对其工作充满热情。成功的创业者深谙创业员工的激励之道，从而使创业活动更加有效地展开（斯科特，2015）。

1. 工作内容型激励

（1）提供学习与培训机会。虽然很多创业企业早期无法提供具有竞争力的薪酬，但可以为员工提供大量的学习与培训机会，让他们参与大项目。例如，可以让从事客户支持工作的员工，在为客户提供支持和架构建设的工作中承担更多的责任，展示其学习和运用的能力，从而让他们在工作过程中慢慢锻炼成为团队负责人。学习与培训是职业成长的最大福利，能够让员工感觉到自己继续在成长。虽然公司在短期内难以让员工获得理想的工资，但通过为他们提供充分的学习与培训机会，不仅能让他们继续提升自身的职业技能，而且从长期来看，员工的能力提升反过来也会促进公司为他们提供理想薪酬的潜力。

例证 5-4

优衣库的激励型员工培训晋升体系

（2）分配有趣的工作，并公开地表彰员工的成绩。在工作中无法用薪酬给予的，可以用宝贵的工作机会来超额补偿。那些在大型企业难以得到的、适合自身的和有趣的工作机会，能吸引创业员工全身投入，并在将来获得良好的回报。在让创业企业获得成功的项目中，如果员工做出必不可少的贡献，那么理所应当在公开场合表彰他们，这么做可以大大满足他们的职业进取心，帮助他们提升职业价值，因为聪明的员工会认识到，这样的工作给他们带来的长远回报远远超越更高的薪酬。

（3）灵活的职位描述与工作指导。在早期的发展阶段，初创企业之所以能够吸引人

才加入，部分原因就在于每位团队成员都能对项目产生重要影响，都有机会参与通常无缘参与的项目，这样就使得员工拥有工作成就感。如果公司能够将灵活的职位描述与工作指导结合起来，那么每位员工就更加能够发挥自己的优势了，并能够在自己感兴趣的项目中起到带头作用。这也意味着创业团队对自己的工作拥有自主权，因此他们会更加积极主动地工作。

（4）鼓励远程工作。允许员工远程工作，为他们提供灵活的工作安排，是使不够有竞争力的薪酬也可被接受的一个关键。如果创业企业需要员工为了团队会议和客户来访等某些特定活动来公司，管理者可以将这些活动安排在工作周的特定时间，并让员工在其他时间远程工作。另外，还可以让员工在传统的"朝九晚五"工作时间以外工作。远程工作，允许员工自行安排工作时间，员工就更加容易接受企业初创时期较低的薪酬水平了。

2. 工作过程型激励

（1）创建一个特别的工作社区。初创企业漫长的工作时间和沉重的压力，意味着人们相互之间相处的时间较长。理想的结果是，这样的人际关系可以使成员之间成为相互关心的团队，让公司离成功更近一步。然而，这样的文化环境并不是凭空产生的。至关重要的是，公司必须投入精力，花时间去了解员工，洞悉他们的热情所在以及面临的挑战是什么，从而构建一种员工心心相通、彼此的声音得到倾听和自身的价值得到认可的企业文化。此外，公司还应该为他们创造机会，让他们分享工作之外的经验，以此鼓励员工建立健康的协作关系，并在产生冲突时介入调停，以形成一股努力的创业冲劲。

（2）制定愿景规划。对创业企业而言，以利益和薪酬吸引员工并没有优势且不可持续，但创业愿景和由此彰显的企业价值观却极有可能成为最大的吸引力。当创业企业刚起步时，可以绘制一张创业愿景的视觉效果图。在这张图中，力争让每位员工都能在公司发展前进的使命中找到自己的角色。这张视觉效果图应该显示每位员工对于公司而言有多么重要，他们的角色对实现愿景有多么不可或缺。虽然目前员工可能无法从收入上与他人竞争，但公司能够提供平台，让他们在未来职业发展的目标和成就上与他人展开竞争。

（3）提供一定的股票期权或者企业利润分红。让未获得理想薪酬的员工长期地为创业企业做出贡献的重要途径，就是为其提供一定的股权（股票期权或者虚拟股票期权），或者使其获得企业利润分红。

期权是一种递延酬劳，这种设计能够让公司将现有的资源用于公司未来的发展。期权一般要经过较长一段时间（通常需要几年的时间）行权套现，所以该设计有助于将员工的敬业度与公司未来的某些里程碑式成果（如被一家公司收购）更好地统一起来。

员工持股具有以下三个作用。

① 以较低成本激励员工。在员工持股后，他们的收入不再是工资加奖金，而是工资加股权收入，这就将公司对员工的奖金激励变成了未来的股权收入。员工持股并没有增加公司的现金支出，却可以激发员工的工作积极性，从而实现低成本激励。

② 提高员工的工作效率并避免短期行为。持股员工自身的工作效率提高和创新行为如果产生效益，将使其自身获益更多；同时，损害企业长远利益而提高短期利益的行为，

对持有股权的职工来说也是不经济的。

③ 促使员工参与公司日常管理,监督管理人员的经营业绩。持股员工的收入与公司经营好坏更加紧密相关,因此他们将更有积极性来参加公司的日常管理,为公司发展出谋划策。因为他们对公司情况更加熟悉,所以他们监督的力度与效率都比外部监督更高,从而有利于管理绩效的提高,使企业经营效率得到改善。

同样,企业利润分红直接体现出企业的经营状况,给员工分红肯定了企业员工的工作贡献。这些都让员工获得股东那样的感受,从而在工作上更加勤勉,因为他们知道,自己的表现会直接影响公司成功时自己可以获得多少收益。这样的做法可提高员工的工作积极性和主动性,同时提高管理效率与工作效率,增加员工归属感,获得稳定性和降低人员流动率。

3. 综合型激励

(1) 创业者身在一线。创业者与员工并肩努力工作,能够彰显其对企业的献身精神、热情和信念,也给艰苦的工作带来一丝甜蜜,因为相比于员工,创业者对创业企业倾注了更多的努力和心血。创业者身在工作一线,和创业员工一起工作,能够增进自己和员工之间的了解,使创业力量团结得更加紧密。

(2) 保持开放和诚实。创业者和创业高管应该积极地与员工分享对企业前景的设想以及实现愿景的策略等问题,对员工保持透明和开放的态度。这样的姿态能够让人们朝着共同的目标携手前进。创业企业管理层可以每月与员工进行一次20分钟的一对一交流,让每位员工都讲三个例子:他们践行企业核心价值观的例子、企业的哪些方面让他们赏识的例子、他们取得了哪些进步以及他们离目标还有多远的例子(目标的实现情况与奖金挂钩)。建立起专注于持续改善的企业文化,就如何改善企业、改善领导力、改善企业架构等问题,倾听员工的声音,这样会使得整个创业企业焕发出惊人的活力。

(3) 各种隐性福利。虽然创业企业还无力提供令人满意和具有竞争力的薪水,但是这并不意味着不能提供良好的福利。不妨提供一些能够让人们心情愉悦地来公司工作的特色服务,如免费午餐、商业图书阅览室、回家探亲假和夏季的弹性工作时间等。另外,还可以为员工策划"月度创意奖"以及举办其他趣味性比赛。实施有效的激励,需要创业企业的管理者充分赏识员工,让他们认识到自身的价值,只有这样他们才会忠诚工作。

三、企业内部创业激励

近年来,不少企业开始探索新的人员管理制度和激励措施,尝试解决人员激励问题,内部创业即为诸多创新战略中颇具可行性的一种。对员工而言,内部创业也非常有吸引力,一些想要创业的员工能够借助大公司的资源和资金,带着一线团队做内部创业。一方面,这些内部创业的员工能获得更大的满足感和收益;另一方面,企业能激发员工的活力,并留住这些优秀员工(陈雪频,2021)。

(一)文化激励

企业内部要倡导创新文化、创业文化,形成"崇尚创业者、宽容创业失败者"的氛围,可设立相关的荣誉奖项颁发给内部创业者,实实在在地让全体员工看到企业鼓励员工内部创业的导向。

（二）创业资源支持

为保证推动内部创业的顺利有效实施，企业需要为内部创业者提供必要的资源支持，包括资金、人力资源、技术支持、市场营销和业务发展等方面的资源，这有助于快速推进创业项目。此外，企业还需要为内部创业者提供专业培训和指导，包括商业计划书编写、市场调研、团队管理、融资策略等方面的培训，帮助他们提升知识储备和创业能力。

（三）股权激励

股权是极其重要的激励约束手段，根据具体情况，企业和内部创业者可以采用资金入股、技术入股、创意入股、管理入股、物资入股等方式，还可以采用虚拟股权（有分红权、投票权，无所有权）、期权（达到一定业绩才能解锁）等方式。根据创业项目与企业战略的紧密程度，可以选择不同的股权比例，对于攸关企业战略成败的重要项目要绝对控股（占股50%以上），对于有一定重要性但又需要给创业者较高自主权的项目可以相对控股（在所有股东中股份最高），对于外围项目则可以参股但不控股（陈诗江，2018）。这使得内部创业者与企业的成功直接联系在一起，可以分享未来增长中的经济收益。

（四）创业失败后的保护措施

要允许创业团队失败，给予宽容的对待，例如内部创业者有权在创业失败后重回某种层级的岗位；又如创业团队第一年的薪资由企业提供一个保底数额等（陈诗江，2018）。

第三节 大学生创新创业激励

在"大众创业、万众创新"的社会背景下，大学生在理论知识上的储备满足了创新创业的必要基础条件。在创新创业的过程中，大学生需要明确方向和目标，更需要有足够的动力才能够将自己的理论知识和主观能动性结合起来。因此，对大学生创新创业进行激励，在宏观上建构起有效的激励机制，不仅可以鼓励大学生勇敢地迈向创业之路，实现人生价值，而且对高校创新型人才培养有着举足轻重的意义，更是促进国民经济发展、完善就业体系、推进创新型国家建设的重要举措（张成联，2016）。

一、大学生创新创业激励的现状

创新创业是有志的青年大学生的勇敢选择，但创新创业并不如想象中那样美好，一是因为现实中存在着障碍；二是因为创新创业需要创造性思维的应用，而在我国的教育体制下，这种思维的应用却非常稀少。高校为大学生的创新创业提供了一些平台，但是这些平台在实践中却很少真正地发挥作用，特别是一些平台虽然构建了，但是没有发挥相关的支持作用。

创新创业激励机制本身附带着良好的期望值，而大学生也是站在"经济人"的角度来看待激励机制，在以利益导向的机制中，大学生将会最大可能地争取。大学生创新创业激励机制的主要目的在于发挥大学生的创业潜力，激励其创业积极性。完善的激励机制可以促进大学生进一步认识自我,并发挥自己的创业潜能,进而解决就业问题。同时,有效的激励机制还能够为大学生提供奖励和帮助,为大学生分担创业风险,增强大学生的创业信心(肖怿等,2016)。

当前,我国从政府、企业到学校等多个主体都发布了激励大学生创新创业的相关政策和措施。

(一)激励大学生创新创业的相关政策

为响应国家"大众创业、万众创新"的号召,提升大学生创新创业能力、增强创新创业活力,进一步支持大学生创新创业,政府部门针对创新创业主力军的大学生群体出台了诸多支持激励政策,包括税收优惠、创业担保贷款和贴息支持、资金扶持、创业服务、大学生创新创业奖学金和专项资金等。

1. 税收优惠

(1)持人力资源和社会保障部门核发《就业创业证》的高校毕业生在毕业年度内创办个体工商户的,可按规定在 3 年内以每户每年 12 000 元为限额(最高可上浮 20%,具体由各省、自治区、直辖市人民政府根据本地区的实际情况确定)依次扣减其当年实际应缴纳的增值税、城市维护建设税、教育费附加、地方教育费附加和个人所得税。

(2)对高校毕业生创办小微企业的,可按规定享受小微企业普惠性税费政策;创办个体工商户的,对其年应纳税所得额不超过 100 万元的部分,在现行优惠政策基础上减半征收个人所得税。

2. 创业担保贷款和贴息支持

可在创业地申请创业担保贷款,最高贷款额度为 20 万元,对符合条件的个人合伙创业的,可根据合伙创业人数适当提高贷款额度,最高不超过总额的 10%。对 10 万元及以下贷款获得设区的市级以上荣誉的高校毕业生创业者免除反担保要求;对高校毕业生设立的符合条件的小微企业,最高贷款额度提高至 300 万元,财政按规定给予贴息。

3. 资金扶持

(1)免收有关行政事业性收费:毕业两年以内的普通高校毕业生从事个体经营的,在 3 年内免收管理类、登记类和证照类等有关行政事业性收费。

(2)求职创业补贴:对在毕业学年有就业创业意愿并积极求职创业的低保家庭、贫困残疾人家庭、原建档立卡贫困家庭和特困人员中的高校毕业生,残疾及获得国家助学贷款的高校毕业生,给予一次性求职创业补贴。

(3)一次性创业补贴:对首次创办小微企业或从事个体经营,且所创办企业或个体工商户自工商登记注册之日起正常运营 1 年以上的离校两年内的高校毕业生,试点给予一次性创业补贴。

(4)享受培训补贴:对大学生在毕业年度内参加创业培训的,按规定给予培训补贴。

4. 创业服务

(1)免费创业服务:可免费获得公共就业和人才服务机构提供的创业指导服务。

(2)技术创新服务:各地区、各高校和科研院所的实验室以及科研仪器、设施等科技创新资源可以面向大学生开放共享,提供低价、优质的专业服务。

(3)创业场地服务:鼓励各类孵化器面向大学生创新创业团队开放一定比例的免费孵化空间。政府投资开发的孵化器等创业载体应安排30%左右的场地,免费提供给高校毕业生。有条件的地方可对高校毕业生到孵化器创业给予租金补贴。

(4)创业保障政策:加大对创业失败大学生的扶持力度,按规定提供就业服务、就业援助和社会救助。毕业后创业的大学生可按规定缴纳"五险一金"。

例证 5-5

广东发布支持大学生创新创业新政:最高可申请500万元创业担保贷款

5. 大学生创新创业奖学金和专项资金

各级地方政府都设立了激励大学生创新创业的奖学金和专项资金。例如,天津市大学生创新创业奖学金,每年评选创新特等奖10名,分别给予10 000元奖励;创新优秀奖160名,分别给予2000元奖励;创业特等奖10名,分别给予10 000元奖励;创业优秀奖60名,分别给予2000元奖励。广东省财政厅每年从财政经费预算中划拨专门用于培育广东大学生科技创新能力的专项资金,资金额度每年2000万元,每年在全省遴选、培育和资助1000个广东大学生科技创新团队开展具有前沿性、开创性的科技创新实践研究。

(二)激励大学生创新创业的企业举措

在支持大学生创新创业的体系中,企业无疑是一支非常重要的、不可替代的力量。目前,国内企业通过资金和场地支持、经验和业务指导等方面激励大学生进行创新创业。

1. 资金和场地支持

进行创新创业时,大学生面临的第一个问题就是启动资金和实施场地的缺乏。在相关政策引导下,不少企业设立大学生创新创业奖励基金、大学生创新创业社区和孵化器等。很多骨干企业和创业孵化机构与高校合作建立投资基金,特别是天使投资基金,为大学生实施创新创业提供资金支持。另外,一些企业还通过设立创新创业大赛,鼓励大学生提交创新创业项目计划,对获胜的团队提供创新创业场地。

例证 5-6

巨人新进武汉试点"宿舍创业"计划

2. 经验和业务指导

企业界有创业和管理经验的资深人士或专业培训人员到大学生创新创业团队担任教育导师，能够极大地帮助他们少走创新创业的弯路。在一些校企合作的众创空间，企业将大项目分解成若干子项目，或将非核心工作、临时性项目发包给青年大学生创业团体，以合作研发的形式扶持青年大学生创业。此外，企业调动自身的社会资源，如已有客户、机构平台、品牌等，帮助大学生创业者拓展业务，并以此推动自身业务和模式转型升级。

零售通扶持大学生小店，可提供零息贷款和数字化改造

（三）激励大学生创新创业的高校措施

针对当前高校毕业生的就业形势，国家教育部要求各地各高校要持续推进高校毕业生的就业创业工作，抓紧制定鼓励学生创新创业的学分转换、弹性学制、保留学籍休学创业等具体政策措施，加大在学生创业指导服务、教师创新创业教育教学能力等方面的帮扶。

1. 建立休学创业弹性学习制度

全国不少高校都建立起创新创业学分积累与转换制度，设置了合理的创新创业学分，并探索将学生开展创新实验、发表论文、获得专利和自主创业等情况折算为学分，将学生参与课题研究、项目实验等活动认定为课堂学习，为有意愿、有潜质的学生制订创新创业能力培养计划，建立创新创业档案和成绩单，客观记录并量化评价学生开展创新创业活动情况。优先支持参与创新创业的学生转入相关专业学习。实施弹性学制，放宽学生修业年限，允许调整学业进程、保留学籍休学创新创业。

暨南大学打造创新创业教育"示范点"

2. 加强学生创业指导服务

各地高校在加强学生创新创业指导服务、建立健全学生创新创业指导服务专门机构等方面做了不少工作。例如，对入驻创新创业教育实践基地的学生创业团队给予免场地租金、水电、网络宽带和物业等费用，配备创业指导教师；支持高校学生成立创新创业协会、创业俱乐部、创新创业沙龙，举办创新创业讲座论坛。各高校将优化经费支出结构，每年从教学经费中安排一定比例的资金作为创新创业教育专项，支持创新创业教育教学及实践活动。有条件的高校可设立创新创业奖学金和基金，并在现有的相关评优评先项目中安排一定比例用于表彰优秀创新创业的学生。

3. 提升教师创新创业教育教学能力

强化高校教师创新创业教育教学能力和素养培训，改革教学方法和考核方式，推动教师把国际前沿学术发展、最新研究成果和实践经验融入课堂教学。完善高校双创指导教师到行业企业挂职锻炼的保障激励政策。实施高校双创校外导师专项人才计划，探索实施驻校企业家制度，吸引更多各行各业的优秀人才担任双创导师。支持建设一批双创导师培训基地，定期开展培训。

二、大学生创新创业激励机制的对策

政府、企业、高校等多方主体为激励大学生创新创业做了诸多努力。针对大学生群体的特点，还应该在强化实践培训环节、实行分类培养、保证激励机制的及时性和持续性、物质激励和精神激励相结合等方面不断完善。

（一）强化实践培训环节

建立大学生创新创业激励机制，应当通过创业实践与培训训练，提高大学生的实践能力，巩固大学生已经习得的专业知识。大学生对自我成长的要求很强，可以通过实践培训满足他们自身成长的需要，提高大学生的实践知识和技能，激发他们的工作热情和积极性。在培训时，应充分考虑大学生的特点，提高其知识技能和创新能力，并注意把大学生强烈的成就感和自豪感与创业的目标联系在一起，使其在自我发展的同时不至于偏离创业的发展方向，通过全方位的培训，让大学生的知识技能得到更新。

在实践与培训过程中，大学生会不可避免地遇到许多问题和挫折。在努力解决这些问题的过程中，大学生能够积累丰富的创业经验。同时，在创业实践培训过程中，他们可以进一步深入接触社会各个领域，将自己所学的专业知识与实践相结合，深化自己的专业认知。当前，许多大学生缺乏解决问题的能力和耐力，通过创业实践培训，可以增强大学生的心理素质，提高他们的抗压能力。

高校可以根据自身的办学条件，在以下四个方面强化实践培训环节：① 校内举办大学生创新创业展示大赛、大学生商业计划书大赛等创业大赛活动；② 鼓励大学生参加社会调查、创业见习、求职体验、职业见习、社会兼职等活动，引导大学生了解社会发展需求；③ 引导大学生多与有创业经验的同学、朋友、长辈等沟通交流，或通过电话、微博、邮件等形式与优秀创业家联系，听取他们的经验和建议；④ 鼓励大学生从事实际的商业行为，如合作承包店铺或从事服务、销售、修理、加工等工作，引导大学生在这些实际创业活动中增强自身的组织协调能力、问题解决能力、应变能力、管理能力和沟通交流能力，为日后的创业实践积累经验。

（二）实行分类培养

分类培养是构建创新创业激励机制的个性化原则，要增强创新创业激励机制的科学性，就必须增强个性化指导。一方面要增强大学生的创业意识、创新精神和创业能力；另一方面也要做到因材施教，尊重大学生的个体差异。在面向全体大学生的同时，要关注每个大学生的特长与兴趣，结合大学生的具体情况制定科学的创业目标。

高校应当在创新创业方面为大学生提供更多操作、自学、表现、观察、交流和思考的机会，为大学生营造一个更加平等、宽容与和谐的创新创业氛围，鼓励大学生充分发挥自身的个性优势，寻找适合自己的创业渠道和项目。

例证 5-9

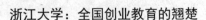

浙江大学：全国创业教育的翘楚

（三）保证激励机制的及时性和持续性

从心理学的视角来看，构建科学的激励机制需要一个良好的信息沟通渠道，从而确保激励信息可以连续、及时和明确地传递给信息获取者。"及时性"是指操作和强化之间时间段的最小化。值得表扬事迹的发生时间与表扬的时间差距愈短，则表扬的激励效果愈好。因此，如果学生在创新创业活动中取得了成绩，就应当奖励相应的创新创业学分，并保证学分认定程序流畅。只有这样，才能有效激发学生的创新创业积极性。"持续性"是指激励信息保持合理的频率。当大学生受到持续性的奖励时，就会自觉地强化他们在创新创业活动中的某种反应或行动，进而加深对创新创业实践的认知，产生积极的创业心理动力。

良好、及时、持续的激励能够使人们快速地产生心理反应，审视或回忆自己的行为，进而加深实践记忆。因此，增强激励机制的及时性和持续性，可以为学生提供更多的激励机会，促使学生产生积极的心理动力。

（四）物质激励和精神激励相结合

物质和精神在大学生创新创业的过程中都是必需品，激励制度必须兼顾双方。没有物质激励，很可能就缺少经费支撑，大学生的创新创业实践将失去保障；没有精神激励，大学生可能迷失方向变得利欲熏心或者缺乏斗志、半途而废。物质上可以重点考虑设置大学生创新创业的扶持启动资金、创业补贴、购房租房补贴等，满足工作和生活方面的缺失性需求；同时还应该考虑畅通融资渠道、降低融资门槛、初创期间定期返还税收等，确保大学生在创新创业中的成长性需求。同时，激励机制还应包含精神层面的激励内容，通过评选创新创业先进工作者、成才先锋、杰出人物，发放创新创业奖励，创新学籍管理，放开户籍限制，推荐高层次培训，等等，全方位营造"大众创业、万众创新"的良好氛围，激励大学生突破限制，跨越需要层次束缚，追求个人理想（沈健等，2018）。

大学生创新创业激励机制的建立是一个长期的过程。在对管理对象的需要类型、动机特点进行准确分析的基础上，组织管理者施以一定的激励手段，综合地、有效地运用各种激励方法，就能更好地促进大学生创新创业活动，同时更有效地开展创新创业管理工作。

本章小结

1. 激励研究的是如何调动个体心理与行为的主动性和积极性的问题，激励理论正是在心理学和组织行为学的研究基础上形成的。

2. 内容型激励理论又称为需要理论，着重研究激发人们行为动机的各种因素，主要有马斯洛的需要层次理论、奥尔德佛的ERG理论、麦克利兰的需要理论、赫兹伯格的双因素理论、哈克曼和奥德海姆的工作特性模型等。

3. 过程型激励理论着重研究人从动机产生到采取行动的心理过程，主要理论有弗鲁姆的期望理论、洛克的目标设置理论和亚当斯的公平理论等。

4. 强化型激励理论主要研究人的行为结果对目标行为选择的反作用，具有代表性的理论是斯金纳的强化理论和凯利的归因理论。

5. 综合激励模式理论主要是将内容型、过程型和强化型激励理论综合起来，把内外激励因素都考虑进去，系统地描述激励全过程，以期对人的行为做出更为全面的解释，克服单个激励理论的片面性。

6. 创业企业实施组织激励包括三个方面：一是对创业股东的股权激励，旨在激励创始团队为公司的成功做出贡献；二是对创业核心员工的激励，包括激励创业管理团队以谋划公司未来，带领公司发展前进，激励创业组织员工以留住人才，让他们为企业的发展做出更大的努力；三是企业内部创业激励，主要有文化激励、创业资源支持、股权激励以及创业失败后的保护措施等。

7. 大学生创新创业激励机制的对策有：① 强化实践培训环节；② 实行分类培养；③ 保证激励机制的及时性和持续性；④ 物质激励和精神激励相结合。

课程思政

1. 纵深推进"大众创业、万众创新"是深入实施创新驱动发展战略的重要支撑，大学生是"大众创业、万众创新"的生力军，支持大学生创新创业具有重要意义。

2. 创业是推动经济高质量发展的重要举措。全面提升大学生创业能力是世界各国应对错综复杂的国际环境、保持国家竞争优势、增强国际话语权和影响力的重要手段。我国出台了多项支持大学生创业的政策，有效激发了高校师生参与创新创业实践的积极性，对大学生创业活动提供了有力支持和保障。

思考练习题

一、简答题

1. 什么是过程型激励理论？它解决了怎样的问题？
2. 为了解决"委托—代理"问题，经济学提供了哪三种激励措施？
3. 对于创业组织的高层管理者，如何实施激励方案？
4. 查找自己所在省市和学校对大学生创新创业的相关政策，和小组讨论这些政策是否具有激励效果，谈谈你的看法并提出优化建议。

二、是非判断题

1. 只有上市的创业企业才能够实施股权激励。（　　）
   A. 是　　　　　　　　　　　B. 否
2. 当创业组织无法为员工提供具有竞争力的薪酬时，可以通过提供学习与培训机会和分配有趣的工作等方式激励员工努力工作。（　　）
   A. 是　　　　　　　　　　　B. 否
3. 对大学生而言，物质激励远比精神激励重要。（　　）
   A. 是　　　　　　　　　　　B. 否

三、学以致用

假如你现在上大四，发现了一个校园学生需求的痛点，打算撰写一份创业计划书实施校园创业。你如何运用所学的知识建立相关的激励机制，以团结身边志同道合的同学，形成一个目标清晰、有执行力的创业团队？

案例分析

小米的员工激励和全员持股

小米公司正式成立于2010年4月，主要经营手机、智能硬件和IoT平台。小米公司成立后，只用了7年时间，年收入就突破了千亿元人民币。作为国内互联网公司的杰出代表，小米公司是如何进行股权分配和激励的呢？

小米公司在创业初期就将股权激励上升到了战略层次，具有明确的激励目的，激励时机合适，因时制宜。小米公司通过自己的股权激励体系，将员工牢牢地绑定在公司，有效激发了员工的工作积极性和创新热情，最终造就了如今的小米集团。

小米公司实施股权激励，以下几个方面最值得关注。

1. 通过股权激励保持高层的稳定性

对于企业来说，高管永远都是组织稳定的核心，小米公司成立之初为了吸引合伙人，实施了股权激励。小米公司的8位联合创始人在加入小米公司之前就分别在各自的领域内取得了卓越的成就，如今的身家均已高达数亿美元。

此外，在小米公司 A 轮融资时，8 位联合创始人分别以一两百万元到几千万元不等的金额向小米公司注入了资金，为了解决出资问题，有的合伙人甚至出售了原有公司的股权。在当时的背景下，这种出资行为代表了员工对小米公司未来的信心。

2. 现金或股票弹性调配

在股权激励初期，小米公司让员工自由选择，也尊重他们对风险的承受能力，规定"可以在股票和现金之间灵活调配比例，作为自己的薪资"。新员工加入时，对于薪酬，小米公司会给他们提供三种选择：第一，和其他跨国公司一样；第二，2/3 现金报酬+1/3 股权；第三，1/3 现金报酬+2/3 股权。最终，15%的员工选择了现金工资，70%的员工选择了 70%～80%现金和部分股权，15%的员工选择了少量现金和较多股票。这三类员工都得到了满意的薪酬结构。

采用"现金+股权"的薪酬结构，企业就能对员工进行短期、中期和长期激励，既能有效节约公司的现金流，又能筛选并留下真正有创业梦想的员工，打造出与企业共存亡的命运共同体。

3. 用双重股权架构，把握控制权

小米公司实施了 AB 股制度，即投票权 A 股为一股一票，在市面上可以正常流通；B 股为一股 10 票的超级投票股，不能随意转让，如果想转让，就要放弃投票特权，先转化为普通投票权股票，交给管理团队持有。采用这种双重股权架构设计，雷军虽然只持有不到 1/3 的股权，却拥有 55.7%的投票权，不仅确保了雷军对小米公司的控制权，更有效地激励了员工、吸引了投资。

4. 通过全员持股计划，激发全员创业热情

2011 年 5 月，小米公司公布了一次"普惠式"股权激励方案，截至 2018 年 6 月，小米集团约有 1.9 万名员工，参与计划的人员达到 7126 人，占员工总数的 38%，超过 1/3 的员工参与了上市前的股权激励。

5. 降低持股门槛，绑定核心成员

为了保证中层骨干的稳定性，在发展初期，小米公司主动降低持股门槛，给核心成员创造了持股机会。如此，即使核心成员离职，公司机密和核心技术等也不会外泄，保证了机密和技术的安全性。

6. 全员持股计划新登场

2019 年 7 月 22 日，《财富》杂志公布了最新"世界 500 强公司排行榜"，小米公司成功上榜。之后，雷军在公司内部发送了一封邮件，其核心内容为："我们将赠予每位小米同事 1000 股小米集团股票，其中 500 股是给我们每个人的全球 500 强成就纪念，另外 500 股是我们给每位同事和伙伴的家人的纪念品，感谢你们的支持。"按照该计划，小米公司拿出 1000 股集团股票赠予所有在职员工和核心外包服务团队，共计 20 538 人，实现了全员持股。本次赠予给员工的股票为限制性股票单位（RSU），该股票要想生效，需要员工签署协议；而且，归属日当日依然需要在职，才能获得相应的股票；反之，被授予的 RSU 就会自动失效。

资料来源：孟祥鹰. 持股本质：全员持股迎接共享红利时代[M]. 北京：中国纺织出版社，2022.

问题讨论：

1. 小米公司运用了哪几种激励方法来调动员工的工作积极性？
2. 小米公司"赠股"计划的实施有何作用？

 本章参考文献

[1] 郭马兵. 激励理论评述[J]. 首都经济贸易大学学报，2002，4（6）：37-40.

[2] 苏明城，张向前. 激励理论发展及趋势分析[J]. 科技管理研究，2009（5）：343-345.

[3] 宋言东. 隐性激励机制与管理者行为：基于SEM模型的实证分析[J]. 现代财经：天津财经大学学报，2011（8）：92-100.

[4] 雷宏振，王盼. 基于"进入权激励"的知识：资本剩余索取权混合契约分析[J]. 当代经济科学，2011，33（3）：19-25.

[5] 赵英杰. 非上市企业之股权激励[M]. 北京：中国铁道出版社，2020.

[6] 张影. 股权博弈：股权争夺中的博弈策略思维[M]. 北京：中国商业出版社，2021.

[7] 赵庆国，郭唱. 农业上市公司股权激励强度对内部控制质量影响的实证分析[J]. 农业经济，2023（5）：135-136.

[8] 秦立柱，秦兆行. 创业团队的组建与激励问题研究[J]. 中小企业科技，2007（6）：21-23.

[9] 孙志国，程宇. 中小科技型企业虚拟股票期权激励模式研究[J]. 经济研究导刊，2014（34）：99-100.

[10] 胡玄辑. 我国上市公司高管激励机制探析[J]. 商场现代化，2008（22）：238-239.

[11] 刘淑春. 美日高管薪酬激励模式比较及其启示[J]. 商业时代，2009（24）：63-64.

[12] 格柏. 创业企业员工激励：不靠工资，靠什么？[J]. 商学院，2015（11）：105-106.

[13] 陈雪频. 一本书读懂数字化转型[M]. 北京：机械工业出版社，2021.

[14] 陈诗江. 企业内部创业模式选择与激励机制[J]. 企业管理，2018（10）：108-111.

[15] 张成联. 大学生创业心理激励研究[J]. 林区教学，2016，20（4）：112-113.

[16] 肖怿，魏志平，邹家柱，等. 大学生创新创业激励机制研究[J]. 现代教育，2016（1）：45-46.

[17] 沈健，蔡振春，王荣德. 需要理论视角下的大学生创新创业激励机制研究[J]. 湖州师范学院学报，2018，40（12）：12-16.

第六章
创业组织领导

 学习目标

> 了解领导与管理的区别。
> 掌握创业者的组织领导力。
> 掌握创业者的道德领导力。
> 了解创业者的素质与领导力的关系。
> 掌握大学生创业领导力的内涵。
> 了解培养和提升大学生创业领导力的意义和策略。

引例

创业者雷军的领导才华

小米科技于2010年4月正式启动手机实名社区——米聊社区,在推出半年内注册用户突破300万。2010年10月,小米手机启动研发。2011年8月16日研发完成,正式发布小米手机,自此开创了手机销售的"狂潮"。

目前我国手机市场竞争日益激烈,智能手机也逐渐发展成为主流。小米科技在如此短的时间内,在企业人员规模、产品销量、融资规模等方面获得惊人的成长速度,离不开该公司创始人雷军的领导。

雷军是小米科技公司的灵魂人物,他在创办小米科技公司前已取得出色的成就,并通过广泛的社会关系网物色和组建了小米科技公司的创业团队(董事长兼CEO雷军,总裁林斌,副总裁黎万强、周光平、黄江吉、刘德以及洪峰)。事实上,小米科技公司创业团队成员是与雷军有着良好友谊并相互信任的业内同人或朋友,而雷军丰富的管理经验和领导力也为公司发展提供了重要支持。

雷军认识到对于一个新创企业,清晰的组织模式的建立能够使大量的管理工作规范化、标准化、程序化,好的管理制度也是留住人才的关键。因而,小米科技首先在组织架构上将"强专业,弱管理"的理念制度化,建立宽松、扁平化的组织结构。没有严格的等级，每一位员工都是平等的，每一位同事都是自己的伙伴。他们崇尚创新、快速的互联网文化，拒绝冗长的会议和流程，喜欢在轻松的伙伴式工作氛围中发挥自己的创意，形成了小米科技轻松的伙伴氛围。在这种氛围下，团队成员彼此共享信息，组织中人与人相互学习，从而不断产生新的知识，形成一种自性循环。

产品是企业各个部门共同工作的结果，没有各个部门之间的互相作用和配合，就不可能有好的产品。因此，小米科技公司创业团队成员之间经常进行密切沟通，相关的营销人员、产品研究经理等甚至经常被整合到一个团队，以小组形式促进跨部门沟通合作，从而对市场做出最快的反应。

小米公司实行透明化分配机制，形成物质激励与精神激励双管齐下的激励原则。在物质激励方面，在金山公司工作时雷军就因"宝马"汽车激励网游团队而受到广泛关注，在小米公司中，雷军更是为创业团队成员和普通员工提供了优于同行的薪酬和福利；在精神激励方面，金山曾经的"互联网精神""做到极致""用户口碑"和小米时下的"为发烧而生"等口号无不彰显雷军在精神和愿景激励方面的丰富经验。

资料来源：王艳茹，王金诺. 全国高等学校学生信息咨询与就业指导中心. 大学生创新创业指导[M]. 成都：电子科技大学出版社，2017.

引例中的雷军拥有杰出的战略领导品质，在他的领导下打造出了制造业的巨无霸——小米公司。雷军并没有满足于自己取得的这些成绩，至今还在不断学习、不断努力。正是雷军的创业领导力带领小米公司不断发展壮大。在当前创业经济方兴未艾的时代背景下，创业者是创业企业的领导者，其创业领导力将对创业企业绩效产生重要的影响，是创业成功的关键。

第一节 领 导 概 述

领导理论源于社会心理学、社会学、政治学、管理学、组织行为学等学科，无论是东方还是西方，人们对领导者及领导现象都给予了极大的关注。领导与管理有很大的不同，一般认为领导的功能是推进变革，而管理的功能是维持秩序。

一、领导的内涵

领导理论作为管理学的理论之一，是有关领导有效性研究的热点和重点内容，其主要核心是如何提高领导的有效性以及影响领导有效性的主要因素是什么。

管理学家德鲁克较早开始研究领导和领导者，他认为，领导就是创设一种情境，使人们心情舒畅地在其中工作（唐坚，2018）。有效的领导应该能够完成管理的职能，即计划、组织、指挥和控制。孔茨认为，领导是领导者促使其下属充满信心、满怀热情地完成任务的艺术（季德富，2016）。成功的领导者通过制定目标、规范等方式，对被领导者进行激励和鼓舞，为实现组织目标和任务而奋斗。

二、领导与管理的区别

在日常生活中，人们容易将领导与管理混淆起来，但领导与管理具有很大的区别。领导与管理是存在于企业内部的两种不同行为体系，领导是发现变化、管理变化和创造变化，而管理是制订规则、执行规则和维护规则。领导与管理互相结合，共同发挥作用，才能促进企业的不断发展壮大。

领导与管理也存在相似之处，都需要做出决策、配置资源、采取行动并实现目标。然而在企业管理中，两者又各成体系。领导行为的本质是要推动变革，管理行为的本质是维持秩序。对现代组织来说，领导与管理都是不可或缺的，需要两者的有效合作。

领导与管理的区别可从表6-1中体现出来。

表6-1 领导与管理的区别

类型	产生方式	所处理的问题	主要行为	影响下属的方式	思维特点	目标
领导	从群众中自发产生、正式任命	变化、变革问题	开发愿景、优化组织、激励人心、引发变革、创造需求	正式权威、非正式权威	直觉、移情、冒险、独处、创造	发现变化，制定战略，推动组织变革
管理	正式任命	协调常规问题	制订计划、管理预算、调配人员、控制局面、满足需求	正式权威	理性、规范、合作、安全、程序	稳定组织秩序，维持组织高效运转

对领导者与管理者而言，两者的差别在于：领导者是做正确事情的人，以直觉和移情的方式与他人发生联系，而管理者是正确做事的人，根据自己在事件和决策过程中扮演的角色与他人发生关系。领导者以一种个人的、积极的态度看待工作，工作具有高度的不确定性和风险。他们在环境变化的初始便敏锐地发现其中的玄机，在变化中寻找施力的支点，使变化成为掌中之物，成为企业加速成长或转型的契机。管理者则更多以制度化的态度看待工作，工作是按部就班完成的过程。他们倾向于控制而非促进事物，使问题的解决机制化、简单化，他们行事如统治者而非推动者（王益，2003）。

在创业企业发展的初期，创业者往往既是领导者又是管理者。作为领导者，创业者需要洞察市场变化，把握"机会窗口"，然后整合内外部资源，实施创业活动。其领导风格和方式对激励团队和员工努力工作有着重要影响。作为管理者，创业者需要制订企业发展的愿景规划，形成一套相对稳定的管理机制，对团队和员工的工作绩效做出合理的评价和奖惩，以维持企业的高效有序运转。

在创业企业发展的稳定时期，创业者会逐渐分化：有些创业者转型成为企业成功的管理者，继续将企业业务做大做强；有些创业者则引进职业经理人管理企业，自己继续涉足新领域，开发新愿景，激励新的团队和成员开拓新疆域。

三、现代领导理论的发展

领导理论研究的是影响领导有效性的因素以及如何提高领导的有效性。传统的领导理论的发展经历了三个阶段：研究关注领导者个性（领导特质理论）、领导者与下属的相互作用（领导行为理论）、领导情境的影响（领导权变理论）（王云峰，2008）。随着 20 世纪 70 年代后期科学技术的迅猛发展，商业竞争的全球化影响了组织结构的变化和领导理论的发展，新兴领导理论应运而生。

（一）领导特质理论

19 世纪末至 20 世纪 40 年代，学者们对领导者的身体特征、社会背景、家庭条件、智慧和才能、性格、工作特点、社会技能等方面进行分析，试图找出好的领导者所必须具备的特性，以预测领导效果和指导与选拔领导者。20 世纪初，分析领导者特征和品质的各种测验工具已经出现，数以百计的研究基于这样一个假定：领导者与非领导者之间存在着本质差异。

但一些学者随后发现领导者与非领导者并没有明显特质差异，个人特质并不能充分解释领导过程和领导行为 [斯多格蒂尔（Stogdill），1948]。其原因主要有：① 领导者的成败不仅与个人特质有关，也与环境有关。② 成功的领导者体现出的特质不尽相同。③ 对领导者特质测定的信度和效度令人不够满意，调查结果也并不十分客观。从 20 世纪 40 年代开始，围绕特质理论的领导学研究不再处于主导地位。然而，特质作为领导问题的一个内在组成要素的观点已被研究者普遍接受。值得注意的是，自 20 世纪 70 年代中期以后，研究者对领导者特质的研究兴趣有所复苏。

传统的领导特质理论认为，领导者的素质是与生俱来的。这个观点到 20 世纪 70 年代逐步被现代的领导特质理论所取代，因为人们认识到领导者的大多数素质是在实践中培养和养成的。因此，学者们根据现代企业经营管理的要求，提出领导者素质的标准，并开发了相应的专门训练方法，以培养相关素质。迄今为止，领导者素质研究仍具有现实意义。人与工作、组织、环境相匹配理论的有效性支持了这一点。领导者是否具有从事领导工作的能力和个人素质，是领导工作提出的要求。但是，领导者具备了这些良好的素质，只是具备了作为有效领导者的必要条件，并不充分保证他们能够成为真正有效的领导者。

（二）领导行为理论

由于领导特质研究没有产生预期的结论，故其有效性受到怀疑，加上第二次世界大战因经济复苏而产生了对领导选拔和培训的需要，从 20 世纪 40 年代中期开始，研究者开始关注领导者的具体行为，其中最典型的是爱荷华大学、俄亥俄州立大学和密歇根大学的研究。

爱荷华大学的卢因（Lewin）教授早期关于领导行为的研究奠定了领导行为理论的基础。卢因及其同事认为领导行为具有独裁、民主和放任三个维度。此后，俄亥俄州立大学研究小组归纳出领导的结构和关怀两个维度。密歇根大学也开展了领导行为研究，得出了领导行为的两个维度：任务导向和员工导向。另外，罗伯特·布莱克（Robert R. Blake）和简·莫顿（Jane S. Mouton）在俄亥俄州立大学与密歇根大学研究的基础上提出了"管理方格论"。"管理方格"在"关心生产"与"关心人"两个坐标轴上分别划出 9 个等级，组成81个区域，代表不同的领导风格（文华，2003）。

领导行为理论主要研究领导者做什么和怎样做——是领导效果的决定因素，注重领导者的行为而非特质，对于领导岗位设计、领导者选拔和培训具有指导意义。但由于领导行为理论忽略了行为产生的根源以及行为有效的具体情境，因此领导行为理论及其衍生工具就具有一定的局限性，不能完全解释领导现象。研究者们意识到，并不存在适用于所有情况和环境的领导行为或风格，于是研究转向了领导权变理论。

（三）领导权变理论

虽然斯托格迪尔（Stogdill）在1948年就曾指出环境对于领导行为研究的重要性，但直到20世纪60年代，关注情境对领导行为有效性影响的权变领导论才逐步发展起来。前两种理论都过分强调了领导者对领导效果的主导作用，而忽视了被领导者和环境的影响。权变理论则综合考虑了领导者、被领导者和环境的影响，认为领导者必须按照不同的被领导者和环境调整领导行为或风格，才能取得好的领导效果。

费德勒（Fiedler）是领导权变理论的先驱者，他提出的权变领导模型分离出领导者与成员的关系、工作结构和领导者的职权三种情境因素，将领导效果作为领导者个性和特点以及情境的函数进行预测：① 领导者与成员的关系。关系好坏是指领导者受其团体成员喜爱、信任、乐意服从的程度。② 工作结构。工作结构以是否明确为指标，其内容包括：每位成员是否了解工作所需要的条件、是否有实现目标的多种途径以及是否有独特的处理问题的正确解决方案。③ 领导者的职权。领导者的职权以强弱为指标。职权主要指领导者的职位有多少权力，有无雇佣、辞退、奖惩下属的权力，任职期限有多长，是否得到上级的支持，等等。

在上述三种情境因素中，领导者与成员的关系最为重要。领导权变理论的基本假定是：领导者的个性、行为方式以及行为的有效性高度依赖于所处的情境。通过分离与领导有效性直接相关的情境变量，领导权变理论主张领导者能够准确地评估关键的下属特征和情境因素进而调整其行为。但在实践中，由于认知结构和方式上的差异，不同的领导者会就相同情境得出不同的决策和行为。

（四）领导理论的新发展

20世纪70年代是领导理论蓬勃发展的时代，随着社会经济的不断发展，涌现出更多复杂的管理现象，学者们开始以更综合的视角发展领导理论。代表性的理论主要有魅力型领导、交易型—变革型领导、愿景型领导和文化型领导等。

1. 魅力型领导

豪斯（House）在费德勒研究基础上，加入被领导者个性特征变量（关注点、工作经验、感知能力），从心理学角度阐释了领导方式与领导成效的关系，认为魅力型领导的关键在于领导者在组织快速发展的过程中，不断展现自己激励和鼓舞下属战胜艰难险阻的能力。在领导者影响追随者努力的过程中，慢慢形成一致性的愿景、价值观和信仰。

魅力型领导理论超越了早期特质理论的范畴，包括了领导特质、领导行为、影响过程及情境变量，具有融合行为理论和权变理论的特点。魅力型领导者出现的一个关键要素是追随者意识到不能接受目前的状况、危机即将或已经发生,从而产生变革的需要(王云峰,2008)。魅力型领导者被视为一个组织的变革者,通过影响其追随者来实现其理想化目标。

对创业组织而言,魅力型的创始人往往会赢得风险投资者的青睐,为其创业融资创造有利条件。同时,在寻找创业团队和招募创业成员时,魅力型的创始人更容易吸引追求共同愿景的创业成员,从而更有效地开展创业活动。

2. 交易型—变革型领导

早期的领导理论把通过奖励来指导或激励下属努力工作,以实现既定目标的领导者称为交易型领导者。变革型领导源于交易型领导,他们不仅会努力提升下属的努力程度和绩效水平,同时他们能够关注下属的兴趣和发展,帮助下属以新视角看待老问题,激励和调动下属为实现目标付出更大的努力。变革型领导是对领导行为理论和权变理论的有机融合和拓展(斯蒂芬·P. 罗宾斯等,2013)。变革型领导突出这样一种相适应的关系:领导者的变革意识和行为、下属的品质和心理结构、情境的变革要素等方面的动态适应。

变革型领导包括以下四个因素:① 领导魅力。下属感觉领导者是否很自信、是否关注高层次的理想、道德要求和以价值观、信念、使命感为中心的富有魅力的行动。② 感召力。领导者是否乐观地展望未来,向下属强调雄心勃勃的目标,描绘理想的愿景并与下属沟通,让人相信愿景是可以实现的,以此来鼓舞下属。③ 智能激发。领导者能否激发下属的创造性思维能力,让其找到难题解决方案,提升下属的逻辑思维能力和分析能力。④ 个性化关怀。领导者是否通过建议、支持和关注下属的个体需要,并允许他们发展和实现自我,从而提高员工满意度。

创业组织本身就诞生于创新的变革环境之中,创业者的变革和创新精神是驱动其实施创业活动的重要力量之一。

3. 愿景型领导

愿景型领导强调领导行为的着力点是"组织愿景",包括愿景的构建、宣传、交流和实现,这是对领导行为理论在行为出发点方面的重要补充和发展。通过引入愿景的内涵,新的领导范式拓展了传统的领导者角色,并与组织文化相联系,凸显组织文化的重要性;同时,强调下属对组织愿景的情感反应,重视下属对愿景的认同以及愿景对下属的激励作用。

愿景型领导包含两个方面的内容:① 领导者通过清晰地向被领导者描述组织愿景,使其成为领导者和被领导者共同的感知框架,来帮助他们归属于一项重要的任务、事业或使命,诠释追求过程中的事件和行动,实现领导行为与组织愿景的协同。② 组织愿景与个人愿景互动成长,为组织学习提供焦点和能量,建立起一种学习型组织。组织愿景阐述了变革的整体方向,提供了一种新的规则,使员工认识到通过学习与成长可以实现变革,激励员工采取正确的措施,从而使组织与个人变得卓越。

4. 文化型领导

组织文化可以解决组织外部适应(确定组织的任务、目标、方法、标准等)和内部凝聚(发展共同语言,确定团体边界、权力和地位以及成员关系等)问题。组织文化是企业的无形资源，对形成竞争优势具有重要的作用。对于领导者而言，不仅要创建文化，而且要管理和维护文化，在必要时还要变迁或重建文化，领导组织进行变革和创造性的活动。

领导者的领导行为会为组织带来实绩性（完成企业任务）和文化性（形成企业文化）两个方面的结果。领导者的个人价值观、领导风格、行为对于组织文化的形成、传播和变革具有至关重要的作用，因而领导过程和文化建设过程是紧密联系的。当组织文化沉淀下来以后，文化型领导会产生三个作用：① 决定最高领导者是否会去挖掘和培养具有领导潜力的人才；② 决定组织是否鼓励具有领导才能的人发挥领导作用；③ 决定组织是否拥有能够凝聚各个方面领导积极性的非正式关系网络。

第二节　创业组织领导概述

创业实质上是一种创建组织以及治理组织内部的系统变革活动，没有现成框架可供使用。因此，创业的关键在于领导而不是管理。创业组织成立伊始，创业活动已从个体拓展到组织层面，逐渐融入传统意义上的各项管理职能中。对创业组织的有效领导，促使组织每个人的思维和行动能充分发挥作用，是创业组织持续成长的重要因素。

创业导致价值观改变的原因在于一种创业精神的融入，需要愿景的沟通与传播，以组织文化为载体得到传承，是一个领导变革的过程。因此，创业变革的研究重点在于创业领导者如何通过变革管理过程增强紧迫感，组建领导团队，设计愿景和战略，传播变革愿景，授权行动，创造短期成效，巩固成果以推进变革，将创业精神融入组织文化并进行传播和传承（王云峰，2008）。

一、创业者的组织领导力

领导力是激发自己、影响组织氛围和实现目标的能力，是一种有效地领导自己、领导组织以及积极地影响他人的重要力量，更是一种未来社会所不可或缺的能力（薛阳，2014）。创业者是创业企业的领导者，是创业领导过程的核心成分，更是创业成功的关键主观因素。创业者的组织领导力是指为了达成组织目标，通过构建相关机制，动员职工围绕组织使命和愿景共同奋斗的一种能力。有效的组织领导力能够改善组织的问题，使组织适应内外部环境变化，并赋予员工热情的能力。在创业组织发展过程中，创业者对创业组织的领导及其领导行为对创业企业绩效具有重要的影响（符健春等，2008），其中包括创业者对创业组织的权力管理、创业团队的领导以及创业组织管理机制的构建等。

（一）创业组织的权力管理

创业领导者从哪里获得影响创业活动或决策的权力和能力？领导者权力有五种来源：法定权力、强制权力、奖赏权力、专家权力和参照权力（罗宾斯，2021）。对创业者而言，权力管理的重点在于法定权力和专家权力的管理。

1. 法定权力

法定权力代表领导者在组织中身处某个职位而获得的权力，其内涵比强制权力和奖赏权力更加广泛。在创业组织成立之初，相关的组织制度设计就应该明确法定权力的事项；它代表创业者对创业组织的控制权与管理权在法律意义上的合法。

创业者是整个创业组织的关键人物，创业组织的价值观、愿景使命和发展方向等重要决策都与创业者息息相关。在股东会、董事会的决策上，创业者要拥有控制权，包括投票权和决定权。在进行外部融资时，要合理分配股权，创业者可以和投资方与股东协商团队管理事宜，但要注意应该明文规定各自的权限范围，不能让其肆意干涉自己组建团队的权力，从而避免出现自己建立了一个强大团队，却因为没有股份、没有权力，在真正危难时没有办法做出决策，而错过投资和独立发展的机会。

同时，创业组织的权力管理要拒绝股权平衡结构。所谓股权平衡结构，是指公司的大股东之间的股权比例相当接近，没有其他小股东或者其他小股东的股权比例极低的情况。这往往容易造成股东决策僵局，导致公司控制权与利益索取权的失衡。这将极大地影响创始人的决策效率，也极其容易促使其他创始人另起炉灶，导致创业组织解体。

例证 6-1

三次易主——于刚、刘峻岭离开 1 号店去追求新梦想

2. 专家权力

专家权力是基于专业技术、特殊技能或者知识的权力，意味着领导者对某种事项敏锐的、深刻的认知。假如员工拥有对工作群体至关重要的技能、知识或者专业技术，那么该员工的专家权力也会得到提升。

创业者是创业组织最初技术知识的提供者和新颖想法的践行者，这使得他们拥有创业组织内的专家权力。创业者的技术能力直接体现为创业组织最初的创新能力，其新颖的想法源于其独立思考和对生活需求的敏感捕捉，为创业组织提供发展方向和战略。创业者专家权力的表现在于：具有强烈的独立思考的欲望和能力，具有批判性的眼光和习惯；对社会的一些现象和商业中的一些状态不满足，有冲动做些不同的事情，并且以此认知指导创业实践，运用习得的知识能力和拥有的物质资源来满足和创造需求，乃至创建新的商业模式。

2016 年 6 月，赛富亚洲投资基金管理合伙人阎焱在"寻找中国创客"上海论坛上发表了题为"价值创造的逻辑，0～1 和 1～N"的演讲。阎焱指出，创业有两种模式：第一种是"从 0 到 1"；第二种是"从 1 到 N"。前者是创造新的产品、服务和商业模式；后者是用已有的技术和商业模式以更低的成本和价格为用户提供产品和服务。在过去二十多

年里,中国的创业主要是"从 1 到 N"的复制模式。这种模式让我国这个后发展的国家有了一个"弯道超车"的机会。但今后的 5 年、10 年乃至 50 年,中国最大的挑战是打造"从 0 到 1"的创新创业模式。这意味着创业者的专家权力要尽量来源于"从 0 到 1"的模式,为商业社会贡献更多的想法、更好的服务和更新的业态。

(二)创业团队的领导

一个喜欢独立奋斗的创业者固然可以谋生,然而一个营造团队的创业者却能够创建出一个组织或一个公司,而且是一个能够创造重要价值并产生持续收益的公司。创业团队是指在创业初期,由一群才能互补、责任共担、愿为共同的创业目标而奋斗的人所组成的特殊群体。创业团队的凝聚力、合作精神和立足长远目标的敬业精神都会帮助新创企业渡过危难时刻,加快成长步伐。另外,团队成员之间的互补、协调以及与创业者之间的补充和平衡,对新创企业起到了降低管理风险、提高管理水平的作用。因此,创业者领导创业团队的首要任务是培养自己的团队,然后根据各人所长充分授权,发挥团队优势。

1. 培养创业团队

激烈的市场竞争和快速的技术发展使得团队成为创业的重要参与主体。创业者应当牢记,只有当创业团队优秀时,创业者才能一起优秀。

首先,创业团队的领导应该花时间培养创业团队,招聘那些在某些工作上比自己做得更棒的人,激励他们,让他们完成他们从来没想过能做到的事情,在引导创业团队为"一项事业"共同奋斗的同时,给他们自由空间,发挥他们的特长,构建一个异质却又同心的团队。

其次,创业者应对团队不同成员的个性、知识、技能和能力进行有效的整合,以保持团队的竞争优势。创业者在创业团队中扮演了指导者、促进者、交易者、生产者以及风险承担者的角色。这要求创业者领导的核心能力是了解团队成员,并把合适的人放在合适的位置,从而在兼顾机会导向和优势导向的基础上更好地带领团队成员促进创业组织发展。中国著名企业家柳传志曾说,一个优秀的企业领导者应该像一根坚韧的绳子,能够把一串珍珠串起来。创业者应该具备培养团队并把团队凝聚起来,让大家一起协调工作的能力。

最后,创业者应该像对待家人那样对待创业组织成员。创业不容易,创业企业并不只是一个工作的地方,更是一种生活的方式。作为创业者,工作的重点不是把每个人的工作都做了,而是帮助他们把工作做得更好,告诉他们你的期望,并指出需要他们改进的地方。

2. 员工授权

创业者是领导者,而成功的领导者更多地依靠领导和激励他人来实现组织目标。我们经常会看到这样一些创业企业,已经有了一定规模,但创始人依然事无巨细都要亲自过问,一到办公室,立刻围上来一堆请示、汇报和拿着单据签字的人。其实,当创始人觉得管不过来、精力不够用时,就是该授权的时候了。

授权是指增加员工的决策自主权。在员工和团队能够做出直接影响其工作的关键业务决策上，创业者可以授权。一方面，实施授权是由于在动态化竞争环境中，要想取得成功，需要组织能够快速决策和实施变革，而这需要由对相关事项最为精通的人员做出快速反应和决策——他们往往是组织的一线员工。另一方面，创业者在创业初期凡事亲力亲为，但企业发展到一定阶段后又必须脱离具体事务，把精力放到更高的层面，所以创业者更应该授权给下属。创业者最主要的事情是制定公司战略，他需要有高瞻远瞩的远见，尤其在技术变化非常快的互联网和信息技术领域，创业者的远见将直接决定企业未来生存的状况。每位创业者都要经历从做具体业务到做决策、把控大方向的转变。这是创业者对自我的突破，也是创业企业良性发展的表现（及轶嵘，2013）。虽然授权并不是激励员工做好工作的"灵丹妙药"，但拥有足够的知识、技能和经验并圆满完成工作任务的员工对创业组织大有裨益。

（三）创业组织管理机制的构建

管理机制是指管理系统的结构及其运行机理。管理机制本质上是管理系统的内在联系、功能及运行原理，是决定管理功效的核心问题。管理机制一旦形成，就会按一定的规律和秩序自发并能动地诱导和决定企业的行为（张阿芬，2013）。

创业过程是一个发现并捕捉市场机会并由此创造出具有潜在价值的新产品和新服务的过程，是创业者、创业资源、创业机会和组织环境等各创业要素之间相互作用、相互协调的动态过程。成功的创业离不开对创业过程科学有效的管理。创业组织管理机制的形成涉及组织内各要素之间的相互联系，是一个复杂动态的系统（许占鲁，2016）。

创业组织管理机制是指为了推进创业，合理规避或者化解创业各环节风险而建立起组织内外各因素、各环节之间的相互联系，实现全面、高效地管理创业过程的各个环节的运行体系。创业组织管理机制主要包括动力机制、约束机制和文化倡导机制。

1. 建立完善的创业动力机制，实施多重激励

在心理学层面，激励是指能够促使个人采取实际行为的心理过程。创业管理体制中的激励是指能够激发创业人员的工作动机，发掘创业机会，采取各种有效合理的方法去调动创业员工的积极性，最终完成组织的计划任务。创业需要承担很大的风险，因此要建立动力机制，通过从企业愿景、使命、个人报酬和效益索取权等方面对创业者及其团队成员进行激励，将物质与精神两个方面结合起来，既满足员工的经济利益，又满足创业组织的目标。

在创业初期，物质激励与精神激励同等重要。物质激励是精神激励的基础，精神激励是物质激励的丰富和升华。创业企业只有正确运用物质激励，丰富精神激励的内涵，将物质与精神两个层面的激励充分结合起来，才能真正调动企业员工的积极性。

2. 建立和健全创业约束机制，制定创业评价办法

管理机制在本质上是管理系统内部的内在联系，其中约束机制包含权力、利益和责任的约束。创业组织要加强对创业过程中创业活动的监控，制定符合创业活动各阶段的风险评价办法，建立约束创业人员的行为机制。它包括：① 要建立公开透明的财务机制，逐渐形成财务约束机制。建立新企业是一项风险极大的投资活动，所以创业者必须建立

一套科学严密的资金运用和财务监管机制,培养创业成员对市场技术和市场需求变动的敏锐观察力。② 建立权力平衡约束机制,运用新型的权力制衡制度将创业人员与企业之间的柔性进行调节,形成既相互制约又与企业目标相关联的权力结构体系。③ 建立多重的利益与责任约束机制。将创业者利益和员工利益与企业利益结合,实现利益的均衡。遵循"谁创造谁受益,谁受益谁负责"的原则,明确利益与责任的主体和范围,既以利益激发员工工作的创造性和积极性,又以责任约束其从公司整体利益出发,最大限度地为自身和公司创造价值。

3. 建立创业文化倡导机制,鼓舞创新、宽容失败

企业文化是一个企业精神的集中体现,是企业开拓创新的根基,更是创业企业向前摸索的灵魂。成功的创业活动离不开强有力的企业文化支持,那些鼓励创新、宽容失败的企业是培育创新基因的肥沃土壤。

要持续地推进组织创业,首要任务是从企业战略的高度确定创业愿景和使命,并与企业员工共享和追求这一愿景。创业活动的根本动力来源于创业成员的创造才能和持续努力,而被员工理解并广泛认同的愿景和使命会产生极大的号召力,激发起企业员工为未来的憧憬而奋斗的强烈愿望。

鼓励员工积极进行创新创业活动,最主要的是创建有利于企业内部创新的创业文化,包括:① 构造有利于技术创新的开放性的生产结构;② 营造容忍员工失败并从失败中学习的宽容进取的文化氛围;③ 形成将创业本身作为目标、将工作视为乐趣的工作观念;④ 打通有利于内部人才流动和信息传播的沟通机制;⑤ 明确鼓励员工发挥聪明才智的政策导向等。在创业过程中,创业者重视创业文化的营造和创新氛围的形成是十分重要的,它不仅影响创业员工潜能的发挥,而且对创业组织的持续成功具有重大影响。

在商业文化和规则文明日益浓厚的今天,一开始创业,创业者就要学会运用商业规则去处理事情,明确自己的股权和控制权。模糊的股权和不完善的退出机制很可能成为"定时炸弹",在企业运转到日后的某个时刻突然爆炸,使得创业企业和创业者都蒙受重大的损失。在确立自身的权力后,创业者应该着手培养一支优秀的异质团队,通过授权和信任激励创业成员为组织和自己创造价值。最后,构建起相关的管理机制,处理好在创业过程中遇到的利益、责任、激励和文化影响等问题。

当自由创新的文化土壤、没有束缚的创意市场、寻求投资机会的资本、精力充沛的人才等生产要素在企业内结合时,随着相应的管理机制逐步完善,一定能够有效地促进创业者和创业组织的成功。

二、创业者的道德领导力

随着市场交易活动的扩大和繁盛,日益凸显商业道德的重要性。经济丑闻、诈骗、企业高管因为道德缺陷引发的各种管理不善的问题,以及对被领导者人性化关怀的提倡,使得人们越加关注领导者的道德问题。在初创企业发展早期,建立起具有商业道德与社会责任的企业战略,对创业者来说绝非易事。商业伦理和道德问题会给创业者带来巨大的挑战,而创业者自身的价值体系正是创建符合商业文明和道德规范的企业的关键。在

重大的决策中，创业者有机会表现他们的诚实、正直与高尚的道德，他们的行为是员工学习的榜样（唐纳德·F.库拉特科，2014）。

道德领导力是指领导者借助道德的影响和专业的权威，在帮助员工实现自我管理的同时，营造信任、亲密、和善氛围以将组织转变为一个共同体，从而更好地实现组织目标的能力（童宏保，2012）。创业者的道德领导力是指创业者以其自身良好的道德品质和专业技能，注重人格化的承诺，努力营造家庭式氛围，让组织成员感觉到自己的责任和义务，从而真正全心全意地投入工作的能力。

在创业企业中，创业者在道德方面的影响力要超过成熟的大企业，因为他们的领导力不会被多层级的管理分散和削弱，而且在企业中员工有机会经常接触他们，进行观察和了解。因此，在企业的运营和决策中，创业者都应该建立较高的道德标准。

"硅谷蹭饭门"——吹米创始人请正下三观

（一）创业者道德品质的意义

创业者是初创企业的领导者，个人的道德品质对其业务开展和员工管理都有重要的影响，对企业的发展也起着至关重要的作用（陈倩娟，2016）。

道德与创业者所持的伦理观相关，品质则决定了创业者的态度或价值观念，进而影响行为习惯、心理与认知过程、动机及动力。良好的道德品质是一切人才精英所应当具备的基本素质，也是优秀创业者取得成功的重要内在因素。创业者的道德品质直接影响企业管理效益的高低。创业者具有聪明才智的同时兼具良好的道德品质，这是一个企业走向成功的重要因素。

在工作和生活中，创业者的一言一行所表现出的道德品质是一种无形的精神力量，会对企业和员工产生潜移默化的影响。创业者在管理好企业和员工之前，必须先管理好自己，这样才能令人心服口服，才能使别人听其管理，自己的身体力行才能起到榜样和表率作用。很多企业家都从自己的经营实践中认识到了道德品质的重要性（王云峰，2008）。

（二）创业者应有的道德品质

优秀的创业者大多拥有出色的道德领导力，这保证了他们的创业道路始终在道德和正义的约束之内，不至于走偏，也使得创业者和创业企业赢得员工与客户的信任。优秀的创业者应有的道德品质包括责任意识、宽容气度、诚实守信和自律自省等美德。

1. 责任意识

创业者作为初创企业的领导者、决策者，对企业有着领导、组织、决策等方面的职责。首先，优秀的创业者要有以发展企业为己任的高度责任意识，这样才会在工作上全力以赴、敢于冒险，也敢于承担风险，才能在企业的管理上充分发挥自己的才能，实现自己和企业的价值。其次，优秀的创业者并不把在自己领导下获得的物质利益看作最终目的，他们一般把它看作为社会、国家做贡献的手段和方式。他们具有强烈的社会责任意识，在对股东利益负责的同时，还承担起对员工、对消费者的社会责任，包括遵守商业道德、保障员工的生产安全和职业健康、保护劳动者的合法权益等。

创业者要强化责任意识，提高自我人格修养的能力，把这种责任意识内化为自身的优秀品质，促进个人价值与社会价值实现统一，从而发挥出创业者应有的积极性，为社会发展贡献智慧和力量。

2. 宽容气度

宽容是中国传统的美德，更是一种良好的处世态度。优秀的创业者不应该拘泥于小节，应该做到心胸开阔。创业伊始，工作烦琐，凡事都更要多加包容。宽容主要包括如下三个方面：① 在非原则问题上，创业者要宽容豁达，对人宽容，营造和谐、宽松的工作环境和心理环境，从而有利于各项工作顺利地开展和落实；② 创业者应该能够倾听和接纳与自己不同的思想和人，让每个人都能畅所欲言、各抒己见，以此来碰撞出更多的激情和创意；③ 创业者也应该宽容地对待下属的缺点和错误，制订合适的人才计划，对有独特想法和潜力的员工进行栽培，给予他们更多的鼓励，促使他们为企业发展做出贡献。

创业者在领导和管理企业时，如果能够秉承宽容的气度，塑造包容的企业环境，接纳不同的声音，并宽容地对待员工的错误，将有利于激励员工的工作积极性，提升创业活动的有效性。只有用自己良好的宽容气度、优秀的管理艺术，创业者才能树立自己的威望和声誉，推进创业企业的发展。

3. 诚实守信

创业者的创新和经营必须基于诚实守信。诚信之于企业如同诚信之于个人，个人不讲诚信，无法立足于社会；企业不讲诚信，难以实现持续发展。在管理经营中，创业者应该深思熟虑，慎重地作决策。既作决策，则需诚信，就要兑现自己的承诺。诚实守信主要包括如下三个方面：① 对待合作伙伴，创业者要恪守商业规则，明确各自的权利、义务，诚实守信地开展业务合作；② 对待消费者，要保证产品和服务的品质，诚信经营，拒绝假冒伪劣、以次充好，不断满足消费者的需求；③ 对待员工，应该使他们获得与付出的劳动同等的报酬，兑现员工培训和提升的承诺。企业有了对员工的诚信，员工愿意为企业创造价值，公司也就更能对合作伙伴和消费者产生诚信，实现多方共赢。诚信地对待企业员工，其实是企业员工管理的一个重要方面。

孔子曰，"民无信不立"；孟子言，"诚者，天之道也；思诚者，人之道也"；墨子道，"言不信者，行不果"。中国古代的思想家用睿智教育告诫我们要以诚待人、以信换心。诚信是中国传统管理思想中对创业者的基本要求，也是一个优秀的创业者所必备的道德品质。

4. 自律自省

自律自省是一种难能可贵的品质。创业是一个艰辛的摸索过程，创业者难免会遭遇各种困难，甚至犯错误，自律自省的品质会对创业者起到警示和鞭策作用。创业者首先要有自律的心态。创业和就业是两种不同的生活方式。创业者拥有大量的自主时间，需要合理分配利用，并且严格遵守时间计划的要求来开展创业工作。而在创业工作中，对创业者影响最大的莫过于情绪，创业者要做到自律，就必须要善于调整心态，能够自我管理和自我驱动。其次，创业者要做到自省，自省的过程就是不断学习与反思的过程。能否意识到自己所犯的错误，能否改正错误，继而不断地学习到新的知识，都显示出创业者有没有自省精神。

在创业初期，尽管企业强调以产品、服务质量取胜，但创业者的道德领导力同样也关系员工的利益和创业企业的声誉与存亡。一个有才能的创业者会给员工群体带来成功的希望，使人们对他产生一种敬佩感。一个有优秀的道德品格的创业者会给员工带来巨大的影响力，使员工产生崇敬感，吸引他们，并且潜移默化地影响他们。创业领导者道德素质的不断提高，也意味着其领导力的不断提升。

三、创业者的素质与领导力

创业者的素质与领导力是创业成功的重要保证，创业者的素质包括丰富的文化知识、良好的心理素质、善于沟通与合作等方面；创业者领导力的本质是影响力，主要表现为使团队成员具有归属感，能有效消除团队成员的消极心理，能将企业目标与创业团队目标、团队成员个体目标有机结合等。

（一）创业者的素质

创业者的素质泛指构成创业者的品德、知识、技能、经验和身体等要素在特定时间和环境内的综合状态，是具有内在的、本质的及相对稳定的身心要素的整体系统，对创业活动的效率以及成功与否有着巨大的影响（盛义保等，2020）。创业者的个性不同，成功的方法和途径也不尽相同。综合来看，创业者的素质主要包括以下几个方面。

1. 丰富的文化知识

创业活动对创业者的综合知识储备要求很高，创业者不仅需要掌握专业知识，还需要了解管理、营销、财务、法律等方方面面的知识；在企业发展的过程中，还要注重企业文化的塑造。以上种种都需要创业者有丰富的文化知识作为支撑。

2. 良好的心理素质

创业是一个风险很大的行为，创业者需要拥有良好的心理素质才有可能获得成功。成功的创业者大多可以做到不以物喜、不以己悲，在成功时，不会忘乎所以，依然能够保持清醒的头脑，清楚地看到不足之处；在失败时，拥有承担后果的勇气和魄力，不断总结、改进，寻找机会东山再起。

3. 善于沟通与合作

有效的沟通、合作对于企业发展，尤其是企业创业阶段起着至关重要的作用。创业者通过语言、文字等形式与企业内部员工、客户、公众媒体以及同行打交道，与周围的人进行有效的交流与沟通，为彼此间的合作铺平道路。在创业路上，学会合作才能达到资源的最优配置，才能排除障碍，化解矛盾，增强信任，降低工作难度，提高办事效率，为创业成功打下良好的基础。

4. 敢于冒险，坚持不懈

在市场经济大潮中，机会与风险并存。同样，在创业过程中，机会往往会伴随着风险，随着事业范围和规模的不断扩大，企业所取得的成就以及伴随的风险也就越大。在行动前进行风险评估，并制定相应的应对策略，才能为创业成功提供保障。创业的路途不可能是一帆风顺的，创业者需要有坚持不懈的毅力和意志。在遇到困难挫折时，不轻言放弃，不断地在困难中寻找机会，以求突破，哪怕是失败也不能被其击倒。创业者会根据市场的变化和需求，确定正确的目标不断拼搏，摆脱逆境，实现目标。

5. 良好的身体素质

身体是革命的本钱，创业者只有拥有健康的体魄，才可以应对创业这项时间长、压力大、内容繁杂的工作。创业者应注重日常锻炼，保持积极乐观的心态，确保自己身体健康、体力充沛、精力旺盛、思路敏捷，时刻以最好的身体状态投入创业活动中。

6. 树立危机意识

古语云："人无远虑，必有近忧。"创业者如果没有危机意识，那么在面对一些突如其来的变化时往往会显得手足无措，无法从容应对。而企业如果没有危机意识，对市场中的风险没有足够的敏感度和警惕性，则终将被市场所淘汰。所以，创业者应时刻保持危机意识，制定危机应对方案，并为之做好组织、人员、措施、经费上的准备，在危机到来之前做好所有的准备预案和保障措施。

（二）创业者的领导力

领导力泛指建立愿景目标、激发他人自信心和热情、确保战略实施的能力，是一种较高层次的综合能力。创业者的领导力主要表现在为新创立的公司设定目标，制订计划，建立一个高度自觉的、高绩效的工作团队，并能够将技术研发、市场开拓、财务管理等方面的不同人才凝聚在一起，形成协同优势，共同完成目标（李容芳等，2017）。

领导力能反映出创业者的个体素质、思维方式、实践经验以及领导方法，创业者的领导力对企业成长非常重要。新创企业过程中，创业者的领导力主要表现在以下几个方面。

（1）使每一个团队成员相信自己是组织中的重要一员，具有归属感。

（2）能有效消除创业团队成员的消极心理。

（3）能将企业目标与创业团队目标、团队成员个体目标有机结合，融为一体。

（4）尽可能地避免或消除创业过程中的不良工作作风，为他人树立良好的榜样。

（5）善于反思创业过程的不足之处，从失败中吸取教训。

（6）能够公正而诚实地对待他人。

（7）善于在创业过程中不断地自我激励并激励、调动他人的工作热情，组建和谐的创业团队。

第三节　大学生创业领导力的培养和提升

领导力不仅仅限于领导一个团队或者组织的能力，还在于在自我摸索时以恰当的标准进行自我领导的能力。领导力不只是领导者才需要，而是每个人都需要。良好的领导力是当代大学生必备的基本素质。

领导力是创业能力的重要组成部分。培养大学生的创业核心竞争力，除重点培养他们的创业激情、冒险精神、创新创造力和顽强的创业品质之外，还要重点培养和提升他们的创业领导力。大学生创业领导力的培养和提升，对于改变目前大学生创业教育效果不显著、大学生创业率和创业成功率不高的现状具有重要的现实意义。高校应有针对性地通过各种有效方式培养和提升大学生的创业领导力，包括注重观念引导、重视课程设置改革、深化榜样的影响力量、塑造优质的创业师资队伍以及强化学生的主体作用。

一、大学生创业领导力的内涵

创业领导力，即主体发现某种信息、资源、机会或者掌握某种技术后，带领自己的团队充分利用人力资源和客观条件，以最小成本转化创造更多的财富和价值，提高办事效率和达到最优效益成果，以实现整个团队某种最高追求或目标的一种能力。创业领导力实际上是创业变革过程中及时调整领导结构的能力，是创业决策过程中学习认知机制不断完善的能力和文化凝聚的能力。

大学生创业领导力是指大学生创业者在发现创业机会、进行创业学习和管理创业活动等方面能力的总和。它包括主体自我创业学习，并在践行创业活动时有效地动员创业团队的能力，是大学生基于自身特质所拥有的、有价值的、独特的且不容易被竞争对手模仿和替代的竞争能力和优势，是大学生开创事业、实现经济和社会价值的核心能力（樊晶等，2011）。大学生创业领导力包括创业管理过程中所需要的知识与能力，特别体现为创业者自我效能感、先验知识、资源整合能力和团队建设能力（李国彦等，2017）。

对大学生而言，创业领导力主要体现在四个方面：① 掌握扎实的创业知识，撰写出吸引人的商业计划书；② 洞察创业机会，并将其转化为创业行为，满足市场需求；③ 组建团队，明确团队分工，形成合力；④ 建立良好的管理机制，促进创业活动持续、良性地进行。

二、培养和提升大学生创业领导力的意义

大学生创业在提高大学毕业生就业率和社会稳定方面发挥着越来越重要的作用。培养和提升大学生创业领导力，对培养更多的具有创业领导力的人才、提升大学生的综合素质和推动大学生创业教育改革等三个方面具有重要意义（樊晶等，2011）。

（一）培养更多的具有创业领导力的人才

缺乏具有领导力的人才是一个全球性问题，而中国因为领导教育起步晚，而使我国成为缺乏领导力人才比例最高的国家。大学生的发展和国家经济社会的发展息息相关。

现代大学生虽有丰厚的理论知识，但社会实践能力却普遍尚浅，更严重的是缺乏创业领导力，没有自主意识，不能很好地进行自我指导、自我激励和影响他人。高校加强创业领导力的教育，能够直接为社会培养更多拥有创业领导力的创业人才，还能间接地为各个工作岗位培养更多具有领导力意识、企业家精神和创业奋斗精神的工作人员。

（二）提升大学生的综合素质

培养和提升大学生的创业领导力，使大学生在创业实践活动中将创造力与动手操作能力、组织协调能力、心理承受能力、团队合作精神和社会适应能力等综合素质相互促进，产生积极影响，迸发出创造性火花，形成更高层次的创新精神和创新能力，从而极大地提升大学生的自身综合素质。培养和提升大学生的创业领导力，对大学生创新精神的培养、创业能力的提升和领导力的发展都具有重要意义。

（三）推动大学生创业教育改革

国务院办公厅、教育部多次下发文件，如《国务院办公厅关于进一步做好高校毕业生等青年就业创业工作的通知》（国办发〔2022〕13号）、《关于做好2023届全国普通高校毕业生就业创业工作的通知》等，明确要求各地各高校要按照要求，结合本地本校实际，深化创新创业教育，激发学生的创新创业意识，提高学生的社会责任感、创新精神和创业能力，促进学生创业就业和全面发展。而创业领导力是创业能力的重要组成部分，因此，大学生创新创业教育必须要加强大学生的创业领导力培养。

近年来，我国部分高校在大学生创业领导力培养方面进行了尝试与探索。例如，清华大学、成都大学、上海中医药大学、西南财经大学等少数大学为大学生开设了公共必修或选修课程。其中，清华大学开设的创业领导力课程主要是为了提升创业教育的创业领导力；成都大学的学生领导力、上海中医药大学的大学生领导力开发、西南财经大学的大学生领导力提升等课程则主要是面向全体本科生的素质提升类选修课（陶丹，2022）。

共青团中央、全国青年联合会与联合国国际劳工组织合作，自2005年8月起在中国大学中开展KAB创业教育项目。该项目通过教授有关企业和创业的基本知识和技能，帮助学生全面地认识创业，普及创业意识和创业知识，培养具有创新精神和创业能力的青年人才。截至2022年3月，KAB创业教育项目在430多所高校搭建大学生KAB创业俱乐部，每届会员10万左右，每年开展创新创业实践活动数千场次，是各高校最具创新创业活力的大学生社团；引进编译出版《大学生KAB创业基础》教师用书、学生用书两套教材，建立了师资培训、教学研究、质量控制、课外实践和交流推广五大体系；组织编写了《大学生创业实训指导》，受到师生的广泛欢迎。此外，部分高校开设了《SIYB创业培训》课程，SIYB是国际劳工组织为促进就业、帮助微小企业发展而专门研发的一系列培训企业家的培训模式。SIYB创业培训可以帮助大学生树立创业意识，厘清创业思路，学习创业技能，增强创业能力。

三、培养和提升大学生创业领导力的策略

培养和提升大学生创业领导力是一项长期的任务，高校应该在注重观念引导、重视

课程设置改革、深化榜样影响力量、强化大学生的主体作用四个方面有所作为。

（一）注重观念引导，在多元认知中促进大学生就业观念的转变

我国高等教育一直以来是就业导向，是帮助学生找到薪酬和福利优越的职业，但缺少对其自我创业潜能的激发。正是这种片面就业观念的引导，使得在校生和毕业生进行创业的寥寥无几。高等教育培养的大学生不仅是求职者，更应该是成功的企业家和就业创造者，高校要积极更新和转变就业指导思路，重视观念对大学生的引导作用（王永坤等，2014）。

1. 明确创业教育培养目标

创业教育培养目标是指创业教育所要达到的目的和标准。明确的创业教育培养目标关系国家、社会相关制度政策的正确制定和相关支持体系的构建，也有利于纠正在创业教育实践中存在的认识偏差。对高校来讲，设立明确的创业教育培养目标是学校开展创业教育的出发点与归宿，也是构建创业教育课程方案等教育模式所要解决的基本定位问题（唐金湘，2020）。创业教育培养目标涵盖了创新创业思维、创业能力和创业精神等内容。

2. 多种渠道培养自主创业精神

学校要大力倡导自主创业，转变教育理念，鼓励大学生走出毕业即求职就业的传统思想，在校内广泛宣传自主创业精神的可贵并嘉奖创业活动，同时也要强调自主创业在社会需求上的紧迫性，开展创业讲座，推广大学生创业的模范和经验，运用丰富多彩的有效渠道培养学生的创新创业意识和自主精神。

（二）重视课程设置改革，开展创新实践训练

创业是一个跨越多个学科领域的复杂现象，经济学、管理学和心理学等不同学科都从其独特的研究视角进行观察和研究，而在各个学科领域又衍生出不同的创业研究方向。由此可以看出，创业领导力的培养是与各个学科领域密切相关的。学校应开设相关课程，在课堂教学中学习和领会领导力，在学习领导力理论基础后再开展实地的领导力实践演练训练。

1. 合理划分课程类型，加大选修课比重

课堂教学是高校培养创业领导力最基本的教育形式，课程则是教学过程的核心。在创业领导力开发过程中，学校应该做好课程开发和教学组织工作，更合理地分配必修课、必选课和任选课的比例，加大选修课在所有课程类型中的比重，利用课余时间加大选修课的投入，在选修课中设置多种培训创业领导力的课程，让学生有更多的根据自己的兴趣选择课程的权利。

2. 拓展多元课程形式，整合多种教育资源

高校要更重视除课堂讲授之外的多渠道、多种类的课程形式。例如，通过创业项目主题讨论、创业模拟游戏、小组活动等多种课程形式使课程更具有启发性和实践性，包括"创业计划设计""实地考察""企业家论坛""创业创新领导力讲座""创业沙龙"等。通过这些丰富多样的形式，可以更好地融合创业理论教育和创业实践活动，拓宽学生学习的范围和视野，整合各种创业教育资源，使学生在掌握扎实的专业知识同时，又学到现代管理经验、团队协作精神，从而培养出卓越的创业领导力。

（三）深化榜样影响力量，塑造优质的创业师资队伍

一支高素质的师资队伍，是有效培养和提升大学生创业领导力的关键。高校一方面要培养一支掌握创业相关理念和具备创新精神的教师队伍；另一方面，要通过引进教师、聘请企业家和创业者等形式进一步优化高校教授创业的师资水平。

1. 加强与企业合作

加强校企合作，关键是拓宽校企合作渠道，可以从两个方面着手：① 高校要多输送学生去企业基地实习锻炼，在企业文化和真实训练中收获创业经验；② 鼓励高校教师到企业中任职，体会领导力的真正含义，切实增加师资队伍对创业领导力的更深理解和对企业整体的把握，培养出具有创业领导力的学生。

2. 邀请榜样言传身教

身教重于言教，学校可以邀请企业家进校园为学生开展专题讲座、分享创业经验和传授创业技能。企业家和企业的高层管理人员往往是企业文化的塑造者，他们的言行、气质、风度、品德对学生具有示范和引导的作用。他们拥有丰富的创业实践经验，深谙企业文化，可以根据现实环境提出有效且具有操作性的建议，帮助学生快速积累经验，并且从实战训练中提升创业领导力。企业家们分享创业经历和业绩，可帮助学生开启思路、树立创业理想、学习创业方法和激发内在潜能，使学生对创业的认知更加深入，吸收榜样的优秀品质和创业经验，并感受到创业成功者带给他们的力量。

（四）强化大学生的主体作用，提高综合创业素质

大学生是培养和提升创业领导力的主体，其主观能动性在整个能力培养过程中起着决定性作用。学校要使创业教育真正内化为学生的能力，就要有效地激发大学生的主体作用。

1. 帮助大学生准确地整合信息资源，明确创业方向

经验、资金、人脉以及技术项目等要素都是通向成功创业的必备条件。首先，高校要引导大学生，广开信息来源渠道，不仅要在书本上获得创业信息，更要时时关心国内外时政和形势，以时势为基础开阔眼界，在掌握大环境的前提下，把握市场趋势，明确创业需求。其次，高校要培养大学生敏感而又有谋略的能力，鼓励其尝试分析特殊事件、社会某种矛盾、产业与市场结构变迁的某种趋势等，在这样反复量变的思考中发现创业机会，整合自身拥有的资源和获取的信息，探索符合自身的创业方向。

例证 6-3

高校为学子创新创业提供"沃土"

2. 帮助大学生开展团队合作，构建创业力量

高校应该通过知识教育和资金奖励等途径帮助大学生培养和发挥团队合作的精神，鼓励他们跨专业、跨年级、跨院校组建创业团队，启发他们重视身边及潜在的人脉关系。这是因为创业最关键的环节是拥有一个志同道合、生气蓬勃的团队。在大学生创业团队中，创业领导人不仅要明确工作职责，量化每个队友的工作量，建立起规范的监督机制，还要建立一个透明公平的奖惩机制，公私分明，公开公正，量化团队成员的工作绩效，以绩效论成绩。在创业奋斗过程中，创业领导者还要注重诚信尽责和自我修炼提升，多与团队成员沟通协作，求同存异，对每个成员进行个性化管理，最大限度地构建创业力量。

例证 6-4

广东：鼓励各地、各高校等为大学生创新创业提供技术创新服务

3. 帮助大学生及时总结创业经验，纠正创业偏差

在创业过程中，失误不可避免，大学生要学会承担之前的失误决策所带来的亏损后果。同时，创业导师要帮助创业领导人端正态度，总结创业过程中的失败经验，及时纠正创业偏差，制定适合创业企业继续发展的策略，帮助其在自我反省的同时与团队成员一起分享经验和教训，树立创业信心。

本章小结

1. 领导是指领导者对下属施加影响，以促进下属完成组织目标和任务的过程。领导是发现变化、管理变化和创造变化，它与管理具有一定的区别。

2. 创业者的组织领导力是指为了达成组织目标，通过构建相关机制，动员职工围绕组织使命和愿景共同奋斗的一种能力。

3. 创业者对创业组织的领导力及其领导行为对创业企业绩效具有重要的影响，包括创业者对创业组织的权力管理、创业团队的领导以及创业组织管理机制的构建三个方面。

4. 创业组织管理机制是指为了推进创业，合理规避或者化解创业各环节风险而建立起组织内外各因素、各环节之间的相互联系，实现全面、高效地管理创业过程的各个环节的运行体系。它主要包括动力机制、约束机制和文化倡导机制。

5. 创业者的道德品质对其业务开展和员工管理都有重要的影响，对企业的发展也起着至关重要的作用。交易活动的扩大和繁盛，要求创业者应该具有优秀的道德领导力，包括责任意识、宽容气度、诚实守信和自律自省等美德。

6. 创业者的素质泛指构成创业者的品德、知识、技能、经验和身体等要素在特定时间和环境内的综合状态，是具有内在的、本质的及相对稳定的身心要素的整体系统，对

创业活动的效率以及成功与否有着巨大的影响。

7. 创业者的领导力主要表现在为新创立的公司设定目标，制订计划，建立一个高度自觉的、高绩效的工作团队，并能够将技术研发、市场开拓、财务管理等方面的不同人才凝聚在一起，形成协同优势，共同完成目标。

8. 大学生创业领导力是指大学生创业者在发现创业机会、进行创业学习和管理创业活动等方面能力的总和。它包括主体自我创业学习，并在践行创业活动时有效地动员创业团队的能力。

9. 培养和提升大学生创业领导力是一项长期的任务，高校应该在注重观念引导、重视课程设置改革、深化榜样影响力量、强化大学生的主体作用四个方面有所作为。

课程思政

1. 在新形势下，必须按照科学发展观和科学创业观的要求，不断完善创业领导体制，努力提高创业领导能力，积极采取有效举措，促进我国创业型经济的持续快速健康发展，顺利实现构建社会主义创新型国家的宏伟目标。

2. 高校应有针对性地通过注重观念引导，重视课程设置改革，深化榜样影响力量，塑造优质创业师资队伍，强化学生主体作用，有效培养和提升大学生的创业领导能力。

思考练习题

一、简答题

1. 什么是领导？领导与管理有何区别与联系？
2. 现代领导理论的主要发展历程是什么？
3. 什么是领导力？创业者的组织领导力包括哪些方面？
4. 什么是道德领导力？创业者应有的道德品质包括哪些方面？
5. 如何培养和提升大学生的创业领导力？

二、单项选择题

1. 领导权变理论的三种情境因素不包括（　　）。
   A. 领导者与成员关系　　　B. 工作结构
   C. 领导者的职权　　　　　D. 员工的能力

2. 领导者在组织快速发展的过程中，不断展现自己激励和鼓舞下属战胜艰难险阻的能力，属于（　　）。
   A. 魅力型领导　　　　　　B. 授权型领导
   C. 交易型领导　　　　　　D. 愿景型领导

3. 为了推进创业，合理规避或者化解创业各个环节的风险，建立起组织各个环节之间的相互联系，实现全面高效地管理创业过程的各个环节，创业者应该（　　）。
   A. 培养创业优秀团队　　　B. 提高道德领导力
   C. 构建创业管理机制　　　D. 进行员工授权

 **心理测试**

女性创业领导力的测评问卷

当前,女性创业者和企业家在全球经济转型升级过程中日益起到关键的领导作用,而国内地区有关女性创业者与企业家的调研报告显示,大多数女性创业者和企业家的领导力有待提升。由此,开发女性创业领导力成为提升女性创业者和企业家应对转型升级能力的有益举措(杨静,2014)。

阅读表 6-2 中的各项表述,根据实际情况进行评价。如果你(限女生)的小计分是 68 分或更高,你就可以算是一位创业领导力较好的女性。

表 6-2 女性创业领导力的测评问卷

量表内容	陈述内容	完全不相符	不相符	较不相符	基本相符	较多相符	绝大多相符	完全相符
创业信心	1. 我有信心进行市场分析	1	2	3	4	5	6	7
	2. 我有信心想出新点子	1	2	3	4	5	6	7
	3. 我能够依据制定的目标合理地进行时间管理	1	2	3	4	5	6	7
	4. 我能够制定组织职位职责与政策	1	2	3	4	5	6	7
	5. 我能够承受适当的风险	1	2	3	4	5	6	7
性别角色特征	1. 我敢于冒险	1	2	3	4	5	6	7
	2. 我精力充沛	1	2	3	4	5	6	7
	3. 我善于分析	1	2	3	4	5	6	7
	4. 我善于倾听	1	2	3	4	5	6	7
	5. 我善于交际	1	2	3	4	5	6	7
	6. 我追求财富	1	2	3	4	5	6	7
日常领导行为	1. 鼓励管理团队和员工主动发现和利用机会	1	2	3	4	5	6	7
	2. 遭遇创业失败不服输、不放弃	1	2	3	4	5	6	7
	3. 采用快速而低成本的创新尝试以求平稳发展	1	2	3	4	5	6	7
	4. 管理团队和员工合理授权来激发创造力	1	2	3	4	5	6	7
	5. 建立适应经营环境的富有挑战性的发展目标	1	2	3	4	5	6	7
	6. 有亲和力,平易近人	1	2	3	4	5	6	7

 管理游戏

影视拓展(《中国合伙人》)

1. 目的:了解创始人如何影响创业组织管理机制的形成。
2. 材料:剪辑《中国合伙人》成东青、孟晓骏和王阳再次凝聚起来,共同面对新梦想的困境的部分片段。
3. 时间:50 分钟。

问题讨论：

1. 谈谈成东青、孟晓骏和王阳三人的个性特点，以及他们对制定管理机制的不同认知。

2. 最早创始人成东青对管理机制中自己的控制权被削弱有何不满？谈谈你对"创始人"与"管理者"的理解。

 案例分析

新加坡封杀婚外情网站 Ashley Madison

Ashley Madison 是一家总部位于加拿大的约会网站和社交媒体平台，旨在为已婚人士安排"约会、一夜情和婚外情"。它的宣传口号是"生命苦短，及时行乐"。现在，它在澳大利亚、英国等国家和地区拥有超过 1600 万个注册用户。在它的脸书（Facebook）页面上，该公司称它的"领先服务"已在全球拥有"惊人的注册用户数量"。

2013 年 11 月，Ashley Madison 网站宣布将登陆新加坡，采用域名 ashleymadison.sg，并要求感兴趣的用户用他们的电子邮件地址进行注册。

但在 11 月 8 日晚，该网站已被新加坡当局封杀。新加坡政府对外宣称，这是因为它积极宣扬婚外情，损害了该国的公共利益。新加坡内容管制机构媒体发展部（Media Development Authority，MDA）称，它不可能允许"公然践踏"新加坡"家庭价值和公共道德"的网站运营，并已责令当地互联网服务提供商阻止人们访问该网站。

但是人们仍然能够通过 VPN（虚拟专用网络）进行访问。如果 Ashley Madison 网站将其名称变更为 Amberly Madison，试图逃避当局的监察，那么 MDA 又该如何应对呢？MDA 声称，新加坡政府已意识到了封杀被禁网站的方法并不是非常理想的办法，例如，被禁网站只要变更其网站的名称就可以逃过审查，而且它还补充说，要阻止每一个提供这种内容的网站也不现实。"但是，这样做可以表明新加坡反对这种内容的立场。"

正因如此，MDA 称它已采取措施封杀了"一些网站"，但是这只是一种"象征性的做法"，旨在彰显新加坡当局反对的内容。根据新加坡《互联网行为准则》（Internet Code of Practice），"任何违反公共利益、公共道德、公共秩序、公共安全、国家和谐的内容，或新加坡相关法律禁止的内容"都应该被禁止。按照惯例，被封杀的网站往往包含有色情、暴力和煽动性的内容。

"Ashley Madison 网站显得刺眼的原因是，它积极宣扬婚外情，并竭力提供便利，而且它还宣称将会推出专门针对新加坡人的网站。"MDA 说。该部门还指出，Ashley Madison 网站的创始人据说会在 2013 年 11 月 17 日飞抵新加坡，亲自启动该网站的上线仪式。

获悉 Ashley Madison 网站准备推出新加坡版后，新加坡内阁部长和广大公众均表达了不满。新加坡的一个旨在"阻止 Ashley Madison 网站"的脸书页面，自从 10 月 23 日推出以来已获得了超过 2.7 万个"赞"。而新加坡社会和家庭发展部部长陈振声（Chan Chun Sing）在其脸书页面上明确表示，他不欢迎这样的网络进驻新加坡。

Ashley Madison 网站创始人名叫诺尔·比德曼（Noel Biderman），曾经是一名律师，平日工作中经常会处理一些关于 NBA 等体育球队的纠纷问题。比德曼在与球员们的沟通中发现，接近九成的问题都与婚外情有关。于是比德曼便认识到了其中的"商机"，并于 2002 年创建了 Ashley Madison 网站，第一个开通服务的国家是加拿大，之后迅速扩展至全球多个国家。

比德曼和另一位创始人达伦·摩根斯滕（Darren Morgenstern）努力了解这部分"花花公子"用户寻求婚外情的原因，并从澳大利亚雇用了一位计算机高手。该网站现在拥有上百名员工，程序员大多是年轻的"嬉皮士"，而管理层则较为保守。Ashley Madison 的业务在道德上备受争议：它帮助用户违反婚姻誓言。因此，公司面临着品牌和融资上的挑战：有多少基金经理人愿意回家向妻子宣布他投资了 Ashley Madison？公司的一些员工也不愿意公开承认他们在 Ashley Madison 工作。比德曼本人也承认他有时担心自己的安全，虽然这是极大的"商机"，但毕竟公司所从事的业务是大部分人反对的。

目前，该网站遭到法国、日本及中国香港等地的封杀。CEO 比德曼已从公司离职。

资料来源：本案例源于网络，并经作者加工整理。

问题讨论：

1. 诺尔·比德曼的公司业务饱受争议，为什么？
2. 创始人自身的道德品质如何影响创业公司的价值导向？请结合本案例中的相关事例加以说明。

 本章参考文献

[1] 唐坚. 领导力导论[M]. 北京：国家行政学院出版社，2018.

[2] 季德富. 动态开放大环境下的现代企业管理研究[M]. 北京：中国商务出版社，2016.

[3] 王益. 推动变革还是维持秩序：领导与管理能力的非均衡发展[J]. 管理世界，2003（10）：1-5.

[4] 王云峰. 领导力理论溯源及创业领导研究方向[J]. 技术经济，2008，27(6)：21-26.

[5] STOGDILL R M. Personal factors associated with leadership: a survey of the literature[J]. The Journal of Psychology, 1948, 25(1): 35-71.

[6] 文华. MBA 知识精要[M]. 北京：长虹出版公司，2003.

[7] 罗宾斯，库尔特. 罗宾斯《管理学（第 11 版）》学习指导[M]. 贾振全，郝玫，译. 北京：中国人民大学出版社，2013.

[8] 薛阳. 加强我国高校大学生领导力教育研究[J]. 科技创业月刊，2014，27（11）：103-105.

[9] 符健春，王重鸣，孟晓斌. 创业者领导行为与企业绩效：创业企业发展阶段的调节效应[J]. 应用心理学，2008，14（2）：129-140.

[10] 罗宾斯. 组织行为学：第 18 版[M]. 孙健敏，朱曦济，李原，译. 北京：中国人民大学出版社，2021.

[11] 及轶嵘. 创业者要学会授权[J]. 创业邦，2013（7）：90-91.

[12] 张阿芬. 管理学基础[M]. 厦门：厦门大学出版社，2013.

[13] 许占鲁. 基于创业过程理论的创业管理机制研究[J]. 商场现代化，2016（2）：99-101.

[14] 库拉特科. 创业学：第 9 版[M]. 薛志红，李静，译. 北京：中国人民大学出版社，2014.

[15] 童宏保. 萨乔万尼道德领导理论与实践[J]. 比较教育研究，2012（1）：64-67.

[16] 陈倩娟. 论优秀创业者应有的道德品质及培养[J]. 科技创业月刊，2016，29(08)：69-70.

[17] 盛义保，付彦林. 大学生创新创业教育基础[M]. 合肥：合肥工业大学出版社，2020.

[18] 李容芳，谢强. 大学生创新创业指导[M]. 成都：电子科技大学出版社，2017.

[19] 樊晶，付明明. 论对大学生创业领导力培养和提升的策略[J]. 怀化学院学报，2011（11）：97-99.

[20] 李国彦，李南. 青年创业领导力与创业意向关系研究：基于江苏省青年创业行为抽样调查的分析[J]. 中国青年研究，2017（4）：87-92+79.

[21] 陶丹. 我国高校大学生领导力培养研究[J]. 公关世界，2022（10）：34-36.

[22] 王永坤，李瑞军. 大学生领导力培养策略研究[J]. 安徽工业大学学报（社会科学版），2014，31（6）：125-127.

[23] 唐金湘. 高校创业孵化基地建设及运营研究[M]. 北京：中国纺织出版社，2020.

[24] 杨静. 女性创业领导力的行为特征及其效能机制：多水平效应分析[D]. 杭州：浙江大学，2014.

第七章
创业组织权力与政治

学习目标

- ➢ 了解权力的来源和类型。
- ➢ 掌握组织政治行为的内涵。
- ➢ 掌握规避创业组织政治斗争的策略。
- ➢ 了解控制权对创业组织的影响。
- ➢ 了解创业组织政治知觉及其影响。

引例

雷士照明：不断被稀释的股权和最终出局的创始人

雷士照明控股有限公司（HK：02222，以下简称雷士照明）是一家中国领先的照明产品供应商。1998 年，吴长江与杜刚、胡永宏共同出资创立雷士照明，三人合力领导雷士照明，一度被行业誉为"照明三剑客"。2005 年，吴长江推出了渠道变革，遭到了杜刚和胡永宏的强烈反对，最终两位选择出局。但雷士照明必须即刻向两位股东各支付 5000 万元，并在半年内再各支付 3000 万元，总额 1.6 亿元的现金流出让雷士照明不堪重负，吴长江开始寻找资金。此时，亚盛投资总裁毛区健丽带着自己的团队在雷士照明最缺钱时成功低价入股，一下子就稀释了吴长江 30%的股权。此后，在赛富亚洲投资基金和高盛的资金陆续进入雷士照明后，吴长江的股权再次遭遇巨幅稀释，第一大股东地位拱手于人，赛富成为雷士照明第一大股东。2014 年，雷士照明引入战略投资者德豪润达国际（香港）有限公司，并通过股权置换助其成为雷士照明第一大股东。吴长江在大幅转让自己股权的同时，也为双方利益冲突以及爆发控制权纷争埋下了隐患。

2014 年 7 月 14 日，德豪润达联合赛富、施耐德全面替换雷士照明 11 家控股子公司董事，吴长江及其管理团队的核心成员全面出局。2014 年 8 月 8 日，雷士照明董事会决议罢免吴长江的 CEO 职务，由董事长王冬雷担任临时 CEO，同时罢免吴长江管理团队的核心成员副总裁职务。2014 年 8 月 29 日，雷士照明在香港召开临时董事会，以 95.84%

的投票权罢免了吴长江执行董事及委员会职务。

资料来源：刘淑莲，任翠玉. 高级财务管理[M]. 沈阳：东北财经大学出版社，2017.

因组织政治问题导致的闹剧在国内外创业圈层出不穷。在初创团队中，由一个或多个领导者拥有绝对权力，集中调度关键性资源，而其他团队成员分工辅助，但由于不同的人具有不同的个人目的、目标和价值观念，权力斗争和政治矛盾不可避免，而且无论是在创业组织的生存期，还是在创业组织的发展期，都会给创业组织带来新的挑战和风险。

第一节 创业组织权力

权力不仅与"政府""政治"等政治领域的词语相关联，还与创业企业组织之间有着密切的联系。创业组织的权力在组织运作、组织目标的实现以及提高组织绩效方面扮演着重要的角色。在创业企业中，创业者的权力尤其值得关注。创业过程开始于个体的行为，因此创业者是创业企业的灵魂人物。在创业团队或合伙人中，占主导地位的创业者掌握着企业的关键性资源，决定创业行为特征，影响和控制企业内的其他成员，即拥有着权力，而权力配置在创业组织的各个发展阶段都有着重要的意义。

一、权力

（一）权力的定义

在组织中，权力是指个人或群体（A）影响或控制其他个人或群体（B）行为的能力。无论B是否愿意合作，都会依照A所希望的去做。权力并不是绝对的，而是动态的，它会随着人和环境的改变而改变。例如，某些权力是赋予某个职位或职务的，一旦个人不再拥有这个职务，他也就失去了与之相伴的权力。部门主管能够控制和影响自己的下属，但是对于其他部门的职员可能只产生间接的影响，甚至没有影响。

创业团队的权力结构相对简单，权力体系扁平化，初期没有明确的职位和权力描述。随着团队的发展，相关制度不断完善，权力由集中化向分散化转变，权力管理体系逐渐标准化。

（二）权力与职权、威信和领导

权力可以分为强制性权力和非强制性权力。强制性权力是随着领导所担任的职务而来的，即职权，具有法定性和强制性。这种权力的实施主要由个人在组织中的地位所决定。而非强制性权力，也就是人们所说的"威信"，主要靠领导者的主观努力取得，如领导者具有良好的素质使人产生信赖感，从而使下属心悦诚服地接受领导，实现真正意义上的领导。

1. 权力和职权

职权是一种法定权，是组织正式授予管理者并受法律保护的权力，与职务相联系。

职权是管理者实施领导行为的基本条件，没有这种权力，管理者也难以有效地影响下属，实施真正的领导。与职权相对照，权力是指一个人影响决策的能力。

个人的职权大小取决于他的职务职能范围和他在组织中所处的纵向职位层次。在组织中所处的层次越高，个人的职权也就越大。权力则是同时由他的纵向职位和他与组织权力核心或中心的距离所决定的。一个人距离权力核心越近，他对决策的影响就越大。

这种由职权产生的权力不是领导者的现实行为所造成的，而是外界赋予的，它对下属的影响带有强制性和不可抗拒性。正因为职权是通过组织正式的渠道发挥作用的，所以一个人只要拥有一定职位，那么权力随之而来。当领导失去其管理职位时，这种权力也就会大大削弱甚至消失。可见，职权带来的权力对被领导者的作用主要表现为被动和服从，而对于心理和行为的激励作用比较有限。

例证 7-1

A站董事长莫然辞职只是开始：核心管理层可能都要撤离

2. 权力和威信

威信是指由管理者的品德、知识、才能、情感等个人因素所产生的影响力。这种影响力与特定的个人相联系，是靠领导者自身的威信和以身作则的行为来影响他人的，与其在组织中的职位没有必然的联系。威信既没有正式的规定，也没有组织授予的形式，是与权力相对的。因此，威信又被称为非权力性的影响力。一般而言，威信包括了专长和品质两个方面。专长方面的威信是指领导者具有各种专门的知识和特殊的技能或学识渊博而获得同事及下属的尊重和佩服，从而在各项工作中显示出在其专长方面一言九鼎的影响力。专长方面的威信影响通常较窄，被单一地限定在专长内。品质方面的威信是指由于领导者具有优良的领导作风、思想水平和品德修养，而在组织成员中树立德高望重的影响力。由于来源于威信的权力是基于下属对于领导者的认同，因此它通常与具有非凡魅力的领导者相联系。

要实现有效的领导，创业领导者要拥有一定的权威，即权力加上威信。权力是强加的，必须服从；威信是使人自愿服从和接受的影响力。职位带来的权力只是为创业领导者提供实现有效领导的可能性和必要的客观条件，而要将可能性转化为现实性，还需要依靠与创业领导者个人因素密切相关的影响力，即威信，这样才能实现创业领导者的影响力。阿里巴巴集团创始人马云有一句经典语录：权威是你把权给别人的时候，你才能有真正的权力；你懂得倾听、懂得尊重、承担责任的时候，别人一定会听你的，你才会有权威。

例证 7-2

有魅力的领导才是成功的领导

3. 权力和领导

领导是指影响一个群体实现目标的能力，而权力是影响他人行为的能力。在组织中，领导和权力密切相关，群体目标的实现需要权力，领导者把权力当作促成目标达成的一种手段。

但权力和领导又有区别，领导始终以目标为基础，领导需要领导者与被领导者双方对目标有一致的看法，而权力可以在没有目标的情况下存在，只要有依赖性即可。领导着重于由上往下对下属的影响力，而对于水平或向上的影响，领导的重要性相对较低；权力则不一样。从研究重点来说，领导方面的研究多强调领导者的风格、特质，下属对决策的参与等方面，而权力研究的范围更广泛，重点在于获得部属顺从的权力战术应用。因为权力也可以运用到团体、组织和国家等群体，所以对它的研究已经超越个人的层次和范畴。

例证 7-3

陈戈：创业者首先必须争取的是权力

（三）权力的来源和类型

被誉为"现代管理理论之父"的马克斯·韦伯（Max Weber）根据权力的主要来源，将其分为三种主要类型：① 传统型权威，是指由习俗和已接受的行为所授予的，即"君权神授"；② 魅力型权威，是指由领袖人物所具有的与其追随者建立特殊关系的能力而导致的权力，在一定程度上来自精英人士的个人魅力，即"举臂一挥，八方响应"的力量；③ 法理型权威，是指以合法性原则建立起来的理性权威，选举或任命的领导者以及一个正式组织的领导者都拥有这种类型的权力。佛伦奇（J. French）和瑞文（B. Raven）等人则将组织中的权力基础划分为五大类：法定权、强制权、奖赏权、专家权和参照权，如表 7-1 所示［佛伦奇和瑞文（French & Raven），1959］。

表 7-1　权力的类型

一个人具备一种还是多种权力基础？对下列问题的确定性反应可以回答这个问题	
考虑他（她）的职位和你的工作职责，这个人有权力期望你服从法规的要求	法定权
这个人可以为难他人，但你总想避免惹他（她）生气	强制权
这个人能够给他人以特殊的利益或奖赏，你知道和他（她）关系密切是大有好处的	奖赏权
这个人的知识和经验赢得了你的尊重，在一些事情上你会服从于他（她）的判断	专家权
你喜欢这个人，并乐于为他（她）做事	参照权

1. 法定权

在正式的群体和组织中，通过组织职位所拥有的法定权力即为法定性权力。领导者以其法定权领导组织或影响他人，使组织成员工作以完成组织目标。这种类型的权力也称为"制度型的权力"，因为它来源于管理人员在组织机构中的职位结构，是最普遍的权力来源。仅有合法性还不足以使指令得以执行，职位权威的另一个重要的构成要素就是拥有惩罚和奖励的手段。也就是说，法定权实际上已包含奖赏权和强制权在内，其涵盖面比强制权和奖惩权更为宽泛。例如，它还包括组织成员对通过组织职位所拥有的法定权的接受和认可。

2. 强制权

强制权主要是通过使用或威胁使用惩罚手段来影响他人的能力，它建立在畏惧的基础之上。这种权力取决于权力主体拥有使权力客体的身心受到伤害的能力。例如，肉体伤害、精神打击、基本需要的控制和剥夺等。例如，当领导者不满意下属的工作成果时，对下属进行责骂、批评、扣奖金等形式的惩罚，就是强制权的运用。强制权的使用会使人受到伤害，产生敌意、愤恨甚至报复，破坏信任和人际关系。

3. 奖赏权

奖赏权主要是指通过使用奖赏手段来影响他人的能力。当你拥有别人所期望得到的东西时，你就拥有了权力。在组织中，当领导者拥有足以控制他人的具有价值的东西时，如薪资、晋升、福利、名望或地位、休假、培训等，领导者就拥有了奖赏权。通常奖赏权能够提升部属的满足感及减少部属的抗拒。当然，奖赏权不仅仅局限于物质的范围，像认可、友好、激励、赞扬等也是奖赏，而这些并不仅仅只有领导者才能够给予，组织中的任何一个人都可以给予。

4. 专家权

专家权来源于专门知识、专业技术和特殊技能的影响力。当某人拥有专门的知识或技能，足以处理某些事件，而使他人信服时，此人就具有专家权。专业知识和技能是权力的主要来源之一，特别是在科技创新和技术导向的社会中。通常，越专精化或技术取向越强的工作，就越需要具有专家权的成员。

5. 参照权

参照权的基础是对于拥有理想素质和人格、特殊背景和阅历、良好感情关系的人的认同。如果我称赞并且认同你，你就可以对我行使此项权力，因为我希望取悦你。参照权基本是通过认同而来,如果你认同、欣赏某人到了想效仿他的态度和行为的程度,此人对你就有了参照权。参照权通常是与那些具有令人羡慕的个性、魅力或良好声望的个人联系在一起的。它一般包括三种类型:① 个人魅力权,是建立在对个人素质的认同及其人格的赞赏基础之上的;② 背景权,是指那些由于辉煌的经历或特殊的人际关系背景、血缘关系背景而获得的权力;③ 感情权,是指一个人由于与被影响者感情融洽而获得的一种影响力。参照权通常涉及信任、相似性、接受性、情感、追随者的意愿以及情绪上的投入。参照权有时也显现在模仿和追星上,这些都是诸如电影明星、运动健将或其他名人常常会出现在影响购买行为的广告中的原因。

二、创业组织的权力配置

从创业的本质来说,创业管理的首要任务是从无到有,这离不开组织的战略决策和谋划,而这些都需要有人进行领导管理和谋划布局,也就涉及权力由谁分配和如何分配,即权力配置的问题。从创业管理的过程来说,在创业组织初建时,权力涉及创业团队的建立和管理;在创业组织成长时,权力涉及如何完善团队;在创业组织壮大时,权力涉及维护组织公平公正的氛围,确保权责匹配。

(一)创业组织权力配置的特征

1. 领导者是权力配置的主体

权力是创业组织领导行为的基础,它决定了创业组织中的领导行为和领导风格。一般来说,创业组织面临的外部环境比较复杂、变化迅速,而创业组织又以创新为第一要务。因此,创业组织中领导者运用的权力来源有别于一般组织,主要来源于组织赋予的信息性权力以及个人能力或魅力产生的说服性权力和魅力性权力。创始人想要带领好自己的团队,在激烈的竞争中获得生存,首先必须获得团队成员的认同,即能够"服众"。这需要领导动用个人能力产生的权威,特别是法理型权威和魅力型权威,担任创业团队的设计者、教练和服务者,对组建的团队进行设计,对运行中的团队进行指导和提供必要的支持服务。

2. 创业团队成员是权力配置的客体

创业团队是创业三要素之一,是指有着共同目的、共享创业收益、共担创业风险的一群经营新成立的营利性组织的人(李时椿,2010)。创业组织不仅需要权威的领导人在团队发生冲突或彼此意见不一致时进行仲裁决定,还需要能够进行有效沟通并接受"权力人"命令发布的创业团队。从这个角度来理解,权力配置是否发挥作用,离不开它指向的人,即权力配置的客体。有效的权力配置需要团队成员与组织目标一致,接受权力的抉择,并且能够顺从这种权力沟通。

创业组织的权力配置,关键在于与创业团队成员之间的一种依赖关系。组织中一方对另一方拥有依赖关系就在于双方拥有的资源不同,表现在拥有资源的质和量上。描述资源品质具有三个维度:一是资源的稀缺程度;二是资源的重要性;三是资源的不可替代性[赖特和麦克马汉(Wright & McMahan),1992]。拥有的资源稀缺程度越高,重要性和不可替代性越大时，权力相应也越大。当这种资源掌握在组织或他人的手中时，组织或他人就对你具有支配权力。罗伯特·A.达尔（Robert Alan Dahl）提出了组织中的资源清单，包括：个人自己支配的时间、金钱、信用和财富的享用权；对知识、信息的控制；尊重或社会地位；拥有的魅力、声望、合法性、守法性；国家和社会道德赋予的权利；团结，即作为社会一部分的成员从他们那里获得支持的能力等（邵仲岩等，2014）。创业组织必须能够迅速捕捉机会、快速实现资源的新组合，并具有创新意识和行为。这样，创业组织就必须努力培养和形成能够快速捕捉机会并实现资源新组合的机制和人员，而这种机制和人员正是创业组织获取竞争优势的独特资源（张玉臣等，2009）。

3. 权力配置是创业组织阶段性的动态过程

处于不同发展阶段的创业组织，人力资本和物质资本的相对重要性不同，导致权力配置结构的特征不同。因此，权力配置要充分考虑生命周期各阶段治理主体的稀缺性和重要性（袁建昌等，2005）。各类人力资本的权力竞争力动态变化，会导致组织的权力安排的动态变化。

（1）创业组织的初建期：以任务为导向。创业领导者需要带领创业团队成员进入自己的角色，发挥协调和指导作用。团队领导者要负责指导团体成员对团队的目的、工作方式达成共识；负责协调团队成员的任务分配；负责引导团队成员相互熟悉并合作；负责带领团队成员制定共同的目标和行为规范。在这个阶段，创业领导者的权力配置以任务为导向，旨在指导创业团队成员尽快进入团队角色并融入该团队中，使团队尽快进入正常的工作轨道。

（2）创业组织的发展期：以关系为导向。创业团队成员在创业领导者的带领下适应和调整团队角色，不断改进工作方法和方式。在这个过程中，创业团队成员基本形成了共同的心智模式和行为规范；团队成员需要支持与鼓励来实践共同的工作和克服遇到的困境。这时，领导者既要注重工作任务上的指导，划分清楚职责权限，予以合理的奖惩来提升团队满意感和忠诚度，也要重视与团队成员之间的交流沟通，保持其与团队目标的一致性。因此，在这一发展阶段中，创业领导者的权力配置以关系为导向，更加能够塑造团队合作的氛围和积极主动的精神。

（3）创业组织的成熟期：充分授权。这个时期是创业团队成员真正发挥团队智慧的时期。在这个时期，创业团队已经形成稳定的行为规范和互动模式；团队成员产生了较高的社会认同感；团队领导主要是通过制定一致的具有挑战性和创新性的目标并为成员提供支持来驱动团队前进的。这时的团队成员具有较高的自我管理能力，能够胜任自己的工作，但是团队中仍然需要保持一种公平的、积极的、相互协作的氛围。因此，在此阶段的权力配置上，创业团队领导应当尽量授权，在任务上少些指导，充分相信团队的自我运作能力，但同时注重关系导向的领导行为，力求在团队中营造一种相互理解、相互包容、相互合作的气氛。

（二）影响创业组织权力配置的因素

影响创业组织权力配置的因素主要包括创业团队特质、创业团队成员个人特质和创业组织结构因素。

1. 创业团队特质

对于创业组织而言，权力的配置受创业团队特质的影响。创业组织的发展是从团队走向组织的持续过程，团队的上下一心是决定其能走多远的因素。对于"抱团打天下"的创业团队，作为一个整体的团队特质会影响组织内权力的配置特点和配置方式。创业团队特质包括团队的凝聚力、成熟度、角色、行为规范、人员数量等方面。

2. 创业团队成员个人特质

著名的管理学家德鲁克曾经说："在未来的信息型组织，人们绝大部分必须自我控制。"与一般组织纵向链条长、横向协调多的特征不同，创业组织往往不会选择直线型的权力约束。因为在创业初期，人是创业组织十分重要的资产，鼓励成员自我雇佣、自我激励、自我管理，有利于充分发挥团队成员的个人特质，为组织的发展谋求多方位的意见和建议。因此，每位组织成员的个人特质是影响组织内权力配置运行的因素之一，而创业领导者作为团队中具备号召力和影响力的人，要以共同的愿景和自身的能力特质去感召团队。个人特质包括能力、技术、知识、职能、人格特质等方面。

3. 创业组织结构因素

权力配置还涉及创业组织结构或分工、关键人才的职务、职权设计、组织的包容性和异质性、组织文化等方面。

例证 7-4

重视同事间的友谊

第二节　创业组织政治

组织政治是组织运行的基本构成要素，反映的是组织内权力的运用与行使。创业组织面临的资源稀缺性和利益多元化矛盾问题尤其突出，在组织中为个人谋取额外利益的组织政治行为是创业组织中存在的普遍现象，而组织政治可以看作政治实体的竞技。一些攻击性的权力手段容易引发组织内部的冲突，对于初建时期，以生存为首要目标的创业组织来说，轻则导致团队内资源分配不均，影响团队氛围；重则危害组织的协调运作及损及组织的整体利益，导致创业失败。因此，如何规避和调解组织政治斗争是创业组织发展中的重要课题。另外，对于组织外部的政治行为，要明确控制权对创业组织具有重要意义。

一、组织政治概述

（一）组织政治

组织政治（organizational politics）是近十多年来组织行为学领域的研究热点之一，伯恩斯（Burns）等（1961）首次提出组织政治的概念，认为组织政治是个人利用组织资源而获得更好的工作环境和对其他人更多的控制，由此导致组织公平性被破坏的行为。马奇（March）(1963)认为，组织是政治联合体，决策制定和目标设定是讨价还价的决策过程。费里斯（Ferris）和鲁斯（Russ）(1989)提出，组织政治是一种社会影响力的过程，在此过程中，行为是经过策略的设计以极大化短期或长期的个人利益，此种利益有时与他人利益一致，有时是以牺牲其他人的利益而得来的。卡克马尔（Kacmar）和巴诺（Barno）(1999)甚至认为，组织政治是个体为了提升私人利益而不顾及组织和他人利益的影响性行为。

（二）组织政治行为

1. 组织政治行为的内涵

组织中的政治行为（political behavior）是指那些不是由组织正式角色所要求的，但又影响或试图影响组织中的利害分配的活动（罗宾斯，2021）。该定义涵盖了大多数人在谈及组织政治行为时所包含的关键因素。它包括各种政治行为，如扣留决策者所需的信息，揭发、散布谣言，向新闻媒体泄露组织机密，为了一己私利与组织中的其他成员交易好处，游说他人以使其支持或反对某人或某项决策，等等。这些和组织利害分配有关的行为，排除在个人的具体工作要求范围之外，因此，它需要人们试图使用权力基础。

组织政治行为可分为正当的组织政治行为和不正当的组织政治行为。每天都会发生一些正当的组织政治行为，如上司抱怨、形成联盟、借口和委员会。不正当的组织政治行为是指那些极端且违反游戏规则的行为，有这些行为的人通常会"不择手段"，如说谎、欺诈、陷害别人和谋杀。

2. 组织政治行为的作用

组织政治行为是不可避免的。这是因为组织是一个政治体系，关于选择和行动的意见不一致性和不确定性时有发生。组织抛开所有的政治行为是不可能的，只能对它进行管理。要做好组织政治行为管理，首先要了解组织政治行为及其可能产生的积极和消极作用。

（1）积极作用。组织政治行为的有益作用包括事业的发展、获得嘉奖和个人寻求其合法利益的地位，以及任务的完成和组织目标的实现，促进合理竞争和竞赛、组织创新和变革，这是组织中正常的政治过程的结果。组织政治行为正面的功能表现为其能够从以下两个方面来协助组织的发展：① 各个管理者和团体为了赢得本身在组织中的权力地位，会在各种不同的政策方案上进行竞赛，并且运用他们既有的权力和资源去强化所提方案的影响力。在这种充分竞争的过程中，组织内部因而会自然产生创新的机能，能够有效地改善组织的决策品质，并且使组织的资源获得最有效率的运用。② 组织的政治活动能够进一步激发组织的变革，以增进组织对变迁环境的适应力。面对瞬息万变的环境，管理者或团体为了生存和发展，往往会联合具有共同利益目标的管理者和团体，在组织内部推动各种革新策略或进行结构变革，通过权力的运用让组织能够摆脱过去的包袱，走出新的方向。

（2）消极作用。组织政治行为的有害影响包括政治活动中"失意者"的降级和丢掉工作、资源的错误使用以及无效率的组织文化的产生。组织政治行为对组织文化的影响可能是人们最不愿意看到的影响。

组织中政治行为所引起的不安全使雇员失去对组织的感情，这种感情的丧失又反过来使组织文化具有表现欠佳和缺乏忠诚的特征。从组织中政治行为影响组织发展的运作过程来看，政治行为的负面影响体现在组织中的个人或团体，为了掌握决策制定的主导权和争取更多的资源，必然会采取许多具有攻击性的权力手段，进而引发组织内部的冲突，其结果轻则排挤其他个人或团体原来应该享有的资源，重则影响组织的协调运作并损及组织整体的利益。

一个有效的创业管理者应该明白并接受组织的政治本质。通过运用政治的观点来评价创业组织中的各种政治行为，预测创业组织中其他成员的政治行为，努力消除或降低这些政治行为给组织造成的消极影响，并恰当地运用这些手段和信息进行管理。政治行为可能会导致积极或消极的结果，它可能产生满意或不满意的决定，而要避免政治行为的消极影响，则需要付出实际的代价。

净土难觅：创业公司中的职场政治

3. 引发组织政治行为的因素

组织中政治行为发生的原因往往可以从组织因素和员工个体特征两个主要角度来进行考察。组织因素包括组织环境、组织文化、组织结构、政治管理等方面，而员工个体特征往往与个体差异、权力需求、控制地位、冒险倾向等因素相关联。

（1）组织因素。当决策制定和执行过程具有高度的不确定性和复杂性，而个人和群体之间又为争夺稀缺资源展开的竞争十分激烈时，经理和员工采取政治行为的可能性较高；相反，在比较稳定而不太复杂的环境中，决策过程很透明，竞争行为很少，这时极端的政治行为就不太可能会发生。罗宾斯等（2021）认为，滋生政治行为的组织具有如下七个特征：① 组织信任度低；② 角色模糊；③ 明确的绩效评估系统；④ 非得即失的零和报酬分配体系；⑤ 民主化决策；⑥ 以高压手段追求高绩效；⑦ 自私自利的高层管理者。

（2）员工个体特征。不同的人从事政治行为的概率也不尽相同，某些人很可能比其他人更多地从事政治行为。就性格特征而言，有高度自我监督、内控型性格及高度权力需求的人，比较可能从事政治行为。此外，个人在组织中所做的投资、知觉到出路的多寡，以及对政治行为是否成功的预期等因素，都会影响其采取不正当的政治行为的意愿。黑格里格尔和斯洛克姆（Hellriegel & Slocum）等人的著作讨论了以下四种与政治行为有关的个性品质。

① 对权力的需求。这是一种要影响和领导其他人，以及要控制当前环境的动机或基本愿望。对权力具有高度需求的人很可能会在组织中从事政治行为。对权力的需求具有两种不同的体现形式：个人权力和制度权力。

② 为达到目的而不择手段的倾向。马基雅弗利（N. Machiavelli）是15世纪意大利著名的政治思想家和哲学家，其思想在西方政治思想史上占有很重要的地位，其主要理论是"政治无道德"的政治权术思想，在他的著作中包含了一系列对于获取和掌握政府权力的建议。许多世纪以来，人们把那些为达到自己目的，缺乏对常规道德的关心，而不惜在人际关系中使用欺诈和机会主义手段审视与摆布别人的人称为"马基雅弗利主义者"，也就是为达到目的而不择手段者。在组织中马基雅弗利主义与政治行为高度相关，它是许多组织中具有政治行为的良好预报器。

③ 控制点（locus of control）。根据控制点可将人们分为内控型和外控型两类。内控型的人认为，事情的结果基本都由他们自己的行为所决定，他们往往乐于假定自己的努力会成功；而外控型的人认为，事情的结果基本上并非由他们的行为所决定，而是由外部的其他因素（如环境）所决定。因此，内控型的人比外控型的人对于从事政治行为的偏好更为强烈，更可能试图去影响其他人。

④ 冒险倾向。从事政治行为往往要冒风险，它可能会带来与当初目的相反的结果，因此避免冒险倾向的风险回避者比具有明显冒险倾向的风险爱好者更不愿意从事政治行为。

二、创业微观政治行为

在管理员工之前，创业组织创始人应该在内部进行管理。事实上，在创业组织创立的最初时期，为数不多的内部政治矛盾会成为组织分崩离析甚至倒闭的根源。创业微观政治行为是从微观视角研究创业组织中个体的政治行为，组织内的利益多样性和资源有限性是组织冲突的来源，而冲突解决的过程就是政治过程，该过程体现了组织内权力的分配状况（王利平等，2009）。在创业组织发展的不同阶段，都应尽量规避可能产生的政治斗争和矛盾。

（一）创业微观政治行为的定义

微观政治行为是从微观角度强调个体的政治行为。微观组织政治研究包含两个方面：一是行为，即将组织政治视为可见的客观行为，主要关注个人影响他人的行为或策略；二是知觉，即将组织政治视为个人主观的心理状态。

在创业过程中，公司生存发展所对接的各种资源，如人员、技术、渠道、资本等关系组织能否生存下去，这些资源的分配不均或竞争性争夺会导致团队冲突的产生。这不仅会阻碍团队内意见和信息的交流，同时它所形成的敌对情境会引发团队内部的不良冲突，而关系冲突会给人带来压抑、恐惧和厌恶等负面情绪，形成人与人之间的积怨和不相容，阻碍沟通和互动，从而影响团队成员之间的合作，由此可能产生损害创业组织利益的政治行为。

（二）创业微观政治行为的特征

1. 创业微观政治行为是普遍存在的

在大部分创业组织中，政治交往中的权力影响及冲突可能存在于个人之间、创始人与团队之间和创始人之间。但这些矛盾并不一定会体现为激化的方式，它可以表现得温和、合乎规则，会使组织中的参与者感受到行为相互制约，但并不影响组织的发展。

2. 创业微观政治行为可能演化为冲突

创业组织往往体现为一个小型的工作团队，因此内部的政治行为即使演化为冲突，也是局部的、可控的。但这并不代表这些政治矛盾不会埋下伏笔，在日后的组织发展的某个时间点波及整个组织。如果冲突的结果能够触及诸多利益方的利益，或者冲突没有及时化解，就很可能导致冲突进一步扩散，造成更大、更严重的影响。另外，政治行为是个人的自由混战，它影响创业组织的团队凝聚力，而团队精神是创业组织最重要的企业精神之一，所以激烈的冲突会消耗团队的巨大能量，最终将威胁组织的发展利益。

3. 创业组织能够容忍的冲突程度较低

创业组织在进入稳定期前，注重的是自身能否在市场中存活下去的问题。因此，创业组织要避免不确定因素可能带来的风险，而它所能容忍的内部冲突程度也会比较低。如果是在成熟期的组织中，冲突对于掌权者或者管理高层来说，是攫取更多组织剩余的有利时机，反之，维持一个防范严密、运作规范的组织对他们是不利的；对于基层员工来说，组织政治行为导致的冲突会使组织管理松懈，意味着他们有更多时间在组织与生活之间做出安排，或者他们也寄希望于通过呼吁改善自身利益状况。事实上，创业组织的领导者会极力地控制这些政治行为导致的冲突，以避免组织利益受到损害。而一些对创业目标明确的团队成员也明白，在一些非正式问题上，彼此只有稍微宽容一些，减弱分歧的程度，才能防止在政治问题上投入过多的精力，保持组织往好的方向发展，否则他们也将面临"城门失火，殃及池鱼"的风险。

（三）创业组织政治斗争的规避

在创业组织发展的不同阶段，都应尽可能规避可能产生的政治斗争。

1. 选择具有共同目标的创业团队

目标引导创业团队成员的思想和行为，没有共同目标，创业团队就没有存在的价值。而对于团队成员个人来说，正确的目标是整个创业组织的生存与发展，而自己的成功是创业组织发展的副产品；错误的目标是只为了自己的成功，无视组织的发展，甚至利用组织的资源提升私人利益而损害组织和他人利益。

2. 建立严格的管理流程

为潜在的、可能引发政治行为的问题建立严格的管理流程，包括绩效管理、组织架构设计和划分、员工职业生涯发展等问题。在创业初期，要通过进行机构调整和定期的绩效、薪酬的考量，确保薪酬和股票等权益的公平性；组织架构设计和划分涉及的是员工职权的范围和大小,创业组织中的架构设计除要满足激活人才的需要外,还应对权力线进行划分,从而配合创业发展的需要;员工职业生涯发展不仅与员工自身能力有关,还体现了创业承诺对个人的履行,影响员工对组织的认同感和忠诚度。

3. 持续进行管理沟通

在管理沟通中,不同的人对于工作的态度和方法认识不同,由此可能产生矛盾和隔阂。因此,无论是平行沟通(如合伙人之间)还是上行沟通、下行沟通,都是必不可少的。一方面,要有计划地进行管理沟通,围绕中心展开,协调团队利益分配,解决团队摩擦问题,统一团队目标,细节到位,责任到人;另一方面,要持续地进行管理沟通,明确管理沟通不仅是一种活动,也是一种制度或体制。在创业过程中,要逐渐建立合理有效的沟通模式或形式,并持续贯彻在管理活动的各个环节和阶段。

三、创业宏观政治行为

创业过程就是风险管理的过程。无论是西方的股份制公司,还是中国的家族企业,企业内部的权力斗争都是一个普遍现象。但我们不得不承认,组织外部的权力斗争比内部的权力斗争要严重得多。在创业组织中,控制权对宏观政治行为的影响不可小觑。

(一)创业宏观政治行为的含义

宏观政治行为是从宏观角度强调群体之间或部门之间的政治行为。出于创业发展壮大的需要,一些创业公司为获得更大的竞争力、寻找新的发展方向,会选择融入大平台、大公司,而这些大平台、大公司不会任其个性化发展,而是用现有的制度对其进行管理和约束,也就是改变原有的决策链条,或者变长,或者变宽。由此,创业组织一方面会受到大平台、大公司的控制和制约,争取资源的能力和成本降低;另一方面,核心团队(如原创始人)可能会丧失主导权,其创业团队也随之军心不定,导致核心人员离开的可能性大大增加,由此引发一系列政治行为。

(二)控制权对创业组织的影响

控制权是权力的本质(高洁、蒲华林,2004)。对于创业组织而言,控制权是影响组织政治的重要因素。控制权对创业组织的影响主要体现在三个方面:股权层面的控制权、董事会层面的控制权和管理层面的控制权。

1. 股权层面的控制权

创始人要想牢牢地把握组织的控制权,最关键的是把握控股权,因为股权是对公司的终极控制权。随着创业组织对自身规模和市场占有的追求,融资壮大使得创始人的股权被不断稀释,很难一直保持公司的绝对控股权。在一家公司中,最重大的事项通常是基于股权由股东会决定的,如公司章程修改、董事任命、融资以及公司分立、合并或清算等。股权层面的控制权包括绝对控股权和相对控股权。在绝对控股权情形下,创始人持股达到67%,也就是达到2/3,则控制权可以完全掌握在手中。绝对控股权的另一种情形:创始人至少要持有公司51%的股权。而相对控股权往往需要公司创始股东为持有公司股权最多的股东,与其他股东相比可以保持对公司的相对控制力。此外,如果创始人持有的股权不足以维持在 51% 以上,则需要把股权控制在 34% 以上的安全控制线上。当创始人拥有 34% 的股权时,其他股东就不能达成 2/3 的投票率,这样就算创始人没有绝对的控制权,也拥有一票否决权。

从理论上来说,创始人、管理团队、投资者的目的应该是一致的,都是使组织能发展得更好,但事实上是他们对组织发展方向的认识、对持续发展的态度及其他利益相关因素的考量往往会形成不同的判断,从而导致政治冲突和矛盾。因此,创始人为了继续维持公司的控制权,可以将股权与投票权进行分离,即将其他部分股东股权中的投票权分离出来,交给创始股东行使。

阿里巴巴:人力资本合伙人制度

2. 董事会层面的控制权

董事会与股东会是相对独立的,股东会往往无权直接干预董事会依据法律和公司章程行使日常经营管理决策的权力。因此,公司的控股权和公司运营的控制权并无必然联系,尤其是在股权相对分散的公司中,公司的控制权往往在于公司的董事会。对于未上市的境内初创公司来说,股东往往与董事一致,所以很少面临这样的冲突,但是随着公司的不断融资,投资人往往会要求向公司委派董事,董事会的构成就会发生变化,此时就需要创始人注意控制公司的董事会、法定代表人等,以掌握公司的实际控制权。

如果创始股东的股权被稀释得比较厉害,在创始股东持股比例比较少的情况下(如 10% 以下),通过股权层面的设计和安排通常可能很难实现对公司的绝对控制,此时,控制董事会可能就是继续把握公司控制权的一个重要利器。

3. 管理层面的控制权

公司的管理层一般是由公司的董事会来任命产生的,日常经营事项主要由公司董事会来决定。在一定程度上控制了公司的董事会,对公司管理层就具有了发言权甚至决定权。因此,在组织治理结构中,最核心的是上面两层,即公司的股东会和董事会。

汽车之家:管理层和资本方较量争夺控股权

第三节 创业组织政治知觉

随着教育水平的提高和自主创业浪潮的兴起,越来越多的人选择了自主创业,其中不乏创业成功者,但更多的是以失败告终。除资金匮乏、经验不足等原因外,创业组织政治知觉缺失也是其中一个方面。尤其是以青年人为主体的创业组织,往往存在组织结构不稳定、合伙人权力界限不明晰等问题,这与青年人对于组织政治不是很敏感有关。组织政治知觉是对组织政治的主观感知,它体现了个人对现实的看法,会影响个人的认知、情感和行为反应。通常情况下,组织政治知觉对员工的影响是消极的,如何降低这些负面影响是每位创业者都需要学习的。

一、组织政治知觉概述

(一)组织政治知觉的内涵

组织政治知觉是指一种社会影响力过程,在此过程中,行为是经过策略的设计以使短期或长期的个人利益最大化,这种利益有时与他人利益一致,有时是以牺牲他人利益得来的。简单地说,组织政治知觉就是个体对组织中由于政治行为所造成的消极、负面的组织环境的主观感知(卢光莉,2014)。由于限制了个人对达成个体和专业目标的信心,组织政治知觉也被形容为一种障碍或威胁性压力源。对组织政治知觉的定义具有两个重要特点:① 组织政治知觉是一种知觉变量。它体现了个人对自己在工作场所所经历和见证的行为的主观评价。尽管这种感知可能并不能反映客观事实,但由于它们体现了个人对现实的看法,所以会影响个人的认知、情感和行为反应。② 导致组织政治知觉产生的行为是那些被认为以获取自身利益和竞争优势为目的,以牺牲他人利益为代价,有时与组织利益相悖的一种自利行为。这种行为往往和通过剥削、破坏秩序、攻击性手段以及滥用权力等方式越权实现自己的目标联系在一起(缪炯,张龙,2016)。组织政治知觉研究的重心不像组织政治行为的研究那样,企图去了解实际的政治行为运作的过程,而是借助对事实所显现的主观感受加以探讨。组织政治知觉可能真实地反映组织内客观的政治行为,也可能仅是错误的判断(张莉蓉,2009)。

(二)组织政治知觉的五个维度

卡克马尔(Kacmar)与费里斯(Ferris)(1991)对组织政治知觉五个构面的分类,受到后续诸多研究者的全部或部分的认可,被应用也最多。现将五个维度各自代表的含义叙述如下(黄忠东,2009)。

1. 一般政治行为的政治知觉

一般政治行为的政治知觉是指对于组织成员以服务自我的方式获得有价值的产出的政治行为的知觉。它包括两个方面:① 当组织中的规章、制度不能有效执行时所发生的政治行为;② 在没有规则及政策以供遵循时,个人依照自我意志制定对其自身有利和能获得更高职位的规则,并将这些规则强加于其他人的政治行为。

2. 保持沉默、静待好处行为的政治知觉

保持沉默、静待好处行为的政治知觉是指对于组织成员避免参加活动,以获得有价值的产出的政治行为的知觉。它包括两个方面:① 不揭发别人的自利行为,并分享其成果的政治行为;② 不参与别人的自利行为,但分享其成果的政治行为。

3. 同事及小团体行为的政治知觉

同事及小团体行为的政治知觉是指对于同事之间或派系之间以获得最大自我利益为目的的利益交换行为的政治知觉。它包括两个方面:① 同事之间"顺者昌,逆者亡"的行为;② 同事或派系之间为了提升自我利益而进行的交往行为。

4. 上级行为的政治知觉

上级行为的政治知觉是指对于领导运用权力进行资源分配的领导行为过程中的利己行为的政治知觉。它包括两个方面:① 领导本身的政治行为;② 组织成员仿效领导的政治行为。上级行为是构成下属组织政治知觉的重要成分,直接上级是员工获得组织信息的主要来源,它帮助员工定义和了解组织环境(秦源,2010)。

5. 薪酬和晋升政策行为的政治知觉

薪酬和晋升政策行为的政治知觉是指对于组织在薪酬与晋升的实际运作上与制度不一致行为的政治知觉。它包括两个方面:① 不符合组织目标,却得到组织默认或鼓励的政治行为;② 组织成员仿效上述做法的政治行为。

(三)组织政治知觉的影响因素

影响组织政治知觉的因素主要来源于组织、工作环境及个人三个层面(Ferris 等,1989)。

1. 组织

组织政治知觉的组织层面的影响因素包括组织的集权化程度、规范化程度、管理幅度以及程序公正等方面。

集权化程度是指组织的权力和支配权集中在高层手中的程度。由于集权化程度高会让员工感觉缺少支配权及缺少感知高水平的旨在影响关键决策者的政治行为,因此,集权化程度被认为会影响组织政治知觉。

规范化程度是指组织的指示、规则和标准被清楚地记录并传达给员工的程度。在规范化程度高的组织中,员工对自己的角色明确,对工作环境的了解和控制不断增加,这些都能使组织政治知觉处于低水平。

管理幅度也被认为对组织政治知觉有影响,因为政治行为在传统上被认为是一种高层管理现象,甚至是高层管理者工作的一部分。

除了以上因素,程序公正或者说资源分配过程的公平感,也被认为是影响组织政治知觉的因素之一。当决策过程被认为公平时,由于决策准则的存在和决策透明度的提高,员工会觉得自己掌握着很大的控制权,这有助于降低组织政治知觉水平。已有研究也表明,程序公正与组织政治知觉呈负相关(缪炯,张龙,2016)。

2. 工作环境

一些和工作环境有关的因素,如工作特征、互动关系、职业前景,相比于组织影响因素和个人特质影响因素，与组织政治知觉的联系更为紧密。

工作特征主要包括工作自主权、工作丰富度和决策参与度等。工作自主权和工作丰富度的缺失意味着员工将处处受制于人，这会导致员工的无力感及组织政治知觉水平的提高；决策参与度高，有利于减少组织政治知觉。通常情况下，工作自主权负向影响组织政治知觉，工作丰富度负向影响组织政治知觉，决策参与度正向影响组织政治知觉。

互动关系主要包括组织反馈、与上司及同事的人际关系等。有学者认为组织正向影响组织政治知觉，但也有研究认为二者无明显联系。与上司及同事拥有积极的、信赖关系的员工倾向于感知较低水平的组织政治行为。

职业前景包括晋升机会、期望满足度和职业发展机会。通常情况下，晋升机会负向影响组织政治知觉；期望满足度负向影响组织政治知觉；职业发展机会与组织政治知觉的关系最为紧密。

3. 个人

人口统计学特征是影响组织政治知觉的因素。女性、年长者、少数族群及任职时间较长的人更容易感知到工作环境的政治化。年龄、性别、民族等也是导致组织中形成亚政治氛围的原因。另外，人格特征直接关系个体如何感知和认识组织政治，相比于人口统计学特征更容易导致组织政治知觉的差异。

例证 7-8

东风公司靠什么留住人

二、创业组织政治知觉的负面影响及其降低方法

（一）创业组织政治知觉的负面影响

一个创业组织是由不同背景、不同价值观以及不同利益诉求的人组成的。在创业过程中，组织拥有的资源通常是稀缺的，按照正式制度和流程，所有人的利益诉求无法同时满足。在这种情况下，就会有人积极参与正式制度和规则之外的组织政治活动。组织政治是客观存在的，但它对不同的员工会产生不同的影响。也就是说，真正对员工产生影响的，不仅是组织政治行为本身，还有员工对这些组织政治现象的主观解读，即组织政治知觉。

1. 组织政治知觉对员工的负面影响

通常情况下，在创业组织中，组织政治知觉会对员工产生负面影响。为了获取组织给予的报酬，如工资、奖金、职业发展等，员工会努力工作。而一旦员工意识到部分人可以通过组织正式规则之外的活动得到更多的利益或资源，而自己的努力得不到组织报

酬系统的认可，就很容易产生负面情绪，并由此引发一系列不良的行为结果，包括工作满意度、工作投入、员工士气、组织认同等显著下降，工作焦虑、工作压力、离职意向、工作挫折感等负面反应显著提升。

虽然通常情况下组织政治知觉会对员工产生负面影响，但这种负面影响具有一定的边界条件，有时负面影响会减弱，甚至转化为正向效用。

2. 组织政治知觉对创业组织的负面影响

对于创业组织来说，团队成员那些不在要求之内的自发行为能够激活组织活力、提高组织效能，在初创期尤其重要。例如，员工对组织的谏言行为、对他人的帮助行为。要让员工表现出这种具有较高利他性的行为，组织首先需要创造公平氛围，这样才能给员工带来较高水平的心理安全感。但如果团队中少数群体为实现自我利益的最大化，不惜影响组织内部利益分配，就会破坏组织的公平氛围。

在创业组织中，有一些员工由于政治技能较低、缺乏参与组织政治的机会、本身不愿意参与政治行为等原因，没有获得额外的利益分配或者现有利益受损时，会产生负面的情感体验。这将降低他们对组织以及其他团队成员的信任程度。为了保护自我，避免沦落为组织政治活动的牺牲品，他们会减少团队互助、知识分享等合作行为，这就导致创业团队内部产生了消极分子，势必会削弱团队的凝聚力，冲击团队建设和组织利益，这对于创业组织来说是一种损失和风险。

例证 7-9

庄辰超："换跑道"对各方都是"最优解"

（二）创业组织政治知觉的负面影响的降低方法

关于如何降低创业组织政治知觉的负面影响，可以从以下两个方面切入。

1. 厘清组织规则，建立组织文化

创业组织政治知觉在很大程度上来源于组织情境中规则的模糊性和不确定性。因此，管理者需要从厘清组织规则入手，降低模糊性与不确定性，从根源上减少组织政治矛盾发生的机会。但创业组织在建立初期很难确定组织规则，该类现象很难彻底消除，因此，创业领导者还需要辅助以良性的团队文化建设，来引导员工对组织政治现象做符合组织价值观导向的解读。

2. 正视创业组织"政治家"，维护组织公平

组织中存在的"政治家"，可能把组织政治视作施展自身影响力的契机，从而提高个人利益。领导者是创业团队权力的中心，要客观地认识这种人格具有的特征，不能以消

除组织中的"阴谋家"为由，一味地"打压"，而应该在合理制度约束的范围内为他们提供相对灵活的空间和舞台，让他们在实现个人目标的同时，也为所在组织发挥积极作用。当然，也不能一味地"纵容"，要防止他们为了实现个人目标，运用一些政治技能来左右人事选拔、绩效评价等管理活动。总之，领导者需要判断他们的行为究竟是积极应对还是故意操纵，进而采取相应的应对措施。另外，在创业组织中，尤其要注意权力分配的准则是创业团队成员的能力而不是绝对兼顾公平，尤其是在薪酬和晋升方面。

本章小结

1. 权力是指个人或群体影响或控制其他个人或群体行为的能力。权力划分为五大类：法定权、强制权、奖赏权、专家权和参照权。

2. 创业管理离不开权力配置。在创业组织中，领导者是权力配置的主体，创业团队成员是权力配置的客体，权力配置是创业组织阶段性的动态过程；创业中的权力配置受创业团队特质、创业团队成员个人特质和创业组织结构因素影响。

3. 组织政治是组织运行的基本构成要素，反映的是组织内权力的运用与行使。组织中的政治行为是指那些不是由组织正式角色所要求的，但又影响或试图影响组织中的利害分配的活动。组织政治行为可能会导致积极或消极的结果。

4. 微观政治行为是从微观角度强调个体的政治行为。微观组织政治研究包含两个方面：行为和知觉。在创业组织中，创业微观政治行为是普遍存在的，并可能演化为冲突，创业组织能够容忍的冲突程度较低。

5. 在创业组织发展的不同阶段，都应尽可能规避可能产生的政治斗争，其措施有：选择具有共同目标的创业团队；建立严格的管理流程；持续进行管理沟通。

6. 宏观政治行为是从宏观角度强调群体之间或部门之间的政治行为。融入大平台的创业组织会受到控制和制约，核心团队丧失主导权，由此引发一系列政治行为。对于创业组织而言，控制权是影响组织政治的重要因素。控制权对创业组织的影响主要体现在三个方面：股权层面的控制权、董事会层面的控制权和管理层面的控制权。

7. 组织政治知觉是指一种社会影响力过程，在此过程中，行为是经过策略的设计以使短期或长期的个人利益最大化，这种利益有时与他人利益一致，有时是以牺牲他人利益得来的。

8. 组织政治知觉包含五个维度：一般政治行为的政治知觉，保持沉默、静待好处行为的政治知觉，同事及小团体行为的政治知觉，上级行为的政治知觉，薪酬和晋升政策行为的政治知觉。影响组织政治知觉的因素主要来源于组织、工作环境及个人三个层面。

9. 在创业组织中，组织政治知觉通常会对员工及创业组织产生负面影响，要厘清组织规则，建立组织文化，同时正视组织"政治家"，维护组织公平。

课程思政

1. 党的二十大报告指出，高质量发展是全面建设社会主义现代化国家的首要任务。

实现高质量发展,创新创业具有重要战略地位。新时代所需的创新创业人才要"可堪大用、能担重任",不仅需要具备强烈的创新创业意识和高超的创新创业能力,还应具有深厚的家国情怀、高度的社会责任感使命感、高尚的职业道德。

2. 高校应将思想政治教育与创新创业教育有机融合,讲好"大思政课",在创新创业教育中实现价值塑造、知识传授和能力培养的统一。要让创新创业教育不仅是知识教育、技能教育,还是有温度的价值教育,拓展其广度、深度,充分发挥其育人功能。

思考练习题

一、简答题

1. 什么是权力?简述创业组织中的权力配置特征。
2. 什么是组织政治行为?创业微观政治行为有什么特征?
3. 什么是创业组织政治知觉?如何理解其负面影响?

二、单项选择题

1. 创业权力配置的影响因素不包括（　　）。
   A. 社会习俗　　　　B. 团队特质
   C. 个人特质　　　　D. 结构因素
2. 控制权对创业组织的影响不包括（　　）。
   A. 股权层面　　　　B. 员工层面
   C. 管理层面　　　　D. 董事会层面
3. 降低创业组织政治知觉的负面影响方法不包括（　　）。
   A. 厘清组织规则,建立组织文化
   B. 正视创业组织"政治家",维护组织公平
   C. 消除创业组织"阴谋家",兼顾各方公平

心理测试

创业政治技能测试

表 7-2 所示的评估表可以帮助你更好地了解自己的创业政治技能,它应该由个人完成。评估结果可作为开展团队/班级讨论的基础。本测验约需 15 分钟。

表 7-2　创业政治技能测试

陈述内容	非常不符合	比较不符合	中立	比较符合	非常符合
1. 我能够很好地理解他人	1	2	3	4	5
2. 我尤其擅长感知他人的动机和隐藏起来的日程安排	1	2	3	4	5
3. 在他人面前,我能够很好地展现自己	1	2	3	4	5
4. 我经常能够依靠直觉知道该说或该做什么来影响他人	1	2	3	4	5

续表

陈 述 内 容	非常不符合	比较不符合	中立	比较符合	非常符合
5. 我能够很容易并有效地与他人进行沟通和交流	1	2	3	4	5
6. 我很容易与多数人和谐相处	1	2	3	4	5
7. 我花了很多时间和精力来建立工作中的人际网络	1	2	3	4	5
8. 我很擅长在工作中与有影响力的人建立关系	1	2	3	4	5
9. 当我真正需要帮助时,我能够从与我建立良好关系的下属和同事中获得帮助和支持	1	2	3	4	5
10. 在与他人交流沟通时,我试图真诚地去说和做	1	2	3	4	5
11. 让别人相信我的言行举止是真诚的,我认为这一点很重要	1	2	3	4	5
12. 我试图真诚地展现对他人的兴趣	1	2	3	4	5

资料来源:侯坤元. 市场竞争的社会协调:权力、组织和网络[D]. 武汉:华中师范大学,2014.

这一部分量表是关于你对创业看法的一些描述,得分表示你的赞同程度,请根据你的实际情况在相应的数字上打"√"。

记分:由上面的打分统计自己的得分之和。得分越高,说明自己的创业政治技能越高。

讨论分享:同学们可以相互比较彼此之间的各项得分和总分,看看区别在哪里,并分享一个自己日常生活中有关政治行为的事例。

 案例分析

智联招聘:两派高管"互开对方"

智联招聘(zhaopin.com)成立于1997年,是国内最早的人力资源服务商之一。它的前身是1994年创建的猎头公司智联(Alliance)公司。

2006年,澳大利亚Seek公司购得了智联招聘25%的股权,之后不断注资并达到2亿美元。截至2009年6月30日,Seek公司拥有了智联招聘56.1%的股权。在首次获得Seek公司2000万美元的注资后,智联招聘将大笔资金投入市场营销方面。不过,在大规模投入后,这一年销售部门并未表现出更好的业绩。

2009年8月25日,智联招聘董事会正式发出内部通知,宣布接受CEO刘浩的请辞要求,刘浩将不再担任任何管理职务,由原智联招聘COO(首席运营官)赵鹏接任CEO。赵鹏已加入智联招聘5年,历任助理副总裁、副总裁以及COO职位。由于智联招聘持续亏损,实现绝对控股的Seek通过董事会勒令智联招聘CEO刘浩"下课"。而智联招聘方面表示,"刘浩是主动请辞""董事会是肯定刘浩的业绩的"。

2010年7月23日,智联招聘再次发生了戏剧性的高层内讧,牵扯多名公司内部高层人士。公司内部邮件先是宣布开除CTO(首席技术官)、副总裁及技术总监3名高管,CFO(首席财务官)则因个人原因离职,而后经技术部转发,来自董事会秘书的邮件又

宣布开除 CEO、COO 等 4 名高管。公司分成两派：一派是以时任智联招聘 CEO 赵鹏为核心的 CEO 办公室高层团队，包括 COO 雷卫明、公司高管陈旭和倪阳平；另一派是以 CTO 余用彤为代表的投资方代表团队，包括 CFO 郭建民、副总裁罗义华和技术总监张春日。两派先后以内部邮件的方式宣布开除对方。

最终，智联招聘的投资方澳洲麦格里集团科技直投业务团队的创始人丹飞立出任 CEO 一职，临时接管智联招聘，以赵鹏出局告终。

资料来源：本案例源于网络，并经作者加工整理。

问题讨论：
1. 创业组织的政治斗争对创业企业的发展有何影响？
2. 怎么看待不同利益主体的政治知觉？

本章参考文献

[1] FRENCH J R P, RAVEN B H. The bases of social power[D]//Cartwright, D. (Ed.), Studies in Social Power. University of Michigan, Ann Arbor, 1959.

[2] 李时椿. 创业管理[M]. 北京：清华大学出版社，2010.

[3] WRIGHT P M, MCMAHAN G C. Theoretical perspectives for strategic human resource management[J]. Journal of Management, 1992, 18(2): 295-320.

[4] 邵仲岩，王金丽. 环境不确定下企业经营与组织变革研究[M]. 北京：中国财富出版社，2014.

[5] 张玉臣，郝凤霞. 开放式创业：在创新体系中实现价值[M]. 上海：上海远东出版社，2009.

[6] 袁建昌. 知识型企业人力资本分享企业剩余权研究[J]. 科技与管理，2005（5）：132-134.

[7] BURNS T E, STALKER G M. The management of innovation[M]. Chicago: Quadrangle Books, Chicago, 1961.

[8] CYERT R M, MARCH J G. A behavioral theory of the firm[M]. New Jersey: Martino Fine Books, 1963.

[9] FERRIS G R, RUSS G S, FANDT P M. Politics in organizations[J]. Impression Management in the Organization, 1989, 143(170): 79-100.

[10] 罗宾斯. 组织行为学：第 18 版[M]. 孙健敏，朱曦济，李原，译. 北京：中国人民大学出版社，2021.

[11] DOWNEY H K, HELLRIEGEL D, SLOCUM Jr J W. Individual characteristics as sources of perceived uncertainty variability[J]. Human Relations, 1977, 30(2): 161-174.

[12] 王利平，金淑霞. 组织政治研究回顾与展望[J]. 经济管理，2009（5）：175-181.

[13] 高洁，蒲华林. 浅论公司控制权的权力本质观[J]. 暨南学报（哲学社会科学版），

2004, 26(6): 12-18.

[14] 卢光莉. 组织行为学[M]. 郑州: 河南大学出版社, 2014.

[15] FERRIS G R, HARRELL-COOK G, DULEBOHN J H. Organizational politics: the nature of the relationship between politics perceptions and political behavior[M]. Bingley: Emerald Group Publishing Limited, 2000.

[16] 缪炯, 张龙. 组织政治知觉研究进展述评[J]. 领导科学, 2016(4Z): 39-42.

[17] 张莉蓉. 组织行为学[M]. 徐州: 中国矿业大学出版社, 2009.

[18] 黄忠东. 组织政治与人力资源管理[M]. 徐州: 中国矿业大学出版社, 2009.

[19] 秦源. 自我监控和组织政治知觉对工作满意度以及绩效影响的研究[D]. 上海: 复旦大学, 2010.

[20] 侯坤元. 市场竞争的社会协调: 权力、组织和网络[D]. 武汉: 华中师范大学, 2014.

第八章
创业组织文化

学习目标

- 掌握创业组织文化的概念与特点。
- 了解创业组织文化的影响因素。
- 掌握创业组织文化的功能。
- 了解创业组织文化的建设方法。

引例

阿里巴巴合伙人童文红：创业未来的不确定，让文化搭建变得有多重要

2013年5月，阿里巴巴联合银泰、顺丰、"三通一达"等启动中国智能物流骨干网络项目，并成立菜鸟网络。童文红以阿里巴巴资深副总裁的身份兼任菜鸟网络首席运营官，代表阿里操盘菜鸟网络。

创业公司总是最艰难的，因为创业时对未来有很多的不确定、迷茫，菜鸟也经历了这样的历程。今天我想和大家分享一些在菜鸟文化搭建过程中的想法。

一、建立文化的第一步：清晰定位

到今天为止，至少有80%以上的菜鸟大学的同学听过我讲课，我讲的是新入学的课——菜鸟的业务定位。我会告诉大家菜鸟是一家什么样的公司，菜鸟有什么样的文化。因为我知道这帮人是最后真正在业务一线的，在作具体的决定，决定菜鸟是不是真的能够朝着我们的愿景方向走。因此，他们对于"为什么要这么做？菜鸟的目标使命是什么？"要理解得足够透彻。只有这样，当他们在现实工作中面临困惑时，才知道应该怎样作选择；当他们碰到外界的质疑时，才知道应该怎样回答合作伙伴的疑问。

二、重视HR（人力资源）工作，亲自确认核心团队成员

菜鸟团队P9（资深专家）以上的人都是我面试的。我特别重视HR的工作，这有两个方面的因素：第一，菜鸟的新人、D型人（直属）较多。面试员工，其实也是在和团队、直接下属磨合。关键在于菜鸟需要什么样的人，我们要达成共识。第二，对于像HR

的 P8（高级专家）、业务的 P9（资深专家）这类人，他们就是菜鸟的栋梁。对于他们，每个人我都要面一面，闻一闻"味道"，看一看他们在业务方向上的想法是否和菜鸟一致。阿里巴巴一直有句老话：带一层，看一层，眼睛一定要往下看一层。

三、找到适合菜鸟的业务特色

阿里巴巴最宝贵的东西其实是文化，所以在筹建菜鸟时，我觉得我一定要把阿里巴巴在带团队方面做得好的东西带过来。因为菜鸟所处的阶段不一样，菜鸟是一个独立公司，所以还需要建立我们自己的业务特色。我们既要有互联网的创新、活跃及发散特点，又要有物流供应链行业中"用数据说话"的严谨态度。

四、搭建属于自己的独特文化

我提出了菜鸟文化可以概括为四个词——简单、快乐、创新、务实，并且思考菜鸟的文化和阿里巴巴集团的文化有什么不一样的。入职菜鸟的都是在行业内具有一定资历和背景的人，无论是地网、跨境，还是仓配线、供应链线，如果不营造简单的氛围，怎么可能让大家更快地达成共识呢？我们大部分的业务注定是和 B 端（商家，通常指商业用户）在一起的，这导致我们很多时候在趣味性上就会有所逊色，所以一定要有一颗快乐的心。如果我们沿着别人走过的路走，这就一定不是菜鸟了。我们该怎么创新呢？我当时提出一定要增加的就是务实。只有秉持简单、快乐、创新、务实的文化，才能成就菜鸟。

五、文化由大家共同搭建

菜鸟成立的第一天就开始搭建文化，这个文化是由我和我的团队共同搭建的。因此，大家首先对我们要搭建什么文化有很清晰的概念。今天菜鸟文化中的简单、开放都是从阿里巴巴集团传承过来的，我们认为适合我们就拿过来用了。我们还从那些传统的供应链驱动的公司学习务实的文化。

六、搭建文化的关键点

CEO 是否认同文化的作用很重要。在搭建文化的过程中，CEO 的位置是很重要的。他要认同文化对整个组织、整个战斗力、整个团队的凝聚作用。

时时刻刻都需要用心。在重视文化的过程中，没有某种特定的形式，但需要时时刻刻都用心。虽然文化的营造不见得需要花多少钱，但是一定要用心投入进去。

搭建文化的核心是建立信任与连接。文化建立背后的核心到底是什么？是你与团队之间信任的连接。建立文化是连接的开始、信任的建立。如果你与团队之间没有足够的连接，没有足够的信任，我觉得文化就建立不起来了。

资料来源：本资料源于网络，并经作者加工整理。

从引例可以看出，对于创业组织的发展来说，资本、人才和技术都很重要，但最重要的当属组织文化。每个组织都有自身的组织文化，组织文化对员工和企业的发展至关重要。创业组织文化是现代企业管理的一项重要内容。创业组织文化主要表现为创业组织中所有成员所共享并传承给组织新成员的一整套价值观念、共同信念、共同目标和行为准则。它代表了创业组织中约定俗成的、可感知的部分。本章将介绍创业组织文化的概况，探讨它的作用以及如何建设良好的创业组织文化。

第一节 创业组织文化概述

创业组织文化属于组织文化范畴。创业组织文化涵盖了组织文化的一般特征与构成要素，但同时具有自身的特殊性。

一、创业组织文化的特殊背景

20世纪90年代以来，在强调创新性和竞争性的环境中，以创新为导向的新创企业成为经济运行新的增长点，新创企业为社会提供了大量新增就业机会，降低了通货膨胀，加速了产业技术创新发展，为社会创造了大量新财富，从而成为国家与地方社会经济发展的重要推动力量。在这个大环境下，创业活动开始蓬勃发展。在我国，推动创业高质量发展、打造"双创"升级版极大地激发了民族的创业精神和创新基因，鼓舞了一大批创业者的创业激情，创业活动在中国大地上蓬勃发展。

马云曾说："做生意创业不仅要考虑怎么才能赚到钱，还要考虑公司文化的内核，这样才能走得更远！"很多时候，对于初创企业而言，考虑的更多的都是生存问题，而企业文化的创立和管理往往处于被忽略的状态，认为企业文化是企业逐渐壮大后才需要考虑的问题，然而，若从创业期开始建设企业文化，将起到事半功倍的效果。纵观国际上，很多世界名企的成功都离不开其背后辐射性企业文化的支持，如可口可乐的美国文化、万宝路的牛仔文化、麦当劳的温情文化、劳斯莱斯的贵族文化、白兰地的田园文化等，因此，可以说，创企业就是创文化。

二、创业组织文化的概念与特点

（一）创业组织文化的概念

在了解创业组织文化之前，首先需要了解的是组织文化的概念。组织文化是指组织成员的共同价值观体系，为组织所有的成员所接纳，成为组织的一种群体意识，表现为组织的共同的信仰、追求和行为准则。组织文化是在企业的长期经营发展过程中逐步形成的，具有组织的经营特色，能够推动组织可持续发展的群体行为规范。它包括企业精神、经营思想、价值观、道德规范、行为规范、管理制度、历史传统、英雄故事、内部语言、产品外观和企业形象等内容。

创业组织文化属于组织文化范畴，但具有自身的特殊性。创业组织具有显著的创新性、灵活性、市场性以及适应性。创业组织虽然能够比较敏锐地抓住市场机遇，但往往缺乏足够的资金投入、强大的品牌影响力和稳固的运营团队等。因此，创业组织想要取得持续良性的发展，就需要营造具有标识度与凝聚力的组织文化，从价值观角度来巩固其核心资源。

（二）创业组织文化的特点

与成熟期企业相比，创业组织有以下六个特点：① 运营体系不够成熟，管理制度不够健全；② 运营上往往不是靠职业化的团队，创业者承担着领导者和管理者的角色；③ 市场份额不稳定，正在努力培育长久稳定的客户群；④ 面临困难较多，抵抗风险能力弱；⑤ 处于核心竞争力的形成阶段；⑥ 员工不稳定，流动性大（王强，2007）。创业组织所处的特殊阶段决定其对文化的要求不同于成熟期企业。创业组织文化具有以下三个方面的特点（牛安军，李英华，2012）。

1. 创业组织文化具有自发性

由于尚在创业阶段，企业对文化没有清晰的概念，只有自己的价值观和行为方式，也就是企业的文化。企业在追求经济效益的同时，也在追求精神效益和社会效益。创业阶段的企业老板在提炼和建设企业文化时是很随意的，并没有具体的约束，然后渐渐地会形成一些企业文化的制度，规范和约束着其他员工的行为，因此自发性很强。

2. 创业组织文化具有可塑性

创业期的企业老板往往忙于各种应酬和具体事务，很难静下心来认真思考公司的战略和文化。也由于企业尚处在创业期，没有太多的成功经验和管理方法，这时创业者要把握的是抓住核心理念，如在用人标准和企业经营思路上注重精神层面，根植于企业管理，管理即文化。因此，这一时期的企业文化具有很强的可塑性，通过不断发展达到相互融合或者兼容并蓄，从而形成创业组织自己的企业文化。

3. 创业组织文化具有群众性

企业在创业阶段，由于各方面都很不成熟，所以要积极地听取广大群众的意见，吸引广大群众参与到企业文化建设的各个方面。在建设企业文化时要注意群众性，由全体员工在实践行动中共同创造企业的文化，能让广大员工很容易接受，具有很强的生命力。

三、创业组织文化的影响因素

创业组织文化的影响因素主要包括社会文化、创始人的个人特质与创业团队的价值观以及创业组织的管理方式等。

（一）社会文化

创业与个体、组织所处的社会文化环境密不可分，社会文化对创业组织的形成和发展发挥着重大的作用。社会文化的影响主要体现在时代背景和区域文化两个方面。

1. 时代背景

创业是一个社会性的过程，这使得创业活动具有明显的时代特色和文化烙印。改革开放初期，中国各个产业处于较为落后的状态，产品的供应相对不充裕，人们的购买欲望特别旺盛，因此，批发小商品到各地销售的创业方式逐渐流行，很多人凭此白手起家。随着工厂的大量出现，传统的批发方式已无法满足产品的快速流通需求。这时，以阿里巴巴、淘宝、天猫、京东、当当等为代表的一系列电子商务平台陆续出现，电子商务成为这个时期的创业标志。随着网店越来越密集，电子商务市场的竞争达到白热化，人们的消费需求也升级了，不再满足于"快速买到自己想要的东西"，而是强调个性化体验和私人定制。不同时代的创业方式不断演变，由此衍生的创业组织文化也不断进化。先进的创业文化、创业组织文化必然是与时俱进的，与时代的变化和发展相适应。

"一带一路"倡议是新常态背景下中国提出的一个重大开放战略，推进"大众创业、万众创新"已成为中国新常态背景下促进经济转型发展的重大战略选择。在其实施过程中，涉及大量的文化因素，深刻地影响创业组织文化的形成；反之，新常态下创业组织要从要素驱动转变为创新驱动，促进文化创新，发挥文化创新在"大众创业、万众创新"中的重要作用。

2. 区域文化

区域文化是区域经济发展的精神动力和智力支持，也为其创造良好的文化氛围，通过与区域经济社会的相互融合，可产生巨大的经济效益和社会效益，进而推动和促进社会生产力发展。作为一种相对宏观的精神存在，区域文化主要通过对创业组织行为文化和精神文化产生影响，进而对其生产经营活动产生影响。诸多创业者在区域文化的沉淀中形成了企业文化的基本雏形，继而发展出了更为完善的经济体系和创造出了更多的社会和经济价值。在交替和良性的循环中，区域文化与创业组织文化相辅相成、交相呼应。

中国有着丰富和迥异的区域文化，东西南北文化差异较大，如桀骜的湖湘文化、细腻的苏杭文化、爽直的陕甘文化、开放的岭南文化、厚重的齐鲁文化、慷慨的燕赵文化、进取的徽商文化和驰骋的晋商文化等。创业组织建立之初，都是在某一个地域上开展起来的，因而其组织文化也必定深受该地域文化的影响。例如，以区域文化特征区分的商业团体，包括晋商、徽商、浙商、粤商和闽商等，地域文化渗透到其各自对应的创业组织的文化之中，影响着各自的创业行为。但需要注意的是，创业组织对于区域文化的融入需要具有选择性，不能因为敬仰某种文化而照搬照抄。创业组织的文化建设不应该是"送来主义"，而应该充分考虑企业文化的地域性，主动"拿来"并进行去伪存真，加以本土化。

（二）创始人的个人特质

一个组织往往与其创始人极其相似，从组织的风格、闪光点、缺陷中都能看到其创始人的影子。一个狼性的创始人往往会带出一个狼性的组织，如任正非和华为；一个喜欢艺术和设计的创始人，他所创的组织常常也以工业设计著称，如乔布斯和苹果；而如果创始人优柔寡断，公司就容易错过发展的关键契机而逐渐被淘汰。所以，从某种程度上说，组织的创始人是组织文化基因的缔造者。

（三）创业团队的价值观

价值观是内隐的、处于深层状态的文化，是创业文化中的内核。创业组织的核心价值观决定了什么是对，什么是错，什么能做，什么绝对不能做。创业团队的价值观对于创业组织文化构建的意义不言而喻。共同的价值观和统一的目标是组建创业团队的前提，这两者决定了创始人想创立什么样的组织，也影响着创业组织文化的形成。大多数最具创新性的公司，如英特尔、微软、苹果、西南航空、耐克和星巴克，最让人印象深刻的往往不是其"商业模式",而是商业背后那些活生生的人以及他们坚持的核心价值观。正是其创业团队的价值观文化牵引了企业的腾飞,从而成就了一个品牌。

（四）创业组织的管理方式

创业组织文化是在创业实践中逐步形成的,是生产经营、管理制度、创业团队行为的理念体现。因此,创业组织不同的管理方式对创业组织文化具有不同的影响。

创业组织的管理主要以生存为目标,以创业者和创业团队为基本的管理对象,并以建设创业组织文化为核心。创业组织的管理是对与创业相关的诸多活动进行管理的过程,是一种使创业组织开始赚钱并进行良性循环的模式。因此,创业组织文化的管理不同于成熟或者稳定发展的组织文化的管理。

创业组织具体管理模式的差异会形成不同的组织文化。在组织结构严密、规章制度严格的管理模式下,企业价值目标和个人价值目标往往不一致,团队成员倾向于仅仅把组织看作实现个人目标和自我价值的场所与手段。在以能动主义为基础、鼓励成员自我管理的模式下,企业组织文化更强调个人的独立性,强调个性和个人成就,其组织文化更为多元化。此外,在墨守成规的组织管理中,团队的冒险精神相对较差,而在自由的组织管理模式下,其团队成员往往更加具有创新能力,崇尚创新精神。

例证 8-1

初创公司保持活力的秘诀

第二节　创业组织文化的功能

组织文化在一个创业组织中发挥着重要的作用,主要表现在如下五个方面:凝聚功能、激励功能、导向功能、规范功能以及辐射功能。

一、创业组织文化的凝聚功能

创业组织文化的凝聚功能是指创业组织文化具有一种无可比拟的黏合剂和强磁场作用,可将创业组织的员工紧紧地凝聚在一起,使得员工能够齐心协力为组织奋斗。创业组织一旦形成了共同的价值观,员工就会清楚应该做哪些事情,不应该做哪些事情,推崇什么事情,规避什么事情,慢慢地其行为就会产生一定程度的一致性,从而产生凝聚力。创业组织制定的目标只有取得全体员工的认同,才会产生凝聚作用。如果创业组织作为一个群体,拥有共同的行动目标,员工个体就会表现出对组织群体的认同感与归属感,就会积极参与群体事务,为创业组织献计献策,做出自己的贡献,以实现创业组织的目标。由此可见,创业组织的共同价值观、共同目标把创业组织成员个体凝聚成一个整体。创业组织文化的凝聚功能使创业组织在逆境中能够经受住失败与挫折的考验,团结一致地迎接挑战;在顺境中,能够促进创业组织不忘初心,更上一层楼。

例证 8-2

创业,先创组织文化

二、创业组织文化的激励功能

优秀的组织文化能够充分地调动员工的积极性、主动性和创造性,增强员工的竞争意识和市场意识,激励员工积极地为组织出谋划策,促进组织的持续发展,增强组织的核心竞争力。人越认识自己行为的意义,行为的社会意义越明显,就越能产生行为的强大推动力。创业组织文化是组织及其成员的强大精神支柱,可使创业组织及其员工在共同目标的作用下相互依赖、相互激励,以强大的合力推动创业企业向前发展。

例证 8-3

以使命构建创业组织精神文化

三、创业组织文化的导向功能

创业组织文化的导向功能是指创业组织文化的指导功能,主要包括两个方面:一方面,对组织员工的心理状态、价值追求和行为取向起导向作用;另一方面,对组织的经营管理活动起导向作用。每个创业组织在形成组织文化的过程中,对创业组织的每个成员进行心理、价值、思想和行为取向标准的教育和灌输,要求本组织的每个成员按照组织文化系统标准去感受思维和规范行为,从而形成正确的价值观和行为标准。如果企业的成员有悖于这个系统的标准,创业组织文化就会发挥自己的导向功能,起排斥性或协调性作用,使之在心理、价值、思想和行为上保持一致性,从而转化为群体的一致性。

创业组织文化的导向功能能够引导创业组织在正确的经营思想、价值观与道德观的指引下,形成自己独特的个性,以出色的产品、服务和经营方式而赢得优势。尤其是在改革开放的今天,创业组织面临着激烈的市场竞争,必须能够及时、准确地做出决策,并且正确地付诸实施,以取得最大的社会效益和经济效益,同时不断改进企业的经营管理行为并使之日臻完善，以符合创业企业的文化系统标准。

例证 8-4

打造极客的商业基因

四、创业组织文化的规范功能

创业组织文化对组织和员工的行为具有一定的规范作用。创业组织文化对员工的规范作用主要体现在精神文化对其员工行为习惯的规范和支配，以及制度文化对其员工的约束上。一方面，创业组织通过其办事规程、行为准则和规章制度等协调创业组织及其员工的关系，规范员工的行为。这种具有一定强制性的"硬关系"，能够让企业员工明确什么能做、什么不能做，组织倡导什么、反对什么，从而抑制员工的错误行为，并使其逐渐将组织的制度要求转化为自身的行为习惯，内化为自觉行动。另一方面，创业组织通过其价值观和企业的一般行为规范让员工产生心理认同，这种心理认同会逐渐内化为员工的自觉行动和自我约束，其随机性和主动性更强，作用也更加微妙，这种无形的约束力量能够增强员工的群体意识。因此，创业组织必须逐步建立和完善组织制度，通过制度的硬约束和员工对创业组织价值观的广泛认同产生的软约束，营造良好的实践文化氛围，促进创业组织文化规范的发挥。在创业组织文化建设过程中，还有着微妙的文化渗透和企业精神的感染激励，在员工中间形成一种具有约束力的倾向，从而规范组织员工的群体行为。

例证 8-5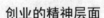

创业的精神层面

五、创业组织文化的辐射功能

创业组织文化的辐射功能是指创业组织文化不仅在本组织员工中发挥作用，还能不断地向社会发散和辐射各种企业信息，由此使人们了解和评价一个组织在社会上的地位高低和经营状况的好坏。创业组织文化的"软件"辐射是指组织价值观、组织伦理道德等"软件"在不同角度向本组织员工扩散的同时，也通过各种传播媒介向社会辐射。创业组织文化的"硬件"辐射功能是指组织文化以产品为载体的传播和辐射。创业组织生产的产品本身载有或内含着组织文化,可以让消费者在接触产品时对本组织的组织文化形成一定的印象和评价,并且深植心中,并自愿为企业传播,从而使组织的产品畅销,使组织的声誉及在社会中的形象大大提高。创业组织文化的"主体"辐射是指员工对组织的规章制度、道德规范、经营管理方式、组织精神和组织价值观都会有一定的理解,当他与亲人、朋友谈论企业的产品和服务时,便是在间接地传播组织文化,就会形成一个面向社会的组织文化辐射网。

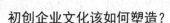

初创企业文化该如何塑造?

第三节 创业组织文化的建设

2015年的政府工作报告中指出,要推动大众创业。这既可以扩大就业、增加居民收入,又有利于促进社会纵向流动和公平正义。然而,除自身的技术创新和管理创新之外,创业组织的组织文化建设也将对其发展起着至关重要的作用。

一、创业组织文化建设过程中存在的问题

(一)不重视文化建设,处于自我发展阶段

鉴于创业组织所处的环境及自身特点,企业领导人更加关注企业的生存问题和盈利能力,大都把精力集中在市场开发和产品销售上。他们认为创业组织解决"温饱"是首要问题,不重视组织的文化建设,使组织文化处于自我发展阶段。

作为一种文化形态,企业文化贯穿了企业发展过程的始终。即便创业期企业不进行文化建设,也并不意味着创业期就不存在企业文化。实质上,创业期企业成员坚定的团队信念、共同的发展愿景、相互之间的信任就是一种隐含的"企业文化",这种文化虽然能够成为企业度过艰难创业阶段的精神支柱,但若创业者一心放在企业市场的开拓和建设之中,而不顾及这一隐含文化的维持,将最终导致企业文化处于自我发展状态。从哲学理论来看,这种自我发展的企业文化有可能沿着良性的方向发展,但也有可能出现方向性的分散。在实践中,一些企业在创业期就发生分裂,体现了这种自发状态下产生的分散性企业文化的危害。例如新东方成立之初就陷入了巨大危机,尽管名师辈出,但各自为争夺生源相互攻击,甚至管理者还对托福、雅思、GRE、GMAT等进行了私分,对新东方品牌造成了很大的负面影响,直至俞敏洪进行股份制改造之后,才使新东方的发展步入了正轨。除此之外,随着时间的推移,创业期隐含的"企业文化"作用会逐渐降

低,如不能进行有效的企业文化重构,将使创业者及员工逐渐丧失工作的激情,进而导致企业凝聚力下降,甚至导致创业者的分裂。

(二)误认为老板文化就是企业文化

有些创业期企业的领导者虽然认识到了企业文化建设的作用,并试图通过努力建立规范的企业文化,但其管理者对企业文化建设内涵认识不足,甚至认为企业文化建设就是一种管理者文化行为的呈现或企业发展口号的影响,学术界称这些现象为"伪企业文化"。从创业期文化建设实践的情况来看,创业期企业最容易陷入"老板文化",即创业者对自己的创业故事进行提炼和升华,借此渗入企业文化建设之中,并试图影响企业文化的方向和氛围。这种文化建设行为忽视了员工的心理感受和实际需求,因此并不是纯粹的企业文化。在企业创业初期,员工会因管理者的人格魅力形成一种被迫式的"老板文化"认同,但随着管理者人格魅力的弱化及企业发展环境的变化,更多员工会对此产生抵触心理。

(三)缺乏独特的组织个性

企业精神是现代意识与企业个性相结合的一种群体意识,每个企业都应该有符合本企业特色的企业精神。有的创业企业虽然制定了一定的文化战略,但却没有对创业企业的精神进行很好的概括和凝练,导致文化发展理念不清晰,定位不准确,缺乏独特性和吸引力。

拥有独特的组织个性的组织,其员工是生机勃勃、充满激情的,他们高度认同组织的价值观并将其内化为自身的行动。员工将工作同自己的人生目标联系起来,超越个人的局限,发挥集体的协同作用,是个人和组织成长必不可少的要素。

(四)创业组织文化建设流于形式,停留在表层

有的创业组织虽关注组织文化建设,但由于对组织文化的内涵、结构及意义的理解和认识停留在表层,并未深刻地把握本质,认为组织文化是设计出来的,因此这些组织的文化建设往往没有抓住核心,使创业组织文化建设流于形式。

流于形式是创业组织文化建设中一种较为普遍的现象,许多组织不惜花重金请专家和专门的咨询公司或设计公司为自己设计包装精美、辞藻华丽的组织文化手册及员工手册,便以为完成了组织文化建设。也有些组织仅仅把文化建设停留在口号和词汇上,盲目追求组织文化的形式,在公司墙壁上挂上标语口号,堆砌一系列关于组织文化的美好辞藻等。这些组织都是把组织文化的形式搞得轰轰烈烈,把它们作为组织文化建设的重点及全部,而忽略了组织文化的内涵,使创业组织文化建设流于形式,走入误区,貌合神离。

例证 8-7

初创企业创始人对于企业文化建设的 10 个误区

二、创业组织文化建设的原则、落地与实践

（一）创业组织文化建设的原则

1. 以人为本的原则

以人为中心的知识经济时代要求以人为中心的企业文化管理。创业文化设计应履行现代企业的文明使命，文化设计培育要尊重人的主体性地位，借鉴国外管理思维并吸收中国传统思想文化精华，实现跨越式发展，改变过去那种以强权思维为主线的管理思想，改变传统管理中简单的上下级关系所导致的控制性文化，承认人在生产经营中的中心位置，确立员工在生产中的主体地位、主动地位、主创地位，奉行人力资源能力是企业创利中心的价值观，注重发掘员工的智力资源和人的精神因素对智慧的启发，并满足员工的合理需求，使企业发展与员工个人发展同步、和谐地实现。

2. 与生态文化相结合的原则

创业企业文化设计应从两个层面上与生态文明建设相结合：从宏观层面上，企业文化要在企业的环境文化、环境伦理层面上思考企业发展战略对人的生活质量和社会发展水平的影响，企业文化设计应对社会、生态、经济做系统思考，追求科学发展与环境伦理的契合。从微观层面上，企业文化中的环境伦理应致力于提高生态文化的认知度和执行力，通过为大众提供是非判断和行为导向的准则，引导其环保的、关爱自然和他人的、更注重超越物质生活的生活方式，使人从一个在自然中根据"人类利己原则"做出有关生态环境决策的"经济人"，转变为把良心和义务等伦理标准扩大到自然界，从而自觉保护生态自然的"道德人"，使环保意识、可持续发展理念成为全社会奉行的价值观。

3. 企业内外协调的原则

内外协调即企业文化设计要兼顾外部适应性与内部融合性，并时刻保持警惕性以适时而变。创业企业文化设计应在借鉴国外先进企业文化理论与实践的同时，整合中国传统文化资源，不断发掘其在当代企业文化管理方面的巨大价值。创业企业文化设计在适应社会历史文化传统和民众价值观的同时，也不能忽视企业与全体员工个人发展的内部融合性，即创业企业文化将企业的使命、目标、宗旨和行为模式向员工的价值体系和行为模式渗透的过程，企业文化要经过长期培育以得到员工的自觉体认，与全体员工建立集体"心理契约"，以保证组织成员产出高水平的内激力，使员工与企业在目标和情感上真正"契合"，实现企业的不断创新与飞跃。

（二）创业组织文化建设的落地与实践

1. 从定义企业文化开始

在初创公司，文化常常被忽视。许多创始人权衡再三，认为在早期产品开发阶段，文化应先搁置一旁。还有一种观点认为，文化不一定是自上而下形成的，可能需要经过一段时间才能从早批员工中有机地产生。有时会有这样的声音："我们的团队只有五个人，我们的员工就是文化，在企业发展壮大前我们不需要定义任何东西。"但这样的理念是不对的。即使你的团队员工屈指可数，也不要放任企业文化随波逐流。作为早期创始人，一直都在对公司的文化做出决定，尽管这些决定可能并未经过深思熟虑。人们对于文化

的含义有着很多不同的理解，因为理解不同，自然也就无法统一行动，所以作为创始人需要从定义"什么是企业文化"开始。

2. 以"言语—行动—行为"框架构建、评估企业文化

（1）言语层面：沟通内容和沟通方式。第一个主要方面是团队内部、团队之间和个人之间的互动与沟通。我们交谈的频率和方式，说话的语气，是否正确表达了看法，以及选择表达的渠道，这些都是企业文化的重要组成部分。评估目前的沟通方式，确定彼此沟通的理想状态，这些将有助于创业者深思熟虑以应对不可避免的挑战。

在评估过程中要问自己以下几个问题。

- 我们多久开一次会？会议如何设计？
- 大家在会上如何交谈？团队内部如何相互提问？
- 我们期望别人能以多快的速度回复消息或邮件？员工在会下相互交谈的频率如何？
- 当人们情绪沮丧时，他们倾向于如何表达自己？
- 你们有共同的语言来讨论难题吗？
- 你是如何发现问题的？员工害怕给领导汇报坏消息吗？

作为创始人，如果想制定合理的企业制度，你可以尽可能多地安排个体贡献者参加一对一谈话。这很花费时间，但倾听员工的意见是整合反馈的最佳方式。

（2）行动层面：行动、决定行动的方式以及落实的速度。在评估过程中要问自己以下几个问题。

- 如何制定决策？如何告诉员工我们的决策？
- 我们如何给员工发薪水？薪酬理念是怎样的？薪酬制度有多透明？
- 晋升谁？录用谁？谁留下了？
- 团队如何实现跨职能合作？

（3）行为层面：与工作职责没有直接联系的行为表现。任何一家公司都离不开沟通、会议与决策。而企业文化的另一方面也涉及行为，即习惯和规范等。在评估过程中要问自己以下几个问题。

- 如何激励员工？当员工小有成就时，如何激励？要是取得重大成就呢？
- 作为一个公司，我们有哪些独属于自己的传统？
- 如何让员工在入职（或离职）时感觉自己独一无二？
- 如何了解彼此？
- 员工何时休假？多久休一次假？

例证 8-8

三只松鼠：初创企业如何启动文化

3. 将文化融入实践：价值观、绩效、激励措施

价值观有助于对言语、行动和行为进行简单的划分。打造价值观行之不易，因为要将所有这些归纳成几个朗朗上口的词语并不容易，但这值得努力去做。许多创始人在公司达到一定规模之前都不会制定价值观，即便是制定了价值观，过后通常也要经历几次修改，才能确定最合适的价值观。重新审视公司价值观的重要里程碑，具体如下。

（1）联合创始人阶段。有必要在匆忙处理各种事情之前先定下价值观。从长远的角度思考，如五年过后，每一位员工会践行我们所选的价值观。那么，我们引以为傲的公司会是什么样？

（2）建立早期团队。当成长为 5~10 个人的团队时，我们再一次展望未来，思考我们在哪些方面做得不错，哪些东西没有纳入我们的价值观，我们需要对行为稍作调整，但也绝不希望动作过大，破坏已经建立起来的价值观基础。

（3）重大转折点。如果公司在经历重大重组，那便是一个良好的时机。每当公司出现转折点——重大市场变化、战略调整、高层变动、裁员时，都是重新评估价值观的绝佳时机。"转为远程办公或回归线下办公也是重要的转折点。在远程办公或混合办公的世界中，公司规模扩大的同时，你想要坚持什么或者改变什么？"

（4）年度回顾。开诚布公地探讨公司发展的良好面、关注的价值观以及忽视的价值观；自我审视目前所做的哪些工作在技术层面上符合我们的价值观，但效果并不佳。通过调整来弥补发现的缺陷。

从零开始，打造公司的价值观。

如果是首次创建公司的价值观，或是经历某些里程碑或评估之后想要重塑价值观，可以按照以下流程一步一步地来。

第一步：集思广益。如果公司规模尚小，可以让每位员工都思考一下他们以前最看重的领导及下属的品质。让所有员工回答两个问题：你认为目前公司秉持什么样的价值观？你希望未来公司奉行什么价值观？ 如果公司已经有一定规模，可以尝试这种方法：创建一个便于管理的"文化使者"小组，让选择加入小组且来自不同团队、层级，有着不同背景的员工自行组织头脑风暴，再使用既定模板呈现小组的结论。然后分析趋势。

第二步：投票表决。将这两个问题的答案集中到一列，请每一位员工进行投票，选出他们认为重要的价值观。设置每个人的票数上限，这样一来，员工便不得不思考这些价值观的优先次序。

第三步：筛选总结。把票数最高的答案挑出来，看能否归为同一个主题。看这些答案是否存在交集，是否能总结归纳成 4~5 个价值观，体现你想要的企业文化。

第四步：咬文嚼字。将这些答案转换为言简意赅的价值观——价值观应该是容易铭记、独一无二、意义深远的。

第五步：开展评估。如果只按照这些价值观运营公司，是否会有所疏漏？这些价值观是否能赋予你足够的动力，克服当下的困难？你可以举一些反例来思考，特别是呼吁不可滥用价值观的例子。例如，注重工作透明，并不意味着可以窥视别人的私生活；追

求速度，也并不意味着要舍弃合理的休息。

有了企业价值观，自然而然要将其融入招聘流程。企业价值观就像一把标尺，能够用来评估候选人。基于价值观对候选人进行评估：通过具体、结构化的问题来评估一个人是否与公司的价值观相符，这样效果会更好。以下问题可以帮助你判断候选人的自我认知。

- ➢ 在上一份工作中，有什么事情让你出乎意料？
- ➢ 如果你要开一家公司，现在或之前的岗位经历能够给予你最大的帮助是什么？
- ➢ 作为一个个体，你目前想要努力做的事情是什么？
- ➢ 有没有收到过让你感到很受伤或者很意外的反馈？后来发生了什么？

针对企业文化的面试问题，除了关于企业价值观的问题，你还可以在面试中借助以下问题。

- ➢ 你对于我们的企业价值观有什么看法？
- ➢ 回想一下曾经就职的企业和过去的经历，你认为有哪些氛围和文化在这里也是必不可少的？有什么过去的所见所闻是你不希望在这里发生的？

第二个问题的回答往往比前者的回答更加有趣。因为后者可以引出一些关于逆境的讨论，可以进一步深挖。顺着这些问题，又能联系到这里的言语、行动以及行为。你如何表达自己的沮丧？对此你做了什么？你希望我们以后会有什么不同的做法？

早期对于文化和价值观的重视，对招聘和留住人才能起到重要作用。如果企业和候选人的价值观可以达到高度一致，录用通知的接受率会提高，主动离职率也会降低。更重要的是会产生"飞轮效应"。如果候选人也很关心企业的价值观，那么，也就是说，他们非常认同在创立初期就建立公司文化，并将其渗透于公司未来的发展中。

此外，在绩效管理和激励措施中，可利用文化进行激励。

如果价值观得到准确定义，代表着公司的文化，那么在每一次绩效评估时，就应基于员工对价值观的践行程度，尽可能客观地对其评估。要确保员工清楚地知道，这是评估的标准，而且这是一种非常有效的激励措施，让他们牢记价值观。

可以从以下几个方面围绕公司价值观设计绩效考核。

- ➢ 开展自我评估的提问。可以要求员工基于每一项价值观进行自我评估，并列举自己践行价值观的例证。
- ➢ 评估主管时的提问。例如，主管针对下属的发展和需要付出了多大的努力？这个问题关乎对于表现不佳的员工是否及时采取行动。
- ➢ 评估直接下属的提问。例如，对于如何更好地践行我们的价值观，你有什么具体的建议？

大部分人或多或少都想要在绩效评估中表现良好，但是其他的激励措施也能帮助员工重视公司价值观。例如，让产品团队的奖金与公司收入挂钩，以此激励跨部门合作以及结果导向。任何时候，对个人的激励措施都应与公司的目标保持一致——而维护良好的文化是公司不懈的追求。

例证 8-9

亚马逊公司对办公桌的"执念"

4. 盘点审查：内部审查和榜样力量

最重要的一点是，不应该将企业文化束之高阁，而是要在工作中不断地践行文化。除专门在部分团队外出活动中推行公司文化外，还可以在全公司内部开展跨层级活动或员工跟进，以了解内部趋势。

除这些临时检查外，创始人的模范带头作用也不可忽视。创始人在自己的绩效中彰显自我认知以及承认自己的错误，这非常关键。你需要真真切切地认识到错误的确不可避免，并且这些错误在创业的过程中有着重要的意义。我们看到，其他公司在文化方面犯错，能帮助我们更好地塑造自己的文化，而我们自己犯的错误也同样如此。

例证 8-10

狼性文化 or 人性文化，初创企业应该如何选择

本章小结

1. 创业组织文化主要表现为一个创业组织中所有成员所共享并传承给组织新成员的一整套价值观念、共同信念、共同目标和行为准则。

2. 创业组织文化的影响因素主要包括社会文化、创始人的个人特质、创业团队的价值观以及创业组织的管理方式。

3. 创业组织文化在创业组织中发挥着重要的作用，主要有如下五种功能：① 凝聚功能；② 激励功能；③ 导向功能；④ 规范功能；⑤ 辐射功能。

4. 创业组织文化在建设过程中存在的问题主要包括：① 不重视文化建设，处于自我发展阶段；② 误认为老板文化就是企业文化；③ 缺乏独特的组织个性；④ 创业组织文化建设流于形式，停留在表层。

5. 创业组织文化建设的实施策略包括：① 从定义企业文化开始；② 以"言语—行

动—行为"框架构建、评估企业文化；③ 将文化融入实践，含价值观、绩效、激励措施；④ 盘点审查，注重内部审查和榜样力量。

课程思政

1. 在五千多年中华文明深厚基础上开辟和发展中国特色社会主义，把马克思主义基本原理同中国具体实际、同中华优秀传统文化相结合是必由之路。这是我们在探索中国特色社会主义道路中得出的规律性的认识，是我们取得成功的最大法宝。

2. 在新的起点上继续推动文化繁荣、建设文化强国、建设中华民族现代文明，是我们在新时代新的文化使命。要坚定文化自信、担当使命、奋发有为，共同努力创造属于我们这个时代的新文化，建设中华民族现代文明。

3. 党的十八大以来，我们把文化建设摆在治国理政的突出位置，不断深化对文化建设的规律性认识，推动文化传承发展，社会主义文化强国建设迈出坚实步伐。

思考练习题

一、简答题

1. 什么是创业组织文化？
2. 简述创业组织文化的影响因素。
3. 创业组织文化具有哪些功能？
4. 创业组织文化在建设过程中面临哪些主要问题？
5. 创业组织如何进行组织文化设计？

二、单项选择题

1. 组织精神、组织哲学属于（　　）。
   A. 表层文化　　　　　　B. 中层文化
   C. 深层文化　　　　　　D. 核心文化
2. 组织内部的一些特殊典礼、仪式、风俗属于组织文化的（　　）。
   A. 精神层　　　　　　　B. 制度层
   C. 器物层　　　　　　　D. 物质层

三、学以致用

1. 请使用心理测试中的组织文化调查表对你所熟悉的某个创业组织的组织文化进行调查。从该创业组织的组织文化中找到能够帮助你实现组织目标的元素，并找到妨碍组织实现目标的文化元素，然后与你的同学一起讨论克服这些障碍的办法，向该创业组织提出意见和建议，以帮助完善该创业组织的组织文化。

2. 作为有志于创业的大学生，请你谈谈在创业过程中应如何设计公司的组织文化。

第八章 创业组织文化

 心理测试

组织文化调查表（见表8-1~表8-6）

这份问卷可以帮助你辨识你的创业组织文化——你所在创业组织中的做事方式和现有的心态。它的基础是"文化网络"：凝聚组织的六类成分（莎拉·库克，2004）。

请独自完成这份调查表，在你的文化中能够帮助你实现组织目标的元素上打钩，在妨碍组织实现目标的文化元素上打叉。最后，和你的同事或同学一起讨论克服这些障碍的办法，以改进你的创业组织文化。

成分一：仪式

仪式是不断重复的活动和行为，以至于它们会成为共同的习惯。你的组织内部的仪式有哪些？举例说明。

表8-1 仪式

仪 式	是帮助，还是障碍	变 革 行 动

成分二：传说

在你的组织中，有什么故事是传奇性的？例如，关于过去有什么说法？哪些人被谈起？在你的组织中，谁是英雄？有哪些成功或失败的故事？

表8-2 传说

传 说	是帮助，还是障碍	变 革 行 动

成分三：庆典

什么庆典是公开举行的？庆祝什么？有什么奖励是针对整个组织的？

表 8-3　庆典

庆　典	是帮助，还是障碍	变 革 行 动

成分四：标识

看看你的组织中的标识，如饭堂、舞厅、设备、工作/学习场所、停车场和名称。举例说明。

表 8-4　标识

标　识	是帮助，还是障碍	变 革 行 动

成分五：权力

谁在你的组织中掌权，是正式的还是非正式的？你怎样才有资格掌权？在组织中权力的透明度如何？谁从权力中获利？

表 8-5　权力

权　力	是帮助，还是障碍	变 革 行 动

成分六：系统

描述你的组织系统。例如，什么是组织中的交流系统，是正式的还是非正式的？什么系统用于解决顾客或学生需求？

表 8-6 系统

系　　统	是帮助，还是障碍	变 革 行 动

案例分析

小米：打造社群经济下的互联网创业公司文化体系

小米公司以社群运营为特色，在企业文化建设过程中，不再局限于企业内部的文化建设，而是扩展到整个用户社群，将小米公司的企业文化与社群文化很好地融合，以社群思维来指导企业文化建设的各方面，从而在文化建设方面取得了显著成效。

1. 物质文化

小米公司的企业形象体系中考虑了社群中用户的需求。品牌标识采用"米"字的拼音"mi"，也是 mobile internet 的首字母组合，表明小米公司是一家移动互联网公司，同时标识图形倒转 180°之后，就成为一个少了一个点的汉字"心"，寓意"让用户省一点心"，传达了一种让人放心的用户理念。在企业形象中，还有一个唤作"米兔"的吉祥物。这个形象可以理解为小米公司为所有小米人所树立的一种精神形象——极客般的专注，兔子般的快速，还有与用户友谊般的亲密，都传达着小米公司独特的用户文化。

小米公司的办公环境也体现着社群驱动的特征。如小米办公区域竖立着的路牌写着"在科技与人文的十字路口，我们和米粉浩浩荡荡一起走过！"在办公区的大屏幕上，实时显示着产品销量的数字和库房发货的画面。

小米公司的经营成果——产品与服务更是与社群中的用户深度融合。小米公司产品的理念是"为发烧而生"。小米员工以极客精神，做出超越用户预期的极致产品。在小米公司听到的最多的一个字就是"改"，正是这种精益求精，追求完美的产品文化，使得小米公司能够不断推出高性能、高体验的"爆品"，被"米粉"称为"中国的苹果"，受到用户与市场的追捧。在服务方面，小米公司打造了全天候服务体系，对于每个用户咨询，客服人员在 15 分钟之内必须答复。实际上，客服人员占据了小米公司整栋办公楼的大多数位置，还有单独的海外客服部门。用户导向的企业文化特征较为明显。

2. 制度文化

（1）组织结构。从组织结构来看，组织基本上分为三个层级：联合创始人—部门主管—员工。小米公司不会让每个团队太大，稍微大一点就会再被分拆为小团队。这种扁平式的组织结构有利于对社群经济中各种需求的有效应对，并塑造了一种自由、平等、轻松的伙伴式工作氛围。这一组织结构设计也是社群驱动的结果，因为小米公司崇尚"用户导向、用户驱动",需要尽可能地与用户融合、与用户近距离互动,因此就必须选择扁平化的组织结构,这样决策与反馈快速高效。"我们没有森严的等级,每一位员工都是平等的,每一位同事都是自己的伙伴。"当然,扁平化的结构也使人不受职位晋升的杂念干扰,晋升的唯一标志就是涨薪,从而能够心无旁骛、专注地把事情做到快速和极致。

(2)管理制度。小米公司没有KPI(key performance indicator,关键绩效指标)考核制度,没有出勤打卡制度,主观上强调员工的自我驱动,客观上信奉用户驱动。除了产品例会,小米公司也很少开会,遇事通过米聊等即时通信工具及时解决。衡量工作效果的标准在社群驱动下体现为:第一,用户是否为产品尖叫;第二,用户是否愿意将产品推荐给朋友。

(3)员工激励制度。在物质激励层面,从2010年4月公司成立开始,小米公司就实行了"全员持股、全员投资"的计划。股权是小米公司薪酬制度中的重要内容,公司为员工提供不同的报酬组合可供选择:一是与跨国公司同等水平的薪酬;二是2/3的薪酬+股权;三是1/3的薪酬+股权。股权激励的门槛并不高,如客服人员只要工作半年以上,工作表现良好,就可以获得股权。全员持股计划使得员工、股东身份一体化。这种公司治理结构保证了员工之间相对的平等关系,稳固了人力资源队伍,也强化了员工的主人翁意识,形成了团队"共创、共担、共赢、共享"的激励模式。在精神激励层面,小米公司强调责任感而不是指标,强调每个小米人都要对用户价值负责、对伙伴负责。社群用户参与赋予员工以荣誉的企业文化也同样起到了很好的激励效果。

3. 理念文化

(1)使命和愿景。小米公司创始人雷军的创业初心,是让每个人都能用到"为发烧而生"的极致产品,"让每个人都能享受科技的乐趣",将科技所带来的快乐和幸福感分享给更多的人。同时,雷军及其团队洞悉了中国人消费理念和文化的变迁,重视用户的参与和体验,以社群思维的方法建设和形成了用户参与、用户驱动、用户享受的企业文化。

(2)核心价值观。小米公司奉行"让用户参与,为用户创造价值"的核心价值观,并且将这种价值观指导下的社群思维方法论贯穿于包括企业文化体系建设在内的所有经营环节中。作为互联网创业公司,伴随着产品丰富的年代到来,小米公司所面对的用户开始注重精神价值层面的满足,希望能在消费的过程中获得身份的认同,满足表达的诉求,刷出存在感、参与感、荣誉感,这些精神需求越来越成为互联网时代用户消费显性的群体意识特征。小米公司的主流用户是25~35岁一代的年轻人,这个被称为"指尖上的一代"的年轻群体喜欢独立、我行我素,却又积极地与社会形成多维联系,对于他们而言,品牌的任何单向传达和灌输终究白费,只有基于情感连接,双向互动,并着力构建"参与感"的仪式才是企业获得其消费选票的重要方法。小米公司通过社群与用户"零距离"接触,实现品牌与用户的共生共荣,用雷军的话来说,就是走"群众路线","一切为了群众,一切依靠群众;从群众中来,到群众中去"。小米公司的用户观是"用户不是上帝,而是朋友,要和用户做朋友"。

小米公司"挟用户以令员工",以用户管理的手段来进行员工管理和企业文化体系建设的落地,是社群思维的又一重要体现。小米公司有一条独特的规定,即全员客服。产品研发阵线的工程师和设计师也被要求每天通过小米论坛或微博等社群平台与用户互动沟通。小米公司甚至将是否进行论坛回复作为工作评价的一部分，以用户的评价激励员工，驱动员工进步。小米公司还要求工程师经常参加线下的用户见面会，与"米粉"互动交流。这样的活动会让工程师在现实中直接面对他的服务对象，让他感受到用户不仅仅是一个个数字，而是一张张真真切切的脸、实实在在的人物。一个有趣的例子是，一个工程师开发了一个应用软件，去参加产品线下交流会。会上一位相貌姣好的女孩对该工程师大加赞赏，这个生性木讷的技术宅男收获了满满的成就感和荣誉感，工作激情大增。相反，当一个产品经理和工程师负责的功能被用户诟病时，他们自然会以最快的速度全力改进或优化。

（3）执行层理念。在产品理念方面，小米公司坚持"为发烧而生"，以极客的精神打造极致的产品。小米公司创始初期的第一个产品MIUI系统，是由一个10万人组成的互联网"开发团队"完成的。然而这个开发团队并不全是小米的员工，小米的正式组织团队只有100人，而通过论坛社群建立起庞大的研发团队，包括通过人工审核的、有极高专业水准的1000个荣誉内测组成员（被戏称为"荣组儿"），以及10万个对产品功能改进非常热衷的开发版用户。此外，还有千万级的MIUI稳定版用户。换句话说，相当于10万个用户免费为小米公司做了产品经理、用户体验测评师、工程师（黎万强，2014）。MIUI的功能设计都是通过社群论坛由这样的用户讨论或投票来决定的。公司成立以来共收到上亿条用户反馈，每周通过用户提交的四格体验报告计算出最优、最受欢迎的功能，对产品进行针对性的优化和改进。这种用户深度参与的机制，让小米公司的产品收获了令人惊讶的增长速度和良好的口碑。这样的模式使得"消费者变成生产者"，小米公司在某种意义上是用户的集体智慧结晶。小米公司认为，用户模式大于一切工程模式，用户模式是最好的互联网产品开发模式。

在服务文化理念方面，小米公司打造了独特的"米粉文化"。雷军直言："无米粉，不小米。"在小米公司的服务文化理念中，产品的交付不是与用户关系的结束，而是真正的开始；完善的售后服务体系，有利于向用户传达小米公司的价值理念，更加紧密地连接小米公司和用户之间的感情，培养用户的品牌忠诚度。小米公司的服务体系不仅包括小米论坛社区、米聊、官方微博、微信、24小时客服电话等线上服务设施，还包括线下的"小米之家"实体体验店。这个定位于服务与体验的米粉的"家"，并没有销售的任务。米粉们可以在这里了解和体验新产品，排除手机故障，甚至可以开生日派对，吃年夜饭饺子。小米公司将每年的4月8日定为"米粉节"，这一天成为小米用户一年一度的狂欢节。此外，还有被称为"爆米花"的用户见面会，及每年年底的"爆米花年度盛典"。"爆米花"活动全程让用户参与，在社群论坛通过米粉的投票决定活动举办的城市、活动的演出内容等；在年度盛典上，米粉代表还可在T台走秀，领取"金米兔"奖杯，活动形式丰富多变。所有这些富于深度参与感的活动，在很大程度上提升了用户的归属感和荣誉感，大大增强了他们对品牌的忠诚度。于是，小米公司拥有了一群特殊的"客服"，在小米社群中，新用户遇到问题，首先获得的解答，在很多情况下来自于这些兼职的米粉们，社群的自组织、自服务功能得以完美呈现。

资料来源：郝旭光，李彬，李强. 社群经济下互联网创业公司文化体系建设研究：以小米公司为例[J]. 中国人力资源开发，2017（10）：99-109. （有删减）

问题讨论：

1. 结合材料分析社群经济下互联网创业公司文化体系建设的关键是什么。
2. 了解现实中的其他互联网创业公司，尝试总结此类创业组织文化建设的独特之处。

 本章参考文献

[1] 王强. 创业期企业文化建设研究[D]. 哈尔滨：哈尔滨工程大学，2007.

[2] 牛安军，李英华. 创业阶段企业文化的重要特点分析及其建设探讨[J]. 中国外资，2012（17）：214.

[3] 沙因. 企业文化生存指南[J]. 中国经济周刊，2004（28）：37-37.

[4] 毕佳俊，王艳. 芝麻开门：论"阿里巴巴"品牌文化的建构与传播[J]. 现代城市，2015（4）：52-55.

[5] 库克. 培训的100件工具：培训师、管理者的问卷与评估表[M]. 吴咏蓓，等译. 上海：上海交通大学出版社，2004.

[6] 弗林特，董金鹏. 企业文化让创业公司活下来[J]. 中外管理，2014，259（7）：102-103.

[7] 郝旭光，李彬，李强. 社群经济下互联网创业公司文化体系建设研究：以小米公司为例[J]. 中国人力资源开发，2017（10）：99-109.

[8] 蒂尔. 创业企业如何打造帮会文化[J]. 北大商业评论，2015（10）：89-90.

[9] 韩亚丹. 创业企业文化设计的原则[J]. 赤峰学院学报（自然科学版），2009，25（4）：113-114.

[10] 熊仁宇. 创业期企业文化建设的误区[J]. 企业管理，2016，418（6）：44-46.

第九章
创业组织变革与发展

学习目标

- 掌握创业组织变革与发展的概念。
- 了解创业组织变革的目标。
- 掌握创业组织变革发生的原因。
- 了解创业组织变革过程的模式。
- 学会管理创业组织变革与发展。
- 了解创业领导在组织变革中的责任。

引例

雷军的大手术：小米内部变革　推"80后"上场

2018年9月13日，雷军以内部信的形式宣布了小米集团最新的组织架构调整和人事任命。这是小米上市之后的首次重大调整，也是小米成立以来最大的组织架构变革。

小米集团架构的最大变化在于，新设了集团参谋部和集团组织部，进一步强化总部"大脑"的管理职能，原先分别负责小米电视业务和生态链业务的两位联合创始人、高级副总裁王川和刘德分别担任集团参谋长和组织部部长。

集团参谋部将协助CEO制定集团的发展战略，并督导各个业务部门的战略执行，而集团组织部将负责中高层管理干部的聘用、升迁、培训和考核激励等，以及各个部门的组织建设和编制审批。有意思的是，小米成为继华为和阿里巴巴之后第三家专门设立组织部的国内巨头公司。

小米此次另一个重大的变革则是改组原本由王川、刘德、洪锋、尚进负责的电视部、生态链部、MIUI部和互娱部四个业务部，重组成十个新的业务部，将复杂的业务结构重新梳理，变得更加细化。

与此同时，雷军还提拔了十位年轻的面孔任各业务部总经理，一大批"80后"年轻高管就此走上前台。据记者了解，新晋的这一批部门总经理以"80后"为主，平均年龄为 38.5 岁，而他们在小米的平均供职时间接近 6 年。

"6 年时间相对于成立仅 8 年的小米而言，意味着这一批新将既都经历过小米的发展史、壮大史、作战史，同时又对小米怀有忠诚，而团队年轻化亦符合小米作为互联网公司的气质。"熟悉小米的内部人士向《时代周报》记者说道。

雷军的这一系列部署和调整，总结起来，就是加强总部管理职能，让合伙人回到集团，再把一线业务阵地交给年轻人。

雷军在内部邮件中意味深长地说到这么一句话："没有老兵，没有传承。没有新军，没有未来。"实际上，雷军一直是小米的灵魂人物，以"业界劳模"著称，虽然联合创始人不少，而且在各自的领域"身怀绝技"，但黎万强、刘德、王川、洪锋这帮老臣子，过去更多的角色都是专注于具体的业务线，总部职能则由雷军一人承担。很多时候，雷军都觉得自己像个"光杆司令"。

这显然不算一个特别合理的机制。尤其是当小米已经成为一家营业收入过千亿元，有近 2 万名员工，以及剑指万亿规模的大型独角兽公司，小米迫切需要从战略规划、组织管理和人才梯队建设上布局。很明显，小米这一次成立组织部和参谋部，就是一次从个人到集体制度的转变。

雷军既充分肯定了集团老兵的作战贡献，也明白上市后的小米必须把更加有狼性的年轻干部推到一线，他们才是小米高速增长的引擎。"大脑强了，你还要保持持续的肌肉力量。"

资料来源：雷军的大手术：小米内部变革　推 80 后上场[EB/OL]. http://www.ce.cn/cysc/tech/gd2012/201809/25/t20180925_30374880.shtml.

引例说明了在不断发展的过程中，为了应对外部环境和内部结构的变化，创业组织必须进行组织的调整。认清变革因素，克服组织变革阻力，寻找正确的变革方法，形成组织文化，营造组织氛围，接受组织变革带来的变化，均是在创业组织变革与发展过程中需要处理的问题。正如自然界生存和发展的物种不是那些最强大的，也不是智力最高的，而是能够最积极地做出反应的。在竞争日益激烈及市场变幻莫测的今天，创业组织管理者必须理解变革，应对环境变化，管理好变革，才能使企业更好地生存与发展。

第一节　创业组织变革与发展概述

创业组织变革与发展是一个系统的过程，本节主要从创业组织变革与发展的概念、创业组织变革与发展的目标、创业组织变革与发展的相关理论、创业组织变革的诊断、创业组织变革过程的模式以及创业组织发展的过程六个方面来进行阐述。

一、创业组织变革与发展的概念

创业是发现和捕捉机会及组合资源的过程，具有创新、变革、不确定性等特点。在日益激烈的竞争环境中为了保持创业企业的持续发展，创业组织需要变革与发展。

（一）创业组织变革

组织变革（organizational change，OC）是组织为了生存与发展，运用科学的管理方法，对自身进行全面、系统且有目的的调整和优化。创业组织具有结构缺陷，如过分集权、权责与组织关系不明确、缺乏建立完善组织的意识等（袁红林等，2005），制约企业成长。创业组织在适应内外环境变化时，应打破原有稳定与平衡，调整组织的各个要素，进行改变和创新，从而实现提升组织绩效的目的。要素包括组织规模、权力结构、角色设定、组织关系、个体成员的理念、态度与行为以及成员间的合作模式（张晓东等，2012）。

莱维特（Levitt，1983）认为，组织变革由结构、技术、人员、任务组成，具有以下四种类型：① 战略性变革，即组织对战略做长远、根本的调整与变革；② 结构性变革，即组织对责任、权力与资源的调整与配置，使其灵活性提高；③ 流程主导的变革，即组织以业务流程为中心，利用相关技术进行优化和重组；④ 以人为本的变革，即组织通过教育、引导与激励方式凝聚人员，提高人员积极性。

（二）创业组织发展

组织发展（organizational development，OD）是组织在应对外界环境时，将外界压力转化为组织内部能动效力的自我更新与提升的过程。组织发展是利用行为科学对组织进行有计划、全涵盖的变革过程，其目的是提高组织效率和活力。组织在创业企业发展过程中必将有所发展，且创业组织具有基于打破边界的柔性或网络化治理结构，所以创业组织需要运用新的理念和规则指导其发展，探究适合企业自身发展的新范式。

组织发展具有以下五个特征：① 长期性、计划性、全面性的组织变革；② 注重组织文化，引领价值导向；③ 高层领导的支持和专业人士的参加；④ 关注组织总体目标，强调组织内部的群体协作；⑤ 提升组织解决问题的能力。

此外，组织变革与组织发展在广义上相通，统称为组织变革与发展（OC & OD），在狭义上则有所区别。组织变革在狭义上仅限于正式结构的变革，在广义上还包括行为变革和技术变革；而组织发展在狭义上仅限于成员行为变革，在广义上还包括结构变革与技术变革。需要注意的是，创业组织发展关注的是人力系统，是系统变革的全过程，包括诊断、反馈、计划、干预和后续评估。

二、创业组织变革与发展的目标

组织变革与组织发展是创业组织在发展过程中相辅相成、密不可分的组成部分，要求两者目标协调一致。

（一）创业组织变革的目标

组织变革活动将会调整企业组织的系统结构、功能、运作模式及企业文化，其目标主要有如下两个方面。

1. 增强创业组织的环境适应能力

适应环境是组织生存的前提，而具有环境适应能力的人员是组织高效率与活力的有力保证。维持组织、管理者及员工具有环境适应性是创业组织变革的目标之一。组织变革通常发生在外部环境发生变化的情况下,而全球化、行业管制、竞争形势及技术革新等均会引发外部环境的变化;内部因素也会引起组织调整,促使组织改变企业策略、组织结构与流程,寻求合并、合资等。由于市场体制日益完善,迅速发展的生产技术则成为创业组织生存和发展的主要制约因素;面对激烈的市场竞争环境,创业组织需要关注顾客需求的变化,为其创造价值。此外,企业文化也会影响组织变革进行,其中稳健而有活力的企业文化将促进组织变革顺利进行。综上所述,创业组织在面对内外环境变化时,需要进行组织发展,使组织具有稳定性,有利于组织目标实现;保持组织持续性,有序改革;保证组织适应性,抓住机遇与面对挑战;延续组织革新性,促进组织自我变革。

2. 改变创业组织内部人员的工作态度与方法,提高组织工作绩效

结合企业总体目标和员工发展的组织变革,将会给予员工更多的尊重及参与感,使其融入团队,增加对组织的信任,交流和分享工作方法、经验与感受,发挥更大的积极性、创造性和潜力,使个人绩效得以提高。与此同时,管理者与员工双向沟通增多,实现创业组织资源优化配置、优势互补,提高组织绩效。

(二)创业组织发展的目标

创业组织发展注重个人与组织之间的关系以及组织对个人的影响。其过程包括收集背景资料与数据、分析问题、做出应对策略及过程与结果评价,以促进组织结构与员工协调发展及提高组织创造与更新能力为目的。组织自我更新与创造能力的增强,使其面对不断变化的环境可以更具活性且能自我升级结构,改进组织效能。综上所述,创业组织发展的主要目标有两点:一是优化创业组织内部结构与资源配置;二是增强创业组织与外界环境及企业自身发展的协调与适应程度。

三、创业组织变革与发展的相关理论

组织变革与发展一直是国内外学者研究的焦点。随着经济全球化的全面发展,市场机制的成熟与完善,信息技术发展与应用带来交易方式、管理手法和运作流程的改变,促使企业组织进行变革与发展。与此同时,关于组织变革与发展的理论大行其道。创业组织变革就是根据人员较少、组织结构相对不完善、权责不明确等内部情况与外部环境变化,对其战略、结构和文化等进行积极调整,以达到适应企业发展需要的过程。这就要求创业组织必须以科学的组织变革与发展理论为基础,按计划实施,使变革向组织核心能力提高的方向发展。组织变革与发展在演进过程中形成的主要理论有如下五种。

(一)系统理论

系统理论认为企业要从社会输入所需的材料、资金、劳动力及信息等,同时输出产品与服务。在输入到输出这一流程中,要经过生产、技术、组织结构及认识等分系统的转换。组织变革过程表明,这些分系统中的任何一个变化都会影响其他分系统,甚至整个系统,而且人的行为及其人际关系是改变的动力源。系统理论认为,典型的组织变革计划是通过改变职工的态度、价值观念及信息交流,让组织成员认识到推行组织变革的必要性并参与其中。企业组织作为系统可以协调人类活动关系,由三个相互作用的系统

组成：技术系统、管理及行政系统和文化系统。

（二）权变理论

企业组织是一个有机的组织结构，具有活性和更新能力。权变理论认为，在环境发生变化时，企业组织的管理思想和方法也要随之改变，因此需分析组织的特殊情况，不断地进行组织变革。此外，权变理论注重变化与变革，要求组织的管理者与员工积极地对待变革。

（三）行为理论

行为理论认为，组织中人的行为是组织和个人行为相互作用的结果。企业组织能够影响人员的行为，同时，不同的组织结构可以产生不同的风格与价值取向。此外，组织需要改变管理人员的认知方式，以及考虑和解决组织问题的方法。

（四）组织再造理论

组织再造理论认为现有组织结构臃肿、反应迟缓且不能满足市场需要。该理论提出对组织进行改造，以"一切为了顾客、满足顾客需求"为最高准则和最终目的。组织再造需要改善成本、质量、服务等运用基准，思考并改革工作流程，提高工作效率与组织效益，形成企业核心竞争力。通过组织再造可以提升企业的核心竞争力，使企业更迅速、高效地提供顾客满意的产品。

（五）学习型组织理论

随着经济全球化、信息技术发展、知识经济时代加速发展，企业面临着前所未有的竞争环境变化，传统的组织模式与管理理念已不适应环境。在此情况下，美国教授彼得·圣吉（Peter M. Senge）提出了学习型组织理论。与传统的组织管理理论相比，学习型组织理论注重无形资产，认为知识是生产力、竞争力和组织优势的关键。此外，学习型组织充分发掘人力资源，训练与培育员工，发现组织内的知识及知识创新，促进知识流动与共享，提高人员适应与变革能力，使组织人员在变革中学习及在学习中变革，拥有自主变革与创新意识，成为企业活力与创造力的源泉。因此，建立学习型组织是挖掘组织无形资产的有效手段。

四、创业组织变革的诊断

在当前的全球环境下，各行各业的竞争日益激烈，同时政府管制也在逐渐放松，这给企业带来了很多不确定性。作为创业组织，要想在竞争中脱颖而出，需要认清外部形势和内部不足，并采取有效的措施和方法来提高组织效能，这对创业组织的成功与发展至关重要。对于创业组织，可通过提高产品质量和降低成本、组织诊断和人才培养与管理等措施的落实，不断提高自身的竞争力和适应能力，在全球竞争中获得成功和发展。组织诊断作为一种有效的工具，可以帮助创业组织了解自身的问题和不足，并找到改进的方向和方法。通过收集各方面的信息进行系统的数据分析，深入了解组织的文化、管理方式和员工行为模式，发现存在的问题和瓶颈，并制订相应的解决方案。通过组织诊断，创业组织可以更好地掌握组织的状态，分析问题，学习新的行为模式，提高组织的评定能力，协调组织发展，确保组织处于不断改进的过程中。

创业组织若出现以下情况，则需要进行变革：① 组织绩效不佳；② 组织发展停滞不前；③ 员工满意度和忠诚度下降；④ 领导力存在问题；⑤ 组织文化不健康。

创业组织诊断的实施主体是多方面的，其中创业组织的内部管理团队是最为常见的实施主体。他们通常具有深入了解组织内部运作和问题的优势，能够通过定期的会议、讨论和数据分析等方式，对组织的运营状况进行评估和诊断。同时，创业组织还可聘请外部的咨询公司或专家来实施组织诊断——通过收集和分析数据、进行访谈和观察等方式，帮助创业组织发现问题并制订改进方案。有时，创业组织的投资者或利益相关者也会参与组织诊断的过程。为评估组织的合规性、行业发展趋势和竞争环境，政府部门或行业协会也可能对创业组织提供相应的指导和支持。但无论由谁实施组织诊断，关键是要确保诊断过程的客观性、全面性和准确性。同时，实施主体也需要具备相关的专业知识和经验，以便能够有效地识别和解决问题。

创业组织诊断的方法有很多，常用的方法有访谈和调查、数据分析、组织结构分析、绩效评估、竞争分析、流程分析和改进、组织文化和价值观分析等。以上方法可以单独或组合使用，以全面地评估创业组织的运营状况，并识别存在的问题和潜在的机会。在实施诊断时，需要根据具体情况选择合适的方式，并确保诊断过程的客观性和准确性。

五、创业组织变革过程的模式

组织变革是有计划实施的，研究者提出了很多的组织变革过程模式，如三阶段模型（勒温模式）、间断平衡模型、连续性变革等。

（一）三阶段模型（勒温模式）

社会心理学家库尔特·勒温（Kurt Lewin）提出了变革三阶段模型，认为组织发生变革时将会经历三个步骤：① 解冻。它是指组织成员意识到变革的重要性与必要性，形成变革的动力。在这个阶段应注意收集令人不满的资料，使其成为变革的佐证。② 改变或移动。它是指组织成员参与并制订变革计划，实施变革，形成新的态度和行为。这个阶段应注意与组织成员的事前沟通，鼓励其参与并协同解决变革过程中产生的问题。③ 重新冻结。它是指新行为被强化为组织规范并使其稳定化，直到新变革来临。这个阶段应注意收集变革成功的信息并传播这些有利信息，使组织行为、机构、规则及文化等达到平衡稳定状态。简言之，让组织成员意识到变革的必要，动员其接受和学习新的行为，且在组织中运用这些新行为。

勒温还提出了力场理论（force-field theory），该理论认为在组织生活中有两种对立的力量，即变革力量与反对变革力量。当这些力量平衡时，组织不会发生变革。创业组织管理者利用力场分析模型，评估组织潜在问题，可以通过增加变革力量或降低反对力量，引导组织的变革。

（二）间断平衡模型

间断平衡模型（punctuated equilibrium model）认为，组织的稳定和平衡会被短期的激进式的组织变革打破。创业组织的组织结构本来就相对简单，人员较少，而且组织稳定性由创业主导者维护，只有坚强的创业组织才能保持组织现状。但是，关键人才的流失或新人员的加入都会迫使其发生变革，寻找新的组织结构。

（三）连续性变革

创业组织大多通过开发新产品显示出迅速及连续变革的能力，这不仅是创业组织核心竞争力的体现，更是组织文化形成过程、造就创业组织竞争的独特方式。特别是在产品生命周期短、竞争格局快速变化且高速发展的行业，能够推动快速和不间断变革的创业组织才能生存和发展［布朗和艾森哈特（Brown & Eisenhardt），1997］。这类公司的管理会采取一些组织确定及稳定化的方式，以保持公司的稳定和创新。

例证 9-1

联想早期的组织变革

六、创业组织发展的过程

组织发展的模式是根据科学方法形成的，即选取一个对象（或组织），收集对象的行为数据并对其分析，然后试图改变其行为（即干预），观察行为变化，收集改变后的数据。对其展开有如下步骤。

（一）进入与签约

创业组织的进入与签约是一个重要的过程，需要考虑多个方面，包括市场需求、商业计划、团队建设、融资等。首先，通过市场调研、分析竞争对手、行业报告等方式，了解所在市场的需求、竞争情况和发展趋势，以便确定产品的定位和商业模式。其次，根据市场调研与分析的结果制订一份详细的商业计划，吸引投资者和合作伙伴。然后，根据业务需求和公司规模，招聘具有相关技能和经验的员工，组建一个强大的团队来支持其发展。创业组织也要根据实际情况选择合适的融资方式，制订合理的资金使用计划，确保资金的有效利用和管理。最后，在进入市场和开展业务时，与合作伙伴签署相关合作协议，并建立完善的法律框架，遵守相关法律法规，维护良好的企业形象和声誉。总之，创业组织的进入与签约需要全面考虑各种因素，包括市场需求、商业计划、团队建设、融资方式等；同时，需要严格遵守相关法律法规和商业道德，确保组织的合法性和稳健性。

（二）组织诊断

创业组织诊断是通过一系列科学的方法和工具，对创业公司的组织结构、运营模式、团队协作等方面进行评估和诊断，以发现存在的问题和瓶颈，并提出解决问题的建议和措施。常见的创业组织诊断方法和工具有 SWOT 分析、绘制组织结构图和流程图、评估团队协作和领导力的指标。以上方法和工具可以帮助创业者了解公司的组织结构和运营情况，发现存在的问题和瓶颈，提出解决问题的建议和措施。在进行创业组织诊断时，需要结合公司的实际情况和业务需求，选择合适的诊断方法和工具，进行全面、客观、科学的分析和评估。同时，需要注重数据和事实的支持和验证，避免主观臆断和盲目决策。

（三）反馈

创业组织反馈是指创业者通过对公司内部和外部的各种信息和反馈进行收集、分析和利用，改善公司的组织结构和运营情况。在创业组织反馈过程中，要注意收集员工反馈和客户反馈，了解员工对公司管理、流程、文化等方面的建议，客户对公司产品、服务等方面的看法；同时关注市场反馈，了解市场需求和趋势，发现商机和市场机会，及时调整公司的战略和业务模式。创业者还需要与供应商、渠道商、投资人等合作伙伴保持良好的沟通和合作关系，了解他们的反馈和意见，关注合作伙伴反馈。最后，还要通过数据分析和监控，了解公司的业务情况、运营效率、客户行为等信息，从而发现存在的问题和瓶颈，并采取相应的措施进行改善。总之，以上措施可以帮助创业者更好地了解公司的内部情况和外部环境，发现存在的问题和瓶颈，并采取相应的措施进行改善；同时，需要注重信息的质量和可靠性，避免虚假信息和误导性反馈的影响。

（四）计划与干预

创业组织的计划与干预是指创业者通过制订和实施一系列有计划的管理措施，对公司的组织结构和运营情况进行调整和改善，以实现公司的目标和愿景。在创业组织的计划与干预过程中，创业者需要制订公司的战略规划，以指导公司的业务发展和资源分配。根据公司的战略规划和业务需求，优化公司的组织结构，以实现公司的组织高效和协同效应。创业者还需要制定公司的运营流程和制度，以规范公司的运营和管理行为，提高公司的运营效率和质量。此外，创业者还需要制订和实施人才培养和激励计划，以提高员工的工作积极性和工作能力，增强公司的竞争力；同时加强市场推广和品牌建设，扩大公司的市场份额和提升品牌价值。最后，制订风险管理计划，以降低公司的风险和不确定性。以上措施可以帮助创业者更好地管理公司的组织结构和运营情况，提高公司的效率和竞争力，实现公司的目标和愿景；同时，需要注重计划的可行性和实施效果，避免盲目制订和过度干预。

例证 9-2

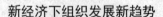

新经济下组织发展新趋势

（五）后续评估

创业组织的后续评估是指创业者对公司的组织结构和运营情况进行定期或不定期的评估，以了解公司的进展和效果，并针对评估结果进行调整和改进。在创业者后续评估中，需要制订评估计划，以确保评估的有计划性和规范性。关注公司的关键绩效指标，以了解公司的业务发展和运营情况，并判断是否达到预期目标。通过员工满意度调查，了解员工对公司管理、工作流程、员工福利等方面的看法和建议。通过客户满意度调查，了解客户对公司产品、服务等方面的看法，从而发现可能存在的问题和瓶颈，并采取相应的措施进行改善。此外，需要进行市场调研和竞争分析，了解市场需求和趋势，以及竞争对手的情况和策略，从而发现可能存在的商机和市场机会，并及时调整公司的战略和业务模式。最后，创业者需要对公司的组织沟通和反馈机制进行评估，以发现可能存在的沟通和反馈问题，并采取相应的措施进行改善。以上措施可以帮助创业者更好地了解公司的组织结构和运营情况，发现存在的问题和瓶颈，并采取相应的措施进行改善；同时，需要注重评估的客观性和准确性，避免主观臆断和片面性评估的影响。

第二节　创业组织变革的动力、阻力及其克服

为了增强组织发展的生命力，创业组织需要不断地进行调整和变革，以适应组织外部环境的变化和内部条件的改变，同时在变革中也受到内外环境的动力和阻力。

一、创业组织变革的动力

创业组织只有与外部环境互动才能有效运作，通过不断地进行组织调整，使组织结构和职能与所处的外部环境相适应。创业组织具有相对较强的创新能力，但是其组织结构的简单及脆弱性会导致创业企业无法生存或发展。因此，需要结合不同创业企业的特点，有计划、有针对性地对创业组织进行组织调整。

（一）外在部分

宏观经济的不确定性、全球化和激烈的市场竞争、快速发展的技术和信息时代等因素导致了企业生存的外部环境的剧烈变化。对创业组织而言，竞争对手的出现、客户偏好的变化及新政策法规的出台都是变革的根本原因［古德斯坦和伯克（Goodstein & Burke），1991］。此外，产品生命周期及产业的升级换代也是组织变革的主要原因［纳德勒和萧（Nadler & Shaw），1995］。

王安实验室的没落

（二）内在部分

组织内部某些部分的不合理及效率低下的情况，如设备及人员的老化、技术和能力的过时、不断变化的员工特点及构成以及组织间或组织内的冲突等，是造成组织变革的内部原因。此外，组织内部权力体系的改变、企业成立与存续时间及企业成长发展机制转变等也会促使组织变革的发生。坎特和托德（Kanter & Todd）（1992）认为，创业组织在推行有计划的变革时，由于变革过程需要投入相对多的时间和资金，因此渴望变革成功的组织成员将致力于变革。此外，变革观念要与组织发展相一致。

需要注意的是，组织变革的主要压力来源于外部。组织必须进行适当的准备，做出相应的调整，应对外部环境的变化（玛琳斯，克里斯蒂，2015）。

美的的组织变革与内部创新

二、创业组织变革的阻力及其克服

从部门划分来看，创业组织缺乏作为一个组织的技术结构和行政支持单位，往往是松散的部门和人员配置，部门层级少且部门间的差异很小，甚至职能部门间高度集权，如人力资源管理与行政兼容等。另外，创业组织各项组织行为尚未规范化，组织缺少规划、培训及沟通活动。内部的组织环境具有动态的特征，一方面，组织未来形态无法预测；另一方面，组织缺少协调一致的规范系统（王威，2010）。

组织变革和发展的成功与否依赖于是否拥有完成计划的能力。组织变革的阻力很复杂，许多因素的累积造成了组织变革的阻力。

（一）个人的抵制

面对组织变革的展开，成员心理会出现波动，演变成为变革阻力的主要有以下四种。

1. 不确定性造成的不舒适与安全感的缺失

重复、稳定的工作使人感到稳定、舒适，且人们都喜欢。熟悉的工作方式与状态会使人不愿意放弃这种格局，从而造成变革阻力的产生。组织成员倾向于在过去中寻求安全感，面对困难及不熟悉（全新）的思想和方法时可能想回到过去。因此，创业组织在起始阶段就应该具有且保持一定的不舒适性，使得成员具有进行变革的意识。

2. 打破习惯及常规与对未知的恐惧

组织成员倾向于利用成熟及习惯的方法处理各种情境。习惯让人感到舒适、安全，且引导决策的做出。在长期养成且费力少的习惯面前，建议与变革通常是被抵制的。需要注意，选择性知觉在其中的作用。选择性知觉是指人们反对与否认新信息对他们较早的态度和行为产生的影响，在面对新情境的刺激时，人们就容易产生偏见（与个人对现实的知觉最为符合），引起对变革的抵制。变革引导组织进入未知领域，带来不确定性，如新技术的引进、职能的改变及职位社会要求的提高等，从而会造成焦虑及恐惧。

例证 9-5

创业者思维对组织变革的影响

3. 经济影响与权力的威胁

在变革推进过程中，直接或间接降低组织成员收入及威胁工作保障的举措出台时，组织成员将会抵制变革，他们总是倾向于保持既有的工作模式及状态。变革有时会因为使个人（如管理层和经理等）失去尊严、威望及权力被削弱而受到阻碍。在创业组织中受到融资及收购等过程的影响，组织结构变化剧烈，个人职位变得更快，权力影响巨大，造成的组织变革阻力会格外显著。此外，对整体有利的变革会在损害个别部门利益时出现阻力。

4. 员工的沉默

沉默的气氛会导致上行沟通断绝，不能让员工参与变革，而使组织与个人的关系常常出现间隙，从而导致阻力的出现。创业组织由于组织简单、人员较少，需要经常活跃组织气氛，保持成员关系融洽，形成良好的沟通途径。

（二）创业组织的阻力

组织面对环境变化时，倾向于在当前情境下舒适地运作，这就意味着组织会采取已掌握且熟悉的方法。为了确保运作的顺畅与有效，组织通常会抵制变革。创业组织抵制变革的主要原因有如下四个。

1. 保持稳定状态

创业组织在经营过程中可能会面临市场、竞争、财务等风险。为了应对这些风险，组织可能会采取保守的策略，保持稳定，避免过度变革带来的风险。而创业组织领导者或团队对变革的成果有时缺乏信心，他们可能为保持现状，避免承担过多的责任和风险。同时，创业组织在运营模式、管理流程、人员结构等方面已形成了一定的惯性。这种惯性可能会成为变革的阻碍。组织在面临变革时需要放弃原有的惯性，重新适应新的模式和流程。而且，创业组织内部可能存在不同的意见和利益冲突，这些冲突可能会导致变革受到阻挠。如果创业组织领导者或团队缺乏有效的变革管理技巧和经验，则无法有效地规划和实施变革。在这种情况下，他们可能会选择保持稳定，避免变革带来的风险和不确定性。

2. 组织文化与标准

创业组织在成立后通常需要经历一段亏损和经营不稳定的时期，因此一旦组织开始获得稳定的收入和利润,他们可能会更倾向于保持现状,而不是冒险进行变革。如果创业组织已经取得了一定的成功经验和模式,他们可能会认为这些经验和模式是行之有效的,不需要进行变革。而当创业组织缺乏具有足够权威和影响力的变革领导者,无法有效地推动变革的实施,在这种情况下,组织和标准可能会继续沿用旧有的方式和方法,无法适应新的市场和竞争环境。如果创业组织缺乏变革意识和文化,导致组织和标准无法适应新的市场和竞争环境,在这种情况下,组织和标准可能会继续沿用旧有的方式和方法,无法进行有效的创新和发展。

3. 变革的投入

在变革过程中往往需要投入大量的时间、精力、资源。创业组织员工担心这些投入会对他们的工作效率、质量和组织的稳定性产生负面影响,产生抗拒心理。而变革往往需要投入一定的成本,如培训费用、设备更新费用、薪资福利调整费用等。他们担心这些成本会影响组织的利润和盈利能力。另外,变革往往需要承担一定的风险,如实施失败的风险、市场反应不佳的风险、竞争加剧的风险等。这些风险可能会影响组织的稳定性和发展,从而使员工产生抗拒心理。

4. 合同协议

合同协议通常是组织与外部利益相关者(如供应商、客户、投资者等)之间达成的一种约定,用于保护双方的权益和利益。因为合同协议可能包含一些约束条款,限制了创业组织的行动和决策,难以适应市场变化或采取必要的变革措施。而合同协议通常也建立在组织间的合作关系上,这种合作关系可能会对创业组织的变革产生一定的影响。在投资约束方面,合同协议可能包含一些投资约束条款,限制了创业组织在某些领域的投资和发展。另外,合同协议通常具有法律约束力,如果创业组织违反协议中的规定,可能会面临法律责任和赔偿风险。这可能会让创业组织在考虑变革时更加谨慎,并优先考虑风险管理和合规方面的问题。

(三)变革阻力的克服

组织变革的阻力是可以被预料的,且在一定时间内不能被有效压制。在组织变革推进时,应注意到阻力是不可避免的,应对其加以利用并改善变革。处理变革阻力的方法有以下六种。

1. 营造有利于组织变革的氛围

创业组织需要建立一个开放的沟通机制,让员工能够自由地表达自己的想法和意见,同时也能够及时了解组织内部的变化和决策。通过制定共同的价值观、理念、行为规范等方式来强化组织文化,激发员工的归属感和认同感,从而促进员工的积极性和创造力。同时,通过制定创新奖励机制、提供培训和学习机会等方式,鼓励员工创新和冒险精神。最后,通过制订变革计划、明确变革目标、设置变革管理团队等方式,建立变革推动机制。此外,创业组织需要建立信任和尊重的氛围,让员工感受到自己的价值和重要性,同时也能够尊重和信任同事和上级。

2. 创造清晰的愿景

创业组织创造清晰的愿景,对于组织的成功和发展至关重要。首先,确定组织的使命和价值观，与组织的实际情况和市场需求相符合。同时，需要进行市场分析和竞争分析，了解市场需求、趋势、竞争对手的情况以及自身的优劣势，从而找到自身的定位和发展方向，还要制订长期发展规划，明确组织的发展目标、战略、重点任务和时间表，以便为组织提供明确的发展方向和指导。此外，需要与员工沟通并获得他们的支持，让他们了解组织的愿景和目标，并参与到实现愿景的过程中。最后，创业组织需要不断关注市场和竞争情况的变化，及时调整自己的愿景和战略，持续改进和调整，以适应市场的变化和发展。

3. 保证有效的沟通

创业组织需要建立清晰的沟通渠道，且需要确保不同层次的员工都能够参与到沟通中，并鼓励开放和透明的沟通，让员工能够自由地表达自己的想法和意见，领导层积极倾听员工的意见和建议。同时，建立有效的反馈机制，让员工能够及时了解自己的工作表现和组织的反馈，从而进行调整和改进。此外，创业组织还需要确保沟通与组织的目标和战略保持一致，通过提供相关的培训和课程，帮助员工提高沟通能力，确保有效的沟通得以实现。

4. 注重员工参与

创业组织注重员工参与，可以增强组织的凝聚力和创造力，提高员工的工作满意度和绩效。创业组织通过制订员工参与计划，明确员工参与的目标、计划和措施。通过提供多种方式让员工参与，提高员工的能力和素质。同时，创业组织需要鼓励员工参与决策，让员工能够参与到组织的决策过程中。建立员工反馈机制，让员工能够通过反馈机制表达自己的想法和建议。创业组织还需要培养团队合作文化，鼓励员工之间进行合作、分享经验和知识。此外，创业组织建立奖励机制，对员工在参与组织活动、提供反馈和建议等方面的表现进行奖励和认可。培训员工的参与能力，帮助员工提高参与能力和素质。

5. 构建奖励制度

了解变革阻力的来源，制定相应的应对策略。明确变革的目标，将其与奖励计划结合起来，激发员工的积极性和动力，推动组织变革。制定明确的评估标准和奖励标准。在实施奖励制度之前，建立一个奖励制度的宣传和推广机制。在实施奖励制度时，设立试行期和试用期，收集员工的反馈和建议，以便进一步优化奖励制度。一旦奖励制度实施，需要持续监控其效果并进行必要的调整。根据反馈和建议进行适当的调整，以确保奖励制度能够持续发挥积极作用。为使奖励制度发挥最大的作用，建立一个支持体系是至关重要的。同时，建立一个开放的沟通渠道，让员工能够提出问题、分享想法，并获得支持。通过提供支持和培训，帮助员工更好地理解变革的意义和目标，并积极参与其中。

6. 保持组织与社会联系

创业组织通过建立共识、加强领导力、塑造积极变革文化、提供培训和支持、激励员工参与变革以及建立有效反馈机制等方法，可以促进员工的适应和发展，实现成功的变革。同时，保持与外部环境的联系和沟通，有助于组织及时响应市场的变化和需求，保持竞争力，实现长期成功和发展。

第三节 创业组织变革与发展

成功的组织变革管理是创业组织具有优秀的商业表现及持续性竞争力的必要条件。面对日益加快的变化，组织管理者的计划能力及调整能力越来越被重视。管理者需要保持社会与技术的平衡，通过相关行为的努力进行，影响组织成员的态度及行为，从而间接影响创业组织的绩效和有效性。

一、创业组织变革与发展带来的变化

组织变革和发展涉及调整现存的组织体系、结构和文化的标准与执行水平，其目的是确保组织生存或提高组织效率。组织变革与发展带来的变化主要有以下三个方面。

（一）创业企业战略与组织结构的变化

创业企业的战略改变涉及组织结构和流程在内的系统的重新设计。流程再造（reengineering）是组织范围内流程变革的现代范例，即通过重新设计业务流程，以达到关键绩效（如成本、质量及服务等）的改善。由于资本的流入及产品技术更新，创业企业的流程改造经常发生，导致企业改变结构、工作和人员。企业变革的类型还包括并行工程及商业模式再造。此外，中层管理者减少及跨职能团队等现象也伴随企业变革出现。

例证 9-6

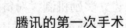

腾讯的第一次手术

（二）创业组织决策与权力的变化

在组织变革与发展过程中，管理者需要对组织权力及决策分配方式进行改变。管理层在针对组织建立更低层的顾客接触点等情况进行决策层下移时，需要评估所有成员做决策及控制的资源，授权给一些组织内原本属于创始团队的资源与决策权。这将会给中层管理者带来不利，需要变革推动者与其不断谈判。全面质量管理（total quality management）可以帮助创业企业改善包括产品规范、可靠性及耐用性的一致性和产品美感等因素，帮助公司处于竞争优势。创业组织管理者需要认识到随着产品的更新换代和技术流程的日益复杂，理解生产层面的细节是不可能的，因此要给一线工作人员足够的生产管理权限，以便保证产品的品质及工艺的改良。值得注意的是，全面质量管理部门推动持续性变革的原因包括负责团队的行动与决策不一、承诺无法履行等。这些问题在

创业组织中经常出现。

(三) 创业组织文化的形成或变化

组织文化由共享的价值观和规范组成。当组织变革和发展时，组织文化会受到影响，价值观与规范会发生改变。在创业组织文化变革方面，我们倡导建立学习型文化。组织学习（organizational learning）是指随着时间推移，即便人员发生流动，组织依旧会保留知识、行为、规范及价值观等。现在创业组织拥有知识相对较高而行为习惯尚未定型的成员，组织文化也未成熟，因此形成学习型文化能够提高组织成员的积极性、理解力、工作能力及商业洞察力，鼓励成员分享和整合知识，同时鼓励知识的创造和传播。

二、创业组织变革与发展的管理

创业组织变革与发展需要有计划地进行，且符合环境发展的要求。管理者在应对管理变革与发展过程中的问题时，需要注意以下三点。

(一) 积极应对变革

在管理组织变革与发展过程中，推动者只有了解该过程中哪些可为与哪些不可为，才能有信心去实施组织变革，积极应对变革中的问题。影响组织变革的因素有三个，即资源（贺筠，2021）、过程（王凤彬等，2018）及价值观（吴玮，2019），这些因素定义了随时间变化而形成的能力与障碍，继而确定组织问题的决定因素，判断组织变革的做法［克里斯滕森和奥弗多尔夫（Christensen & Overdorf），2000］。充分的准备与有计划的实施是组织变革与发展稳步推进的保障，在这个过程中，有时需要发展新的变革能力以应对其间出现的问题，如建立新的组织结构、发展新的价值观等。

H 公司人力资源效能管理

(二) 减少组织变革问题

组织变革与发展问题主要源自组织适应环境变化的需要。要减少组织变革与发展的问题，需要处理以下四个方面的问题：① 创造相互信任与共同承诺的环境，影响组织成员，使其参与变革的决策和行动；② 技术变革的同时注意人力资源的管理及行动，引入新的奖金激励方案；③ 关注人员职责设计和工作组织方法，发展有凝聚力的团体；④ 保持组织变革的社会与技术间的平衡，提高组织效率。管理变革的方法只有在既有变革意图又适合所处的环境时才能成功，这就要求根据组织变革的特点及组织特点制定变革方法。

（三）形成管理行为风格

管理行为可以影响组织变革的成功与否。组织成员倾向于更好的指导与控制型的管理行为，但是多数成功变革需要参与型的管理行为。组织成员若能充分了解变革的相关信息，接受鼓励，亲身参与变革，会使变革过程顺利进行［雷斯和佩纳（Reis & Pena），2001］。因此，形成良好的管理风格，注重及管理人的行为，是组织变革不可或缺的。

三、创业组织变革与发展中创业者的责任

变革的成功促成与组织绩效及有效性的提高，应当由创业者组织与发起。创业者应对变革的组织和态度，对于创造和维护良好的组织气氛有重要影响。此外，创业者与变革相关的个人能力和心理素质也应有所提高。因此，创业组织变革与发展中的创业者的责任具有以下三点。

（一）倡导与促进变革

创业者作为推动社会变革的引擎，应致力于引领创新，不断探索新的商业机会，推动技术进步，开发新产品和服务，以及引导市场变革。将社会责任纳入企业的核心价值观，积极采取行动以促进社会福利。而创业者在倡导与促进变革中，应遵循公平竞争原则，避免利用不公平手段获取竞争优势。同时，还应通过分享经验、提供指导和培育创业生态系统来帮助他人成功创业，积极传播创业精神，鼓励和支持他人追求创业梦想。此外，创业者还应关注盈利能力、降低风险、优化资源配置，以及适应市场变化的能力，致力建立可持续的商业模式，确保企业的长期成功。同时重视团队建设，鼓励团队成员相互支持、分享知识和经验，以提高整个团队的效率和创新能力，以实现共同的目标。保持对行业的关注，不断学习新知识，持续改进自己的创业策略。对市场趋势保持敏感，并灵活调整业务方向，以适应不断变化的市场环境。总之，创业者在倡导与促进变革中的责任是多元且重要的。他们不仅要在商业领域取得成功，还要关注社会责任和可持续性发展，为推动社会进步做出积极贡献。

（二）维护组织气氛

创业者应大力倡导积极的工作氛围，鼓励员工以积极的态度对待工作和挑战，并促进员工之间的相互支持和合作。明确组织的核心价值观，通过自己的行为和言辞来展示传达这些价值观，引导员工在工作和决策中体现这些价值观。创业者还应建立有效的沟通机制，确保员工能够清楚地了解公司的目标和战略，以及他们在实现这些目标和战略中的作用。创业者要倾听员工的意见和建议，给予适当的反馈和指导。同时，创业者还要帮助员工解决工作中的问题和挑战，为员工提供资源、培训、专业知识和领导力发展等必要的支持和指导，鼓励员工在工作中不断学习和成长，并关注员工薪酬、福利、工作条件和工作环境等福利，确保员工得到公正和合理的待遇，并提供必要的支持和资源，以帮助员工保持工作与生活平衡。此外，创业者应该建立有效的激励机制，以激励员工发挥他们的潜力，并实现公司的目标；同时关注员工的职业发展和个人成长，并为他们提供必要的培训和发展机会。总之，创业者要通过维护积极的工作氛围、明确价值观、

有效沟通、提供支持和指导、关注员工福利、建立激励机制以及关注员工发展和职业发展，创造一个积极向上、高效有序的组织气氛，促进公司的成功和发展。

（三）提升个人能力、学习力及信心

创业者需要不断学习和掌握新的知识和技能，以适应不断变化的市场和竞争环境，建立对自己的信任，以便更好地应对挑战和困难；同时激发团队成员的潜力，以便共同实现企业的目标。他们还需要与合作伙伴、投资者、客户等建立良好的合作关系，以便共同推动企业的发展。同时，创业者还需要承担企业发展和经营中的责任和风险。他们需要了解企业的现状和目标，并制订合理的策略和计划。此外，他们还需要对企业的财务状况、人员安排、市场拓展等方面进行全面的管理和监督，以确保企业的稳定和可持续发展。总之，创业者需要在创业组织中不断提升个人能力、学习力和自信心，以便更好地应对挑战和困难，实现企业的目标和愿景。同时，他们还需要承担起企业发展和经营中的责任和风险，以便为企业的成功创造更多的机会和可能性。

本章小结

1. 组织变革是组织为了生存与发展，运用科学的管理方法，对自身进行全面、系统且有目的的调整和优化。创业组织具有结构缺陷，如过分集权、权责与组织关系不明确、缺乏建立完善组织的意识等，会制约企业成长。

2. 组织发展是组织在应对外界环境时，将外界压力转化为组织内部能动效力的自我更新与提升的过程。组织发展是利用行为科学对组织进行有计划、全涵盖的变革过程，其目的是提高组织效率和活力。

3. 创业组织变革的主要目标是增强创业组织的环境适应能力，改变创业组织内部人员的工作态度与方法，提高组织工作绩效。

4. 创业组织在出现以下情况时，需要进行变革：① 组织绩效不佳；② 组织发展停滞不前；③ 员工满意度和忠诚度下降；④ 领导力存在问题；⑤ 组织文化不健康。

5. 创业组织的发展有以下五个过程：① 进入与签约；② 组织诊断；③ 反馈；④ 计划与干预；⑤ 后续评估。

6. 对创业组织而言，竞争对手的出现、客户偏好的变化及新政策法规的出台、产品生命周期及产业的升级换代是组织变革的外部原因。组织内部某些部分的不合理及效率低下、组织内部权力体系的改变、企业成立与存续时间及企业成长发展机制转变等是创业组织变革的内部原因。

7. 处理创业组织变革阻力的方法有：① 营造有利于组织变革的氛围；② 创造清晰的愿景；③ 保证有效的沟通；④ 注重员工参与；⑤ 构建奖励制度；⑥ 保持组织与社会联系。

8. 组织变革与发展带来的变化主要有：① 创业企业战略与组织结构的变化；② 创业组织决策与权力的变化；③ 创业组织文化的形成或变化。

9. 管理者在应对管理变革与发展过程中的问题时，需要注意以下三点：① 积极应

对变革；② 减少组织变革问题；③ 形成管理行为风格。

10. 在创业组织变革与发展中，创业者的责任主要有：① 倡导与促进变革；② 维护组织气氛；③ 提升个人能力、学习力及信心。

1. 创业组织变革可以推动经济发展、提升民族竞争力、促进社会进步、培养创新人才和推动产业升级，为国家的发展和繁荣做出重要贡献。

2. 引入中国新时代的社会主义建设的特殊要求，以及社会经济发展和国家政治制度的需求，让学生理解变革的必要性和重要性，同时培养学生的家国情怀和社会责任感。

3. 融入道德伦理教育。在课程中强调道德伦理的重要性，让学生明白在创业组织变革中需要遵守道德准则和法律法规。

思考练习题

一、简答题

1. 简述创业组织变革与发展。
2. 创业组织发展的模式有哪些？
3. 创业组织变革的阻力有哪些？
4. 创业组织变革带来了什么变化？怎么管理？
5. 创业者在组织变革中应该承担哪些责任？

二、单项选择题

1. 勒温的三阶段变革模型不包括（　　）。
   A. 解冻　　B. 分析力场　　C. 改变或移动　　D. 重新冻结
2. 创业组织发展的过程大概可分为（　　）个步骤。
   A. 3　　B. 4　　C. 5　　D. 6
3. 在创业组织变革与发展中，创业者的责任不包括（　　）。
   A. 倡导与促进变革　　　　　　　　B. 维护组织气氛
   C. 提升个人能力、学习力及信心　　D. 改变组织结构

三、学以致用

请你描述一个你经历或观察到的创业组织变革事件或案例，简要分析其主要的动力和阻力。

组织发展技能模拟

1. 目的：模拟的目的是体验一次变革状况，使每个参加者影响另一个人。

2. 步骤:

(1) 3~4个人组成一个团队,就一个具有争议的主题(如公司的业务是否外包给其他公司、环境敏感地区的矿物开采及转基因食品的引进等)展开讨论,其中必须有三方势力(支持者、反对者及中立者或不确定者)形成,且需要其他组成员作为观察者。

(2) 在10分钟内,支持者或反对者试着说服中立者同意他们的观点,其间中立者可以提问或澄清问题。

(3) 在规定时间结束后,中立者说明哪一方更具有说服力并解释。

(4) 重复前三步直到每个成员都能成为支持者角色,每一轮可以变换主题。建议时间30分钟。

(5) 在班级会议内,讨论哪些策略可以被用来说服和改变中立者。思考在组织变革情况下,这些变革策略怎样起作用?建议时间15分钟。

资料来源:BROWN D R. 组织发展的实践方法:第8版[M]. 刘延平,左莉,等译. 北京:高等教育出版社,2015:154-155.

案例分析

大疆成功的背后

大疆的成名仿佛在一夜之间。这家一年多前还寂寂无闻的研发、制造民用小型无人机的公司,2014年间却声名鹊起:其不同系列产品先后被英国《经济学人》杂志评为"全球最具代表性机器人"之一,美国《时代》周刊评为"十大科技产品",《纽约时报》评为"2014年杰出高科技产品",等等。

这家公司占据了全球民用小型无人机约七成的市场份额,主要市场集中在欧美国家。过去两年,大疆的员工从300人猛增至3500人(其中研发人员1000人)。为此,公司总部2014年搬到位于深圳市南山区的创维半导体设计大厦,租用了其中的12层楼面。

面对纷至沓来的媒体和"主动送上门"的各种荣誉,大疆人坦言"感觉很突然"。那么,大疆凭什么而成名?

一、一个专注于产品的公司

翻开大疆公司的发展历程可见,除前三年的埋头研发外,自2009年起,大疆每年都有新产品问世。特别是2012年,推出了到手即飞的世界首款航拍一体机"大疆精灵Phantom 1",将之前局限于航模爱好者的专业市场推广至大众消费市场,将单纯的飞行体验拓展至航拍体验,大获成功。

大疆并未就此止步,在接下来的几年里,他们始终以用户的体验反馈为依据,不断实现产品的升级换代:2012年的第一代"大疆精灵",支持悬挂微型相机,达到航拍功用,在失控情况下可实现自主返航;2013年的第二代"大疆精灵"则配备了高性能相机,除可拍摄高清照片外,还能实现录影并实时回传,而且内嵌的GPS自动导航系统可以准确锁定高度和位置,稳定悬停;2015年,推出第三代"大疆精灵",其高清数字图像传输系统可实现2km内的图像传输,内置的视觉和超声波传感器可让飞行器在无GPS环境中实现精确定位悬停和平稳飞行。

"如果要分析大疆成功的原因，最重要的一点是它始终专注于产品的态度。"大疆公司副总裁邵建伙说，"大疆完全是依靠其产品本身的创新，赢得了国内外用户的认可。"

2014年入职的员工刘益恒发现，公司里的员工在对产品品质的追求上都有些"偏执"。"哪怕是摄像头的形状、颜色，或是飞行器一个很小的性能，团队都特别执着。"刘益恒笑着说，"也许只有这样一群'偏执狂'，才能生产出这样的产品吧！"

作为对"专注于产品"另一角度的注解，邵建伙举例说，因为大疆的"成名"，这两年不断有投资人与大疆接触。"有几家上市公司找到我们说，只要大疆同意合作，就给大疆提供成本价的原材料。但是我们没有答应，为什么？"邵建伙解释道："他们无非是看中了大疆的名声，希望通过发布与大疆合作成功的消息，达到股价飙升的目的。""持着这样的目的，他们能用心做好产品吗？"邵建伙说，"我们要得到高品质的原材料，就应该让对方获得适当利润，让他们根据我们的需求不断改进他们的产品。"

二、一个追求极致的创始人

大疆创立于2006年，当时公司创始人汪滔还是香港科技大学的在读研究生。汪滔个人对创造力的无限追求，是大疆从创新走向新的创新的起点。在香港科技大学学习期间，汪滔参加了两届"亚太大学生机器人大赛"，在第二届比赛中，他和队友获得了香港地区第一名、亚太地区第三名的好成绩。"两届比赛，让他学习并懂得了竞争与合作，这对他的思想成熟和后来的创业积累产生了较大的影响。"与汪滔相识已久的邵建伙这样认为。

2005年，汪滔说服老师，把直升机自主悬停技术作为自己的本科毕业设计课题。毕业演示时，飞机摔了下来，课题得了一个很差的分数。汪滔不服气，几个月没去学校，一个人待在深圳，没日没夜地干，终于在2006年1月做出第一台样品。他试着把产品放到航模爱好者论坛上卖，竟然接到了订单。

2006年，汪滔继续在香港科技大学攻读研究生。与此同时，在导师支持下，他和当年一起做毕业课题的两位同学正式创立大疆，研发生产直升机飞行控制系统。公司最初只有五六个人，在深圳一间80m²的民宅里办公。"那几年比较艰难，因为招不到优秀的人。"邵建伙说，"人来了，门一开，基本上掉头就走。也难怪，人家都是有能力进入世界500强企业的人，怎么能来一个看起来就是个'小作坊'的企业？"

尽管如此，但是因为那时能够采用自主悬停技术的产品实在稀缺，所以钱很好赚，"一个单品就能卖到20万元"。可是，汪滔却说，"这不符合我的方向。"在他看来，价格过高意味着市场有限，而他"想让更多人用上好产品"。

于是，年轻的大疆在利润率最高时开始了主动转型，把价格降下来。在2015年年初的公司年会上，汪滔创造了一个非常"拗口"的"大疆精神"——"激极尽志，求真品诚"，意为大疆人应该继续充满激情地去追求极致和实现志向，不被外部虚像干扰和诱惑，真诚而踏实地做好事业。

三、一个鼓励创新的环境

"要让'工科男'得到应有的成就感和荣誉感！"邵建伙说。

也许是创业初期的"蜗居"给汪滔留下了很不好的记忆,使他日后十分看重公司的形象。"大疆必须有好的环境,要让优秀人才一来到公司,就'难以自拔',喜欢我们。"他说。

除让人羡慕的工资收入和福利待遇外,大疆更为员工提供了宽松的内部创业环境,成可获利,败也不怕。引入武汉大学中文系女生余思月到大疆工作的原因,则是公司追求纯粹的理念和浓厚的人文情怀。"这里没有上下级,都是年轻人,充满了朝气与活力。每一个好的点子都得到充分的尊重,在这里我感受到了在别处感受不到的价值。"余思月说。"在一个科技公司里,有诗,有艺术,对创新更有推动力。让我们都没想到的是,副总裁邵建伙竟然是学美术出身。"

"无人机未来的发展方向,是在应用领域的创新,而不是价格上的竞争。"正是基于这种想法,2014年11月,大疆推出了SDK软件开发套件,即把大疆已有的核心技术集中在SDK上,向后来的开发者开放,让他们在此基础上进行应用开发,拓展航拍应用领域。例如,瑞士一家专门做地图测绘的公司,通过接入大疆开放的SDK,用无人机在一个区域上空飞一圈就能完成对此区域的3D地图重建。

除行业合作之外,大疆从2014年起开始举办面向全球高校和创客群体的SDK开发者大赛。在首届比赛中,一个学生团队就开发出了一款利用无人机进行高速公路交通事故取证的应用。

"年轻人无拘无束的想象力最可贵!"大疆发起全国大学生机器人大赛,邵建伙希望这些人中能有人成为大疆创新的后备力量。

(杨彦,2015)

问题讨论:

1. 结合案例分析大疆公司组织变革与发展的促进因素。
2. 创始人在大疆公司的变革与发展中发挥了怎样的作用?

本章参考文献

[1] 袁红林,郑宁,郑建荣. 小企业成长:基于组织变革的视角[J]. 企业经济,2005(8):78-81.

[2] 张晓东,朱占峰,朱敏. 规则管理与组织变革综述[J]. 工业技术经济,2012(9):152-160.

[3] SEASHORE S E. Surveys in organizations[M]//LORSCH J W. Handbook of organizational behavior[M]. Englewood Cliffs, NJ:Prentice Hall, Inc., 1987.

[4] BROWN S L, EISENHARDT K M. The art of continuous change: linking complexity theory and time-paced evolution in relentlessly shifting organizations[J]. Administrative Science Quarterly, 1997, 42(1): 1-34.

[5] 李海东,林志扬. 组织结构变革中的路径依赖与路径创造机制研究:以联想集团

为例[J]. 管理学报, 2012 (8): 1135-1146.

[6] 毛文静. 欣赏式探询: 组织发展干预新趋势[J]. 中国人力资源开发, 2012 (2): 49-52.

[7] GOODSTEIN, LEONARD D, BURKE W W. Creating successful organization change[J]. Organizational Dynamics, 1991(4): 5-17.

[8] NADLER D A, SHAW R B. Change leadership: core competency for the twenty-first Century discontinuous change: leading organizational transformation[M]. San Francisco: Jossey-Bass Publishers, 1995.

[9] 刘向阳, 吴超. 创业型小企业组织变革影响因素分析[J]. 技术经济与管理研究, 2013 (10): 34-37.

[10] KANTERS, TODD D J. The challenge of organizational change: how company experience it and leaders guide it[M]. New York: Free Press, 1992.

[11] 玛琳斯, 克里斯蒂. 组织行为学精要: 第3版[M]. 何平, 等译. 北京: 清华大学出版社, 2015.

[12] 王威. 从管理环境看创业型组织的结构特征[J]. 江苏商论, 2010 (32): 88.

[13] REEVES R, KNELL J. Your mini MBA[J]. Management Today, 2009(3): 60-64.

[14] CHRISTENSEN C M, OVERDORF M. Meeting the challenge of disruptive change[J]. Harvard Business Review, 2000, 78(2): 67-76.

[15] REIS D, PENA L. Reengineering the motivation to work[J]. Management Decision, 2013(8): 666-675.

[16] DRUCKER P F. Management Challenges for the 21st Century[M]. UK: Butterworth Heinemann, 1999.

[17] TRANFIELD D, BRAGANZA A. Business Leadership of technological change: five key challenges facing CEOs[M]. UK: Chartered Management Institute, 2007.

[18] OREG S. Resistance to change: developing an individual differences measure[J]. Journal of Applied Psychology, 2003, 88(4): 680.

[19] BROWN D R. 组织发展的实践方法: 第8版[M]. 刘延平, 左莉, 等译. 北京: 高等教育出版社, 2015.

[20] 佚名. 阿里巴巴创始人: 马云[J]. 商场现代化, 2013 (18): 26-31.

[21] 贺筠. 基于组织变革的H公司人力资源效能研究[D]. 南昌: 南昌大学, 2021.

[22] 王凤彬, 郑腾豪, 刘刚. 企业组织变革的动态演化过程: 基于海尔和IBM纵向案例的生克化制机理的探讨[J]. 中国工业经济, 2018 (6): 174-192.

[23] 吴玮. 变革型领导对员工—组织价值观匹配的影响机制研究[D]: 杭州: 浙江财经大学, 2019.

第十章
创业组织员工全健康管理

学习目标

- ➢ 了解全健康的概念和理念。
- ➢ 了解全健康的主要特征。
- ➢ 掌握全健康管理的四大工具。
- ➢ 掌握创业组织员工自我全健康管理的方法。
- ➢ 掌握创业组织员工心理保健的方法。
- ➢ 了解创业组织员工心理管理。

引例

34岁天涯社区副主编金波在北京地铁突发疾病去世，生前常熬夜

2016年6月29日，天涯社区副主编金波因疾病突发在北京不幸去世，年仅34岁。据金波的部分亲友证实，金波于6月29日19:40左右，在北京地铁6号线呼家楼站开往潞城方向站台上突然晕倒，随后失去意识。金波倒地后身旁两名素不相识的地铁乘客对其进行了心肺复苏和人工呼吸，另有一名外国女子自称是急救医生，随后也参与到救治过程中。但是，遗憾的是金波最终没能苏醒过来。

金波在互联网行业从业多年，长期担任国内著名网络论坛天涯社区的副主编。多名金波的同事向记者证实，金波"工作比较拼，经常熬夜"。一名金波的同事表示，金波"刚刚三十出头，有一对双胞胎，近几年长期加班熬夜"。

公开报道显示，金波在天涯社区任职期间多次对互联网生态发表自己的看法，并多次表示天涯社区的优势在于普通网友，在于草根网民。

资料来源：宋君玲. 大学生创业案例评析[M]. 广州：广东高等教育出版社，2018.

创业是一项充满压力和挑战的工作。当前众多的创业教育的理论和实践中，大都会提到创业者的素质和能力，但是创业者的身体素质是常被忽略的。对于创业者来说，在创业过程中，繁重的工作、强大的压力都会给创业者的身心造成很大的挑战。因此，创业组织必须要加强对创业者和员工全健康管理，同时采取必要的预防和保护措施，以避免悲剧发生。

第一节 创业组织员工全健康管理概述

随着经济全球进程的加速，人口流动增加，一些突发传染性、食源性等公共卫生疾病频发，加剧了健康问题的复杂性。全健康理念（one health）正是在此背景下产生，并在全球广泛传播的（陈国海，熊亮，2022）。本节主要介绍全健康的概念、理念与特征，全健康管理的理论基础以及全健康管理的四大工具，等等。

一、全健康的概念、理念与特征

（一）全健康的概念和理念

世界卫生组织对健康下的定义是：健康不仅仅指身体不虚弱或没有疾病，而必须是个体在身体上、心理上和社会适应上都保持良好的状态。然而，已有的关于健康的概念和理念（如大健康）已经无法满足社会经济发展和人类健康的需求，全健康的概念理念应运而生。全健康概念强调同一健康，即人类、动物与生态系统共生对人类健康工作的重要意义［鲍姆等（Baum, et al.），2017］，本质上更加强调人类健康管理的系统性，即人类健康并不只是个体自身的行动，还需要多层次、多部门协调一致，共同进行健康管理，才能实现人类全方位健康发展。全健康应包括全物种健康、全周期健康、全地域健康和全方位健康，其中全方位健康指的是将健康深度融入所有政策，形成全流程、全要素干预的社会—生态共治模式（万兆伟，王军永，2022）。

（二）全健康的特征

全健康具有如下五个主要特征。

1. 全方位

全健康理念强调全生命健康和全球健康，动物、人类甚至整个生态环境都在其关注的范围内。单就从人类角度考虑，全健康理念不仅强调身体健康，还关注心理健康、道德健康、社交健康、精神健康、生殖健康等多个方面，且各个要素基本要保持平衡，才能称得上真正的健康。这就要求大学生加深对健康的理解，对自身的社交、道德、精神等方面进行综合评定。

2. 能动性

全健康的践行与个体的积极参与是密不可分的，只有个体加深对全健康的认识，采取健康的行为方式，改善自己的健康状况，才能真正实现身心的和谐发展，并以正向健康的方式生活。

3. 多主体

全健康理念覆盖国家、社会、企业、家庭、个人多个主体，且各大主体均需通力合作，才能有效构建全健康落地的良好生态。如国家层面的政策保障、企业文化、家庭层面的理解支持以及个人层面的积极参与。

4. 多维度

员工健康是身体健康、心理健康、社交健康、道德健康、生殖健康等多重维度的综合体现，尤其是在元宇宙元素不断出现且得以应用的今天，员工的虚拟世界健康更是成为现代员工健康管理又一重点工程，因此各主体在进行健康管理时，应时刻关注员工多维健康水平，才能确保员工健康得以实质性改善。

5. 系统化

人类健康问题的解决需要从人、环境与动物之间的密切关系视角出发，需要多学科融合，其中涉及了多个学科，如心理学、中医学、营养学、药学、眼科学、教育学、管理学、光学、环境科学、农学等。图 10-1 呈现了多重利益相关者参与下的全健康管理系统。

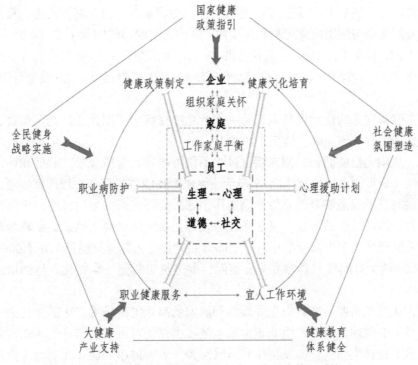

图 10-1　多重利益相关者参与下的全健康管理系统

二、全健康管理的理论基础

全健康管理就是运用全健康的理念、方法和工具对健康实施管理。全健康管理体系是基于中医治未病理论和人体自愈系统理论而提出的。中医治未病理论发源于《黄帝内经》，"治未病"是中医传统的一个概念，《黄帝内经》提出"上工治未病"，把中医分成上、中、下三工，认为最好的医生在治未病方面有独到之处。从《黄帝内经》开始，"治未病"已经形成了三个比较明确的概念，就是"未病先防""既病防变""愈后防复"。其中，"未病先防"有"预防为主"的意思，就是说在没有病时，要防止疾病的发生；"既病防变"是指在疾病发生之际及时干预，防止它向坏的方面发展；"愈后防复"指的是病已经好了，还要防止它复发。治未病思想提倡将自我健康管理视为预防保健的理念和常识而存在，通过对个体健康状况的全面管理，实现人们身心健康全方位发展。

自愈系统包含免疫系统、应激系统、内分泌系统等若干个子系统，当其中任何一个系统产生功能性障碍或者遭遇破坏，且其他系统的代偿能力不足以弥补时，人体的自愈能力就会降低，从而导致疾病产生。现代医学研究发现，无论是中医还是西医，最有效的治疗方法是修复人体自愈系统的平衡（朱向东等，2009）。人们可以通过均衡营养、适当运动和休息、调节生存环境等方式来巩固和提高自愈能力。

三、全健康管理的四大工具

随着社会经济发展和科技进步，当前人类的健康模式和疾病谱发生了重要改变。过去主要危害人类健康的传染病不少已被消灭或控制，而一些慢性非传染性疾病，如心脑血管病（高血压、脑卒中、冠心病）、恶性肿瘤、糖尿病等，以及精神疾患、意外伤害已成为威胁人们生命与健康的常见病和多发病。影响人类健康的因素主要有医疗（占8%）、气候（占7%）、社会（占10%）、遗传（占15%）、生活方式（占60%），为此，世界卫生组织还提出了人类健康的四大基石：① 合理膳食；② 适量运动；③ 戒烟限酒；④ 心理平衡。

根据全健康理念的能动性特点，第一作者总结提炼出了阳光、灯光、饮食、习惯四大全健康管理工具（陈国海，熊亮，2022）。

首先，从阳光角度而言，阳光接触过少不仅可能导致骨质疏松、肥胖和糖尿病等生理健康问题，更可能会因抑制体内 5-羟色胺生成而致使员工存在心理抑郁风险，而增加自然光接触时长不仅能够降低感冒、高血压、心脏病等疾病的发生概率，更能激发大脑释放血清素，改善员工的心情，甚至还能有效延长员工的寿命。因此，从科学角度看，企业应每天保证员工至少拥有半小时以上的日照时长，尤其应鼓励员工在 6:00—10:00、16:00—17:00 两大时间段与自然光充分接触，促进员工骨骼正常钙化，达到增强体质的效果。

其次，从灯光角度而言，由企业现场和居家的高频电磁场等产生的光污染将通过视网膜刺激员工的眼球，进而产生非正常脑电波经视神经对员工大脑产生非正常刺激，极可能诱发员工精神类疾病、不良情绪和睡眠障碍等多种健康问题。在进行工作环境和居家环境设置时，企业或员工可通过灯具材料选择、灯具构造、光源数量控制等方法有效限制眩光，具体措施如采用磨砂玻璃材料、添加灯具遮光罩或格栅、防止光源数量过多以消除眩光等。

再次，饮食更是员工健康管理不能忽视的一大重点。然而，统计数据显示，我国成年人对平衡膳食结构的知晓率总体较低，员工应保证水、纤维素、蛋白质、维生素、脂肪和碳水化合物的平衡摄入，同时摒除因工作繁忙而过度挨饿、食用过快、食用食物温度过高、过度摄盐等错误饮食习惯，只有通过平衡膳食摄入供给机体种类齐全、数量充足、比例合适的能量和各种营养物质，与机体的需求保持平衡，才能达到预防疾病、促进健康的效果。

最后，员工健康管理只有养成习惯方可持久。企业员工只有到了慢性病频发的中老年时期，才会重视健康习惯的日常养成，对此，企业更应针对年轻员工加强全健康习惯宣传工作，促使新生代员工对健康问题防患于未然。对于员工个人而言，应逐步养成起居有时的作息习惯、劳逸结合的用眼习惯、定期户外运动的习惯和食不挑菜的饮食习惯，更应养成定期调适心理压力的良好心理健康习惯，才能保证以饱满的情绪投入工作，实现生理健康和心理健康的良性循环。

四、创业组织全健康管理

创业组织用好全健康管理的四大工具，即阳光、灯光、饮食、习惯，能充分激发员工健康管理的能动性和科学性。

首先，在阳光方面，创业组织可通过与第三方健康管理平台合作，鼓励员工通过小程序或 App 进行阳光运动打卡，并为拥有足够日照时间的员工专设"阳光员工"奖项，以提升员工定时亲感自然光的主动性，同时增加办公区域窗户的数量，确保员工能兼顾工作效率和自然光接触。

其次，在灯光方面，灯具设置是创业组织在灯光方面的健康管理重点，部分创业组织因工作特征无法保证员工拥有足够的自然光接触时间，可通过对灯具的严格要求来代替自然光，灯具要求能够根据自然光变化特征在一天中为员工提供适量照明。

再次，在饮食方面，创业组织不仅需加强食物监管，保证员工安全就餐，还可以依靠物联网、云计算等技术建造智慧食堂，通过菜谱分析等后台管理功能为员工提供菜品营养分析、营养摄入分析等服务，让高科技真正为员工服务。

最后，在习惯方面，除进行健康动员宣传外，创业组织还应落实"一人一档"健康政策，制定和实施员工健康管理政策和方案，通过长期持续的员工健康数据收集和分析，科学观察员工健康改善情况并及时提出针对性健康管理意见。

五、创业组织员工自我全健康管理

根据健康行为改变理论，全健康系统的实施最终都需要落实到员工认知和日常行为的真正改变，而这有赖于员工对周围健康环境的评价和对健康行为改造的知觉（王兴起，丘亮辉，2013）。因此，为实现员工自我全健康管理功效最大化，需从员工日常生活和工作中构建习以为常的自我全健康管理体系，充分发挥员工的健康能动性，促使员工主动遵循健康行为规律。

在创业企业中，许多员工日常处于固定、狭小且密闭的工作环境中，这对员工健康和工作绩效都是一大阻碍。那么，如何在有限的条件下进行合理的自我全健康管理？

首先，在阳光方面，由于工作限制，很多企业实际上无法确保员工在工作时间内到户外进行自然光接触活动，在此情况下，员工尤其是办公室员工应坚持"20-20-20"原则，即在 20 分钟观察计算机屏幕后，应抽出至少 20 秒的时间观察超过 20 英尺距离外的实物，以户外自然景观为宜。另外，在上班路上、节假日寻求与自然光接触的机会。

其次，在灯光方面，企业员工应抛弃"越亮越好"的思维模式，而是应该充分考虑工作环境墙面设置进行工位灯光调整。对于办公室墙面多为冷色，且办公室整体灯光多以白光为主的办公环境，办公室员工可在办公桌上合理设置暖色台灯来调节工作环境的灯光。对居家灯光环境进行检测，必要时给予改造。

再次，在饮食方面，企业员工常常因为工作忙而选择不吃早餐，或者晚餐吃得太饱，这对员工的身体往往是一大健康隐患。员工应根据膳食宝塔合理进食，即使是在关键的午餐环节，也需要注重除能量外其他营养物质（如蛋白质等）的摄入，才能真正确保有充足的精力应对一天的工作任务。

最后，在习惯方面，更为重要的是，无论是阳光、灯光、饮食，还是更为广泛的心理健康、社交健康、道德健康等深层健康维度，员工全健康管理更应日复一日、年复一年，基于生命全周期视角养成全方位健康习惯，包括早睡早起、适度运动、合理饮食、读书、不抽烟、少喝酒等良好习惯，才能真正巩固自我全健康管理成果。

第二节 创业组织员工心理保健

世界卫生组织（WHO）统计显示，当前中国至少有 2.5 亿人需要"心理服务"，其中 8000 万人需要"心理治疗"。由此可见，心理问题已成为严重而又耗资巨大的全球性卫生问题。与普通企业相比，创业组织的员工面临着更大的压力和心理问题。而在我国现行的人力资源管理中，对压力和心理问题的管理存在着严重的疏忽。因此，创业组织员工必须学会缓解压力、管理情绪、应对挫折以及提升工作质量和生活品质，积极进行自我心态调节，维护心理健康。

一、创业组织员工心理健康

（一）心理健康的概念

心理健康是指一个人的生理、心理与社会处于相互协调的和谐状态。陈国海、许国彬和肖沛雄（2005）将个体的心理健康状况分为六个方面：① 智力正常。正常的智力水平，是人们生活、学习、工作和劳动的最基本的心理条件。② 情绪稳定和心情愉快。情绪稳定和心情愉快是心理健康的重要标志，它表明一个人的中枢神经系统处于相对平衡的状态，意味着机体功能的协调。③ 行为协调统一。一个心理健康的人，其行为受意识支配，思想与行为是统一协调的，在行动中一般有明确的目的性和较高的自觉性，并有自我控制能力。④ 自我意识客观。适度的自信心、自尊心和自制力，一定的社会责任感和义务感是心理健康的表现。⑤ 人际关系和谐。有一个和谐持久的人际关系是心理健康的一个重要特征。⑥ 社会适应良好。能够积极有效地面对和应付周围环境的要求和变化，这也是心理健康的标志之一。

（二）创业组织员工心理健康的作用

在创业过程中，创业者需要具有超越传统的勇气，也需要具有调动自身智力和潜力的能力。创业会有风险,这需要创业者具有面对风险不退缩的胆量与果敢;创业可能失败,这需要创业者具有面对失败不气馁的坚毅与勇气,同时也需要创业组织中的员工具有良好的心理素质以及调整负面心理的能力。也就是说,员工的心理健康状况是影响和制约创业组织能否创业成功的关键的内在因素。

(三)创业组织员工心理健康的现状

随着中国社会的快速转型,企业员工的压力、焦虑等心理亚健康也都被置于放大镜之下。特别是对创业组织而言,风光无限背后的阴暗面却不尽为人所知。创业者及其员工往往承受着巨大的压力,而且他们更像是新型的劳动者,工作之余几乎没有自己的生活,因此他们完全以公司为家。

对于很多创业者而言,创业期间的心态变化就像坐过山车一般跌宕回旋、起伏不定,麻省理工学院心理学教授卡梅隆·哈罗德将创业者的心理起伏分为四个阶段:"无知的乐观"(uninformed optimism)、"知情的悲观"(informed pessimism)、"价值危机"(crisis of meaning)和"知情的乐观"(informed optimism)(李华晶,2021)。

面对创业组织不可预知的未来,员工们往往因为压力过大而表现出广泛性焦虑、双向抑郁和歇斯底里的特点,对认知、身体健康和行为举止产生影响。同时,员工的压力、情绪等心理问题必然会影响创业组织的生产效率和发展。因此,人们不应该轻视心理问题,刻意逃避心理问题引起的不良反应,而应该予以普遍关注。

在中国,人们目前仍然没有对心理问题形成应有的正确认识。心理问题认识的偏颇,导致人们在遇到心理问题时,不是采用科学的有效方式及时加以解决,而是刻意隐瞒自己的心理问题,拒绝到专业的心理咨询机构去咨询和治疗,以至于心理问题越来越严重,影响了正常生活和身体健康(段俊平,2012)。

例证 10-1

创业者生存状态调查

二、创业组织员工心理保健概述

创业组织员工必须学会缓解压力、管理情绪、应对挫折以及提升工作生活品质,积极进行自我心态调节,做好心理保健。

(一)缓解压力

创业组织员工常常出现内心矛盾和冲突,产生不适应感、焦虑感、压抑感等消极心理体验,甚至产生心理障碍,从而损害身心健康,导致严重的后果。与普通企业相比,创业组织往往更容易失败。VC 投资(创业投资)的创业企业最后有 3/4 都失败了[南达和戈什（Nanda & Ghosh），2014］。超过95%的创业企业达不到它们预期的目标。最新的盖洛普幸福指数也显示，45%的创业者处于高压的工作环境中，比其他类型的工作者高3%。新企业的建立和发展都面临着变幻莫测且充满压力的环境，因此成功的创业者必须具备强大的心理抗压能力。创业者应对压力的能力是决定企业可持续发展的关键因素。

1. 正视压力

心理学和社会学主要集中于对压力给个体带来的负面作用进行研究，他们所提出的压力管理策略都是针对压力的调节，希望消除其带来的消极作用。要缓解压力、消除压力的消极影响，首先需要正视压力，客观分析自身的压力，有针对性地应对。

在日常生活和工作中，压力无处不在，面对挑战性任务时，不仅会有兴奋、激动，还有忐忑、焦虑。如果仅仅平静地生活，感受不到压力，长期下去必将成为一潭死水。这时，沉闷将会成为压力，压迫人寻求改变，寻找新的压力。创业组织在初创期的工作重点是发展业务，但是由于资金短缺、人员配置不到位，员工每天都面临对未来的不确定感和繁重的工作，从而形成心理压力。这已经是创业组织的普遍现象，因此，创业组织员工以及即将进入创业组织的求职者，首先要承认创业组织中的压力，只有承认压力的存在，在应对压力时才会用积极的应对策略，从而将压力转化为动力。

适当的压力有助于保持人的警觉（清醒状态）和合适的行为模式，促进人的心智成熟和潜力发挥。但是，过度的压力又会使人走向相反的方向，从而对人造成危害，包括超出承受能力的过强压力和引起负面情绪的持久压力，都会使人紧张焦虑、忧愁恐惧、烦躁愤怒、沮丧抑郁，如果长时间得不到松弛，就会出现注意力分散、记忆力下降、行为消极被动的状况，甚至产生一系列生理和心理疾病。

2. 探求压力来源，进行压力管理

对于创业组织员工来说，其心理压力主要来源于对未来不确定性的恐惧和创业期间理想与现实的落差。同时，过分投入工作而导致的生理机能损伤，也会给个体的心理层面带来压力。在确定压力来源后，可以进行的压力管理计划包括以下两个方面。

（1）个体心理调节。个体心理调节主要包括如下六个要点。

① 消除错误的认知方式，如对完美的过分追求等，树立正确的创业观。

② 在创业前，对创业进行事前计划和时间管理。

③ 当感觉自己压力过大时，可以寻求外界的心理帮助，如亲友支持、心理咨询等。

④ 除工作外，可以发展一些健康的兴趣或爱好。

⑤ 制订具体的健身计划并实践，保持生理机能处于最佳状态。

⑥ 多给自己做心理暗示，学习放松技术。

（2）组织管理改善。创业组织作为创业者辛苦"耕耘"下的产物，往往因为创业者不自觉的完美主义创业倾向而成为员工的压力源。因此，可以从以下六个方面对创业组织的管理进行改善。

① 创业者多从人性化角度出发，改变工作负荷和最后期限。

② 随着创业阶段的改变，不断调整工作设计、组织结构以消除应激物。

③ 实施扁平化管理，建立畅通的工作沟通渠道，这将十分有利于创业组织的发展

壮大。

④ 改善物理工作环境，从硬件设施上放松创业时期紧张的心情。

⑤ 针对创业时期容易产生的心理问题，建立心理支持系统，推广心理咨询和培训。

⑥ 创业组织多开展文娱和体育活动，并鼓励员工积极参与。

对于被压力环绕的创业组织员工，帮助他们掌握应对压力的基本方法，改善应对方式，提高适应能力是相当重要的，因为当个体承认压力并学会管理它时，便能使压力朝有利的方向发展。"向压力要动力"，不仅仅是一种愿望，而且完全可以通过科学的手段达到这个目标。从改变他们对于压力的看法开始，最终改变他们对工作的看法，学会处理压力问题，从而增强他们对于工作压力的承受力。

（二）管理情绪

情绪和情感是人类重要的心理活动形式。它们不仅对个体其他的心理和行为活动起着影响和调节作用，而且对社会交往和适应具有交流与协调功能。良好的情绪不仅使人精神振奋，效率提高，而且对个体身心的健康发展有着积极的促进作用；而不良的情绪则会使人精神萎靡，有害身心的正常发展。许多创业者拥有先天的本质特性，这些特性让他们更易于情绪不稳定而失去控制，使其做出损害他们自己和公司利益的事情。这些精神状态可能包括抑郁、绝望、失去动力等，这些不良情绪会耗尽他们的精力。

因此，创业组织要重视员工的情绪管理，努力使员工保持良好的心情，这样才能提高工作效率。

1. 改变认知角度

心理学家认为，所发生的事件本身不是导致情绪障碍的原因，人们对这一事件所持的看法、解释、信念才是引起情绪和反应的直接原因。因此，要管理情绪，首先要改变对事件的认知角度。为此，20 世纪 50 年代美国心理学家艾利斯在美国创立了合理情绪疗法，其中 ABC 理论是这一方法的基本观点。

在 ABC 理论模式中，A 是指诱发性事件；B 是指个体在遇到诱发性事件之后相应而生的信念，即他对这一事件的看法、解释和评价；C 是指在特定情境下，个体的情绪及行为的结果。具体来看，诱发性事件 A 只是引起情绪及行为反应的间接原因，而人们对诱发性事件所持的信念、看法、解释 B 才是引起人的情绪及行为反应的更直接的原因。因此，合理、积极的信念会引起人们对事物恰当的、适度的情绪和行为反应；反之亦然。

从 ABC 理论模式出发，可以发现创业者和其员工主要存在以下三种典型的不合理信念。

（1）绝对化要求。绝对化要求是指人们以自己的意愿为出发点，对某一事物怀有认为其必定会发生或不会发生的信念，如"我们要创业就必须成功"的观点。

（2）过分概括化。这是一种以偏概全、以一概十的不合理思维方式的表现。过分概括化的一个方面是人们对其自身的不合理的评价，即以自己做的某一件事或某几件事的结果来评价自己整个人、评价自己作为人的价值。过分概括化的另一个方面是对他人的不合理评价，即别人稍有差错就认为对方一无是处。当创业者在创业时期出现挫折或失败破产时，他们常常产生自己一无是处的错误观点，产生自卑自弃的心理及焦虑和抑郁情绪。

（3）糟糕至极。创业失败不等同于世界坍塌，但持有"糟糕至极"这种想法的创业者却认为自己意料之外的事情一旦发生了就会非常可怕并带来灾难，以至于使个体陷入极端不良的情绪体验（如耻辱、自责自罪、焦虑、悲观、抑郁的恶性循环）之中而难以自拔。

因此，要想改变创业者及其员工的情绪和反应，就要改变他们对创业期间所发生的、可能发生的事件的看法、解释，调整自己所持有的不合理信念，改变认知角度，从而避免不良情绪产生，保持良好的心境。

2. 疏泄不良情绪

在创业期间由于心理压力过大而产生的不良情绪不容小觑，而过分抑制不良情绪则是一种不健康的选择，它会破坏个体的生活，威胁个体的身心健康，从而削弱个体的意志。其实情绪反应是人体内的一种自我保护机制，是人面对威胁时身体的一种本能反应。从心理健康的角度讲，发泄是消除心中不快的极为有效的手段，也可以减轻精神疲劳，有利于精力充沛地投入今后的工作中。但是，发泄不良情绪时要注意选择恰当的方式，否则就可能导致令人不快的后果，甚至会使事情变得更糟。下面为创业组织员工提供了三种有效的疏泄方法。

（1）长吁短叹。人们往往将唉声叹气和不良的心境联系在一起，认为叹气是一种懦弱和无奈的表现，是创业过程中的大忌，而实际上它是起放松作用的深呼吸。当一个人焦虑紧张时，心脏的跳动就会加快，这时通过缓慢的深呼吸就能够镇静下来。因此，当情绪不好时，可以先放下手头的工作，去一处安静的地方进行深呼吸，如此反复多次，很有裨益。

（2）做有氧运动。实验表明，当一个人在做有氧运动时，机体就会发生一系列生理变化，从而起到调节情绪的作用。因此，在高压工作的闲暇之余，创业者可以多进行有氧运动来排解不良情绪。

（3）积极地倾诉。良好的人际关系和交流不但是心理健康的表现，也是人们最基本的心理需求。将创业期间心中所压抑、担心的事情，向你所信赖的亲人、朋友倾诉出来，或者多与其他创业者或在创业组织内工作的员工交流，或者找心理医生谈一谈，便可以建立起一种心理支持系统，将十分有助于创业者及其员工心态的调整。

3. 保持积极情绪

积极情绪是积极心理学的重要研究内容，其实质是"具有正向价值的情绪"，包括快乐、激情、希望、兴趣、爱、自豪和感恩等。在创业过程中，乐观的创业者不仅能够在最短的时间内适应未来环境和趋势，更能够在逆境和困难时正面评估未来的环境，为创业团队设置合理的奋斗目标，激发团队员工的创业信心，创造出新产品和新事物（周小虎等，2014）。同时，积极情绪也能够使个体发现新的创业领域，发掘到创业机会，并找到行动路径和降低创业风险的方法。

创业过程是一个"试错—纠正—学习"的循环过程，也是创业者对内外部各种资源与机制的调整整合过程。在这个过程中，需要创业者建构和发挥其机会识别、创意保护和能力机会匹配的相关知识，而这三种创业认知知识都要通过创业积极情绪整合来实现。因此，创业积极情绪是一种重要的创业资源。创业者的积极情绪不仅可以通过提升组织员工的忠诚度和满意度来增加创业成功的概率，而且也是创业者获取、整合和发展其他创业资源的力量。

（三）应对挫折

挫折可以说是创业期间创业者及其员工的"家常便饭"，自己的想法不被认可、资金不够、市场效果不理想等都可以算是一种挫折。面对挫折的考验，有些创业者认为这是创业的必经之路，有一些创业者则自怨自艾，产生了焦虑、愤怒、沮丧、攻击或躲避等情绪和行为，直接影响员工的工作积极性。

对创业组织而言，挫折会带来种种不利于工作的消极因素和消极行为，间接地影响组织的效率及员工的生活质量。因此，创业组织需要充分重视员工的挫折应对。

1. 挫折的来源

在现实生活中，由于主客观因素的限制，个体往往会遇到各种不如意的事情。凡是预期目的没有达到的都可称为挫折，但挫折仅仅在超出人的挫折忍受力时才以挫折感的形式表现出来。不同的人对挫折的忍受力也不相同，它与个人的生理忍受力、动机的强烈程度、受挫折的经历以及对挫折的认知和预见等方面有关。在创业过程中，创业者们既要想着给员工发工资，同时还要经常扮演很多角色、面对无数挫折，如客户流失、与合作伙伴发生纠纷、竞争越来越激烈、员工产生问题等。

2. 挫折的心理防御机制

当个体在创业期间受到挫折时，为了摆脱困境、减轻心理压力、重新达到心理平衡，常常会有意无意地运用心理防卫机制，采取自我防卫措施（又称为挫折防御机制），这是一种保持情绪平衡和稳定的心理机能。创业者常见的自我防御机制按性质不同可分为：① 建设性防御机制（如升华）；② 攻击性防御机制（如移位）；③ 逃避性防御机制（如压抑和倒退）；④ 替代性防御机制（如补偿）；⑤ 掩饰性防御机制（如合理化）。

（1）合理化。合理化又称为"文饰"，是指既定目标未达到时，寻找各种理由或值得原谅的借口来替自己辩护或争取社会认可，使内心获得平衡，也称为"精神胜利法"。

（2）压抑。压抑是指个体在受到挫折之后，用意志的力量压制住愤怒、焦虑的情绪反应，或者把意识所不能接受的使人感到困扰或痛苦的思想、欲望、体验等在不知不觉中自动地压抑到无意识中，或通过延期来满足，使自我避免痛苦，保持心境的安宁。在创业过程中，压抑比较常见，虽然这种做法能够暂时减轻焦虑和获得安全感，但久而久之可能会使个体变得性情暴躁或孤僻、沉默，甚至形成心理疾病，对身心危害较大，也不利于创业组织的持续性发展。

（3）投射。投射是指以自己的想法、感受去推想别人也是如此，把自己的过失行为或内心存在的不良动机和思想观念转移到别人身上，以此来减轻自己的内疚和焦虑，化解自己的心理困境。

（4）补偿。补偿是指个体在追求目标、理想的过程中受挫后，改变活动方向，以别的目标代替原来受阻的目标，以新的活动方式代替原来的活动方式，以弥补因失败而丧失的自尊和自信，减轻挫折造成的痛苦。通过新的满足来弥补原有欲望受到的挫折，以起到"失之东隅,收之桑榆"的作用。回顾很多创业组织在创业初期和现在的目标,可以发现二者不尽相同,这便是一种"补偿"的做法。

(5)认同。认同是指当一个人在生活中无法获得成功感时,把别人具有的、使自己感到羡慕的品质加在自己头上,或是将自己比拟成其他成功的人,借以在心理上分享他人的成功感,提高自己的信心和声望,从而消除因挫折而产生的痛苦。人们往往憧憬自己能够像马云等创业成功人士一样辉煌,这也是市面上类似的创业成功学书籍热卖的原因。

(6)升华。将遭遇的失败导向比较崇高的方向,转移理想到另一更有价值的事业上,使其具有建设性并有利于本人和社会,便是升华。"塞翁失马,焉知非福",例如歌德失恋后写出脍炙人口的世界文学名著《少年维特之烦恼》。升华不仅可以使原来的欲望得到间接宣泄而消除焦虑感,还可以使个体获得成功的满足,所以它是一种非常积极的心理防御机制。

(7)否定。否定是指对已经发生的令人痛苦的事实加以"否定",认为它根本就没有发生过,以减轻或逃避心理上的痛苦。

(8)回避。回避就是转移注意力,尽可能主动躲开导致心理困境的外部刺激,例如个体否认自己曾经创业失败的做法。

(9)移位。移位是指把一种情境下危险的情绪或行为不自觉地转移到另一种安全的情境下释放出来,以求得心理平衡。

3. 应对挫折的方法

挫折不可避免,对初创组织更是如此。在创业组织中,员工总会出现因心理受挫而降低工作积极性、怠工、士气低落,甚至出现缺勤、闹事、罢工、自杀等事故。面对挫折,如何去应对,创业者又如何帮助其员工进行挫折心理调适,降低负面影响,从而提高工作效率,是值得重视并付诸实践的一个问题。

克斯和夫格森结合应对挫折的两种功能(针对问题和情绪)和两种形式(认知和行为),提出了较为全面和具体的应对方式[考克斯和弗格森(Cox & Ferguson),1991],如图10-2所示。

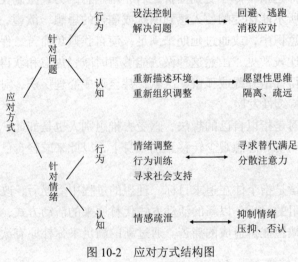

图10-2 应对方式结构图

根据图10-2，创业组织员工应对挫折的策略主要包括以下两个方面。

（1）针对问题的应对方法。在行为方面要积极设法控制和解决创业过程中出现的各种问题，而不是通过回避、逃跑的方式来消极应对。例如正确归因，找出并排除造成挫折的根源。在认知方面则要加强员工对于挫折的认识，变换视角和出发点，摆正面对挫折的态度，吸取经验和教训，从而不断改善组织管理。

（2）针对情绪的应对方法。在行为方面主要是进行情绪调整和行为训练，例如通过放松训练、情境转移法等来寻求社会支持，健全社会支持系统。在认知方面要正视自己在创业期间产生的负面情绪，适当合理地进行情感疏泄，而不要否认或压抑情绪。对此，创业组织可以为其员工进行心理辅导和咨询，改善其受挫心境。

例证 10-2

从麻辣烫店老板到公司CEO

（四）提升工作生活品质

工作生活品质（quality of work life，QWL）也称为"劳动生活品质"。组织不应该只追求绩效的提升，也应该重视员工所共有的心态和需求，即重视员工的满意度，甚至是增进组织全体人员的幸福。该概念的基本思想是要提高组织的工作效率，不能只考虑技术因素，还要考虑人的因素，使技术和人协调一致。

工作生活品质大致包含以下内容：① 工作环境；② 薪资、奖金与福利（个人生活适应困扰的申诉及劳资争议的协助）；③ 工作安全卫生；④ 升迁与前途发展；⑤ 休闲、社交活动；⑥ 沟通和人际关系（同事合作）；⑦ 教育与职业训练；⑧ 工时和工作量；⑨ 上司的领导方式（管理方式）；⑩ 企业形象与企业文化，等等。

创业组织中的员工除要求较高的收入和稳定的工作之外，还有许多更重要的追求目标，如对于个人理想的追求，这也是很多创业者进行创业的初始目的。因此，创业组织只有尽力满足员工的需求，提高员工的工作生活品质，对员工做"全人关怀"，帮助其成长、提升，增加员工的快乐感受及向心力，才能更好地调动起他们的生产积极性，进而提高组织绩效，创造出更多的财富来推动初创企业的发展壮大。围绕企业如何改善员工的工作生活品质，这里将上述内容归纳为以下几个方面。

1. 良好的工作环境

整体工作环境的满意度对工作绩效有着明显的正面影响。良好的工作环境除能够提高工作效率外，更能创造出良好的工作气氛，凝聚员工的向心力，使员工即使在较大的压力下也能保持健康平衡，进而提高工作效率，达到组织和谐的目标。与普通企业相比，创业组织的工作环境大多兼具实用性和时尚感，优越的办公环境也是很多创业组织吸引成员加入的一项因素。

良好的工作环境包含两个层面的内容：① 硬件环境，即改善工作物理环境、工作条件以及工作场所的设施或辅助工具；② 工作氛围，如营造宽松、和谐的人际关系，创造协调合作、相互帮助的工作氛围，丰富员工的工作内容，发展和谐的企业文化。同时，沟通被视为维系人际和谐的最基本要素，也是组织能够持续成长的原动力，因此良好的工作环境还应包括顺畅有效的沟通这一要素。

例证 10-3

优步（Uber）的个性化工作环境

2. 有吸引力的薪资、奖金与福利制度

合理、有吸引力的工资报酬福利体系关系创业组织员工队伍的稳定。为了提升工作绩效并善用人力资源，企业组织应制定完善的薪资、奖金与福利制度，力求在提供良好的可持续平台的基础上形成劳资双方对奋斗目标的一致认同，使人员的发展与组织发展紧密配合，实现企业与员工的共同发展。员工福利是社会和组织保障的一部分，是工资报酬的补充或延续，主要包括社会福利保险制度、医疗保障制度、退休制度、上下班制度、请休假制度、教育训练制度以及各项补助等。

对于创业组织来说，由于企业初创时制度不完善和资金的流动性较高，最便捷的方法就是借鉴同行、同类型公司的相关制度来完善自身在薪资、奖金与福利等方面的制度，或者通过股票、期权鼓励的方式增强员工对于创业组织的发展信心，满足员工的安全心理需求，使员工产生安全感。

3. 休息娱乐需求的满足

从日常工作来讲，组织员工有三个方面的需求：工作的需求、休息娱乐的需求和学习发展的需求。而休息娱乐的需求发生在工作的 8 小时以外，看似不在工作管理范畴以内，因此常常会被忽略。事实上，工作以外的休息和娱乐生活往往会影响 8 小时之内员工工作的质量和效益，8 小时之外的企业文化生活是为提高 8 小时之内的工作能力和情感服务的。因此，要让员工处在一个工作、生活和娱乐相结合的环境中。

对于创业组织的员工来说，他们的工作时间大多远超过 8 小时，甚至达到一周 7 天都不休息的高强度工作节奏。因此在工作之余，公司应该提供相应的环境和设施，举办相关的社团活动，充分满足员工娱乐和学习的需求。通过 8 小时之外的文化活动，让员工的生活丰富多彩，身心得以休息和放松，体力和脑力得以恢复。同时，通过企业组织的文化娱乐活动，增强员工之间的情感沟通，有意识地培育员工的参与意识、创新精神和团结合作精神，塑造和谐的气氛，鼓舞员工去创造丰富多彩和积极的人生。

例证 10-4

华为：多元化与包容性

4. 明确的职业发展规划

初创期的创业组织具有规模小、资金短缺、人员配置简单、分工不明确等特征。大部分创业组织虽然设计了正式的组织框架，但组织的日常运作显然没有按照正式的组织框架进行。创业组织员工的岗位分工也只停留于形式，员工经常是"哪急、哪紧、哪需要"就往哪里去。这种工作模式会导致员工对自身职能和定位的模糊认知，不利于员工的职业发展规划。创业组织的经济基础和组织架构比较薄弱，如何有效地提高员工的工作生活品质，从而提高员工的敬业度和忠诚度，使员工和组织形成利益共同体，成为创业组织员工关系管理的重要内容。创业型组织应该给予员工应有的职业规划指导。首先，对新员工进行必要的岗前培训，帮助员工了解创业组织和组织所处行业的特点；其次，对员工进行能力测评，为员工提供合适的岗位发展方向；最后，结合员工的能力、职业规划和创业组织的未来发展方向，找到三者的契合点，捆绑员工和创业组织的利益，提高员工的工作生活品质和对组织的忠诚度。

5. 工作的意义感和掌控度

工作的意义感是从工作内容的角度出发，员工对在工作中所追求的目标是否有价值、所投入的时间和精力是否值得的感知。对于"工作的意义感"这一维度有明显影响的前四个因素分别是：能实现自己的职业目标、经常得到上司或者客户的表扬、能认同公司的愿景和使命、能发挥自身的优势且做擅长的事（商业评论，2013）。而工作的掌控度是从工作压力的角度出发，指的是员工的工作压力是否在生理和心理承受范围内。但并不代表从事轻松、无压力的工作的员工工作生活品质高；相反地，员工是愿意承受压力的，只要压力可控、不影响生活即可。

创业组织承载着创业团队的远大抱负和愿景，创业组织经营业务并不仅是为了获得商业利益，更多的是创造价值，包括为客户创造价值、为行业创造价值和为社会创造价值。作为创业组织的一员，只要认同创业团队的社会理想，就会感到工作的意义，工作生活质量自会提升。员工压力大是创业组织普遍存在的问题，毕竟创业组织基本上都是以业务为重心的，员工配置简单，超负荷工作，生理和心理健康受到威胁，工作生活品质下降。因此，创业组织应有针对性地给员工布置任务，对于那些身心素质较好的员工，尽量提供有挑战性的工作，使员工的自身价值得到充分的体现；对于心理承受能力较弱的员工，可提供量大、挑战性低的工作，多组织一些活动丰富员工的业余生活，提高员工的工作生活质量。

第三节 创业组织员工心理管理

在激烈竞争的创业环境中,创业组织中的员工必将承受各种心理压力,产生不同形式和程度的困惑与心理问题,心理健康水平起伏不定。在创业公司,除大量的工作之外,员工每天还要面临很多以前从未接触过的事情,完成度达不到自己理想中的标准,从而带来较低的工作成就感。长期如此,压力就会累积,若压力管理不当,可能会导致各种偏激行为,不利于创业组织的发展。一旦创业失败,创业组织员工还面临偿还债务、失业、再创业、再就业的过程,所承受的压力前所未有,需要做好创业者及其员工的心理管理工作。

一、创业心理管理

(一)创业心理周期

创业者在心理上是独特的。在高达90%的初创企业都要失败的世界里,最具忍耐力的创业者会排除万难,因为想到要成为另外的10%,实现自由和取得成功而充满斗志。对于不确定性和威胁,成功的创业者往往是迎面走去,而不是避而远之。成功的创业者对于恐惧往往有着其他人所没有的心态,至少在程度上不一样:若能正确对待,理解好我们的恐惧和焦虑,我们就能在自我发现、创新和创造力方面取得突破。对于超常的创业者来说,注意到恐惧是一项竞争性优势,是一种挖掘好奇心、激情感以及对指数增长的饥饿感。

壹心理创始人兼CEO黄伟强分析总结出创业心理周期,认为创业者的心理特征呈现阶段性变化,即创业亢奋期、创业低谷期和创业稳定期,三个阶段形成一个周期(黄伟强,2015)。创业者在创业过程中会周而复始地经历这三个阶段,而这三个阶段的心理表现也会有所差异。

第一阶段:创业亢奋期。在这个阶段,创业者并未采取有效的创业行动,只是萌生了创业想法,想凭着好点子和满腔热血就创立伟大的公司。创业者在这个时候会出现"意识狭窄"现象,只看得到创业红利和机会,看不到创业风险和陷阱。在创业尚未开始时,大部分的创业者处于创业亢奋期。在这一阶段,创业者的心理特征更多地表现为盲目自信和亢奋。

第二阶段:创业低谷期。当创业者将创业想法真正付诸实践,开始创业项目时,创业亢奋期所忽视掉的问题都会涌现出来,让创业者无所适从。创业者接连遭受打击之后很快就进入创业低谷期,创业之前的信心大减,开始怀疑自身的能力。创业低谷期一般会持续3个月以上的时间。在这个阶段,很多创业者的创业项目会被现实扼杀,还可能导致创业者放弃创业。在这一阶段,创业者的心理特征主要表现为情绪忧郁和过度焦虑。

第三阶段:创业稳定期。创业者经历创业低谷期还未放弃创业的话,就会进入创业稳定期。创业者会变得心态平和,会正视已有的资源和盲点。在这个阶段,创业者的重点在于扩充自身的专业知识,逐渐成长为创业领域的专家,心理趋于成熟,心态稳定。

（二）创业心理问题应对

创业者的心理问题主要集中在创业低谷期，这一阶段是创业者经历的最难熬的阶段，会出现多种心理问题。解决好这些心理问题，有助于创业者形成良好的心理品质，提高创业的成功概率。

1. 增强人际关系沟通

人是社会化的人，我们处在一个人际关系复杂的环境中，如何协调人际关系，是每个人都必须考虑的。要协调人际关系，首先必须学会沟通。良好的沟通能够有效地提高团队的工作质量和优化工作环境。良好的人际关系也有利于保持心情愉快，提高工作效率。创业者在创业过程中总是绷紧一根弦，精神高度紧张，这样的状态也需要适时放松，而与亲友、创业伙伴进行沟通就是一个很好的途径。沟通不仅能够让你得到更多理解，对方与你思想的碰撞也可能擦出更多火花，不要让创业挤占个人人际沟通的时间。

2. 保证健康的作息

创业是一场持久战，创业者应有长期坚持的觉悟和能力。健康的体魄、昂扬的斗志、充沛的精力有多重要是无须赘述的。要想获得这些，就要做到基本的健康作息。

3. 释放心理压力

在创业过程中，创业者常常面临各种压力，既有工作和人际关系上的，也有家庭上的。如果这种压力过大，会造成心理冲突，严重影响创业者的健康，使其工作效率降低，有时甚至影响他们的判断和决策，严重的还会降低他们人生的质量。因此，必须有一个好的方式或途径进行压力释放。首先，要找准压力源，提高心理承受能力；其次，要转移或者发泄消极情绪；最后，理性分析压力，尽量减少潜在的压力。

二、创业失败心理管理

创业失败之后，创业组织员工面临两种选择：再创业和再就业。选择的发展道路不同，创业组织员工的心理特征不同，相应地，心理管理办法也会存在差异。

（一）创业失败的概念

创业失败的概念可以从时间点和时间段两个方面做出界定。时间点论者认为，创业失败就是创业企业失去偿债能力，为债权人的利益清算企业资产，即破产。麦格拉斯（McGrath, 1999）认为，创业失败就是创业者未达成其目标条件下对新创企业的终止。时间段论者将创业失败视为创业企业面临收入下降或费用提高，且无法获得新的融资，因而在当前产权和管理条件无法继续运营的状态。谢泼德（Shepherd, 2003）对创业失败的描述是："当企业的收入下降或者成本增加到一定程度以至于不能吸引新的债务或资产融资，从而现有的所有者和管理层无法继续运营企业时，失败就发生了。"综合创业失败的两类定义，本书认为创业失败就是创业者未达成其目标条件下终止新创企业或退出新创企业经营活动。

（二）再创业心理管理

创业失败本身可能意味着新的机会或是新产业的诞生。创业者的失败经历反映了追求的目标和实际成就的差距，这将会激励创业者再次创业以实现更好的绩效。但是，并不是所有经历过失败的创业者都愿意后续创业。"真格基金与零点公司联袂开展的千名中国创业者调查"调研结果显示：83.7%的创业者认为即使创业失败也是值得的，32%的创业者创业失败后仍会选择再创业。

关于创业失败的情绪应对也有相应的悲痛恢复理论、印象管理战略、自我辩护战略、经验学习理论等，这些理论有助于创业者快速地从创业失败所带来的负面情绪中走出来，进而获得有益于再创业的相关知识。再创业时，创业者的心理素质和初次创业相比更加成熟，对自身能力、挫折和压力的看法有明显转变。

再创业者的心理特征具体表现为以下三点。

1. 自信

初次创业失败和创业者的过度自信有很大的关系，在再创业过程中，创业者会在承认自己能力和项目优势的情况下，更多地关注竞争对手的情况。例如，做产品出身的创业者，会时刻关注竞争对手的产品动态，找出和竞争对手之间的差异，同时对自身的技术比较自信。再创业者在创业过程中会在战略上藐视对手，但在战术上重视对手，能够听得见旁观者对产品的批评与吐槽，能够善于学习同类其他产品优秀的地方，而不是一味地批评同类产品。

2. 有主见，不盲目

盲目从众心理也是导致初次创业失败的原因之一，主要表现在创业项目动机不明和创业项目选择的盲目性上。大部分人初次创业时动机并不明确，为创业而创业，再创业者的创业动机和对创业项目的选择是基于市场需求和自身的资源。虽然创业要学会借大势，但是并不意味着就要从众随大流。再创业者的动机明确，项目选择合理，这大大提高了创业成功的概率。

3. 理性主义

大部分初次创业的创业者在缺乏经验的情况下，会研究其他创业者的成功经验，用他人的创业思维来指导自己的创业。但是创业受个体和社会环境的影响，并不能套用现成的成功模式。再创业者会总结初次创业失败的经验，找到适合自己的创业道路，依据外部环境的变化来适时调整战略。

应对失败，总结经验调整商业模式

（三）再就业心理管理

从个体角度讲，创业不但是一种积极的就业模式，而且可以充分发挥个人潜能并实现自我价值。然而，伴随着创业而来的风险也是令人望而生畏的，就像一项事业可以成功并能为创业者赢得利益一样，它同样可以失败并使创业者深陷于企业失败的泥潭。虽然创业团队的创业绩效显著高于个体创业的创业绩效，创业企业的失败率却依然相当高。根据《财富》杂志数据显示，全球范围创业失败率高达 70%，中国首次创业失败率更是高达 90%（黄文平等，2015）。创业失败无疑会增加员工的心理、精神压力，表现出不同程度的失落、苦闷、抑郁和焦虑的现象，使员工的心理健康也受到一定的影响。因此，对创业组织员工的再就业心理管理就显得十分重要。

1. 明确再就业心理辅导目标

在相互沟通的基础上，根据员工的真实需求，重点考察他们再就业的心理障碍等心理问题，并结合实际市场的供给需求，制定再就业心理辅导的有效目标，包括择业理想、职业生涯规划教育、解决创业组织员工自身再就业心理障碍等目标，帮助他们战胜自己，树立自信，找准自己的目标，积极地为目标奋斗，保持乐观向上的就业态度，增强自身的耐挫力。

2. 明确再就业心理辅导内容

不同失业类型、不同年龄段、不同家庭背景的员工的心理特点也许是千差万别的，但是可以借助自我评价、情绪调整、职业选择三个方面的主线进行内容的调整。通过倾听、谈话以及引导的方式帮助失业人员找出他们自身的不足。咨询师要在辅导中帮助他们寻找出自身的优势，帮助他们找到适合的工作方向，帮助他们正确地认识自己的情绪，建立积极的情绪，并学会调整自己的消极情绪。当失业人员能够正确、客观地评价自己，并能够消除消极情绪以后，再就业心理辅导的重要内容就是帮助他们认识职业角色，了解自己的再就业意向、自我的职业趋向和兴趣特长等。

3. 明确再就业心理辅导形式

咨询师要根据失业登记表格的填写信息对创业组织员工进行初次分类，根据实际辅导过程中的情况，掌握每个失业人员的不同情况。咨询师可对咨询过程中发现的心理问题严重的失业人员进行个别心理咨询和辅导。

今日头条创始人张一鸣创业史

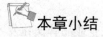

1. 全健康（one health）概念强调同一健康，即人类、动物与生态系统共生对人类健

康工作的重要意义。

2. 全健康的主要特征包括：全方位、能动性、多主体、多维度、系统化。

3. 全健康管理的四大工具是指阳光、灯光、饮食、习惯。

4. 创业组织员工心理保健主要包括缓解压力、管理情绪、应对挫折和提升工作生活品质四个方面的内容。

课程思政

1. 2016年10月，中共中央、国务院颁布的《"健康中国2030"规划纲要》明确指出，健康是促进人的全面发展的必然要求，是经济社会发展的基础条件。大学生应掌握基本的健康养生知识，提高自身的健康素养水平，健康饮食、规律作息、适度锻炼，为未来的持续奋斗打好身体的底子。

2. 习近平总书记强调："少年强、青年强则中国强。少年强、青年强是多方面的，既包括思想品德、学习成绩、创新能力、动手能力，也包括身体健康、体魄强壮、体育精神。"青年大学生要积极参与体育健身运动，强健体魄、砥砺意志，凝聚和焕发青春力量，为中华民族伟大复兴做出应有贡献。

思考练习题

一、简答题

1. 什么是全健康管理？
2. 什么是工作生活品质？如何在创业期间处理好工作与家庭生活的冲突？
3. 针对创业者及其员工，应该实施什么样的心理管理？

二、是非判断题

1. 在创业期间不应该有任何压力，一旦产生压力就放弃创业。（   ）
2. 否认自己曾经创业失败的做法是挫折心理防御机制中的"回避"做法。（   ）
3. 在创业期间应该避免一切休闲娱乐的时间，将全部时间都投入工作中。（   ）
4. 创业组织不应该照搬其他企业的EAP计划（员工帮助计划），而是应该考虑自身的特点。（   ）

三、学以致用

1. 做完心理测试"90项症状清单"，判断自己的症状严重水平。假如自己的症状严重水平偏高的话，请提出应对压力的策略和方法。

2. 搜集一个创业组织的案例，分析这个组织在创业过程中面临的主要压力和采取的解决方法。

3. 选择一个你感兴趣的企业，尝试运用在本章所学的知识，分析该企业品牌文化发展的困境以及如何进行改进，以使企业健康发展。

 **心理测试**

90项症状清单

90项症状清单(symptom check list-90,SCL-90),又名症状自评量表(selfreporting inventory),对感觉、思维、情绪、意识、行为直至生活习惯、人际关系、饮食、睡眠等均有所涉及。该量表是对求助者进行心理健康状况鉴别及团体心理卫生普查时实用、简便而有价值的量表,广泛地应用于心理辅导中。

指导语:表10-1列出了有些人可能会有的问题,请仔细阅读每一条,然后根据最近一周自己的实际感觉,选择最符合你的一种情况。

表10-1 90项症状清单

1. 头痛	29. 感到孤独
2. 神经过敏,心中不踏实	30. 感到苦闷
3. 头脑中有不必要的想法或字句盘旋	31. 过分担忧
4. 头昏或昏倒	32. 对事物不感兴趣
5. 对异性的兴趣减退	33. 感到害怕
6. 对旁人求全责备	34. 你的感情容易受到伤害
7. 感到别人能控制你的思想	35. 旁人能知道你的私下想法
8. 责怪别人制造麻烦	36. 感到别人不理解你、不同情你
9. 忘性大	37. 感到人们对你不友好、不喜欢你
10. 担心自己的衣饰整齐及仪态的端正	38. 做事必须做得很慢以保证做得正确
11. 容易烦恼和激动	39. 心跳得很厉害
12. 胸痛	40. 恶心或胃部不舒服
13. 害怕空旷的场所或街道	41. 感到比不上他人
14. 感到自己的精力下降,活动减慢	42. 肌肉酸痛
15. 想结束自己的生命	43. 感到有人在监视你、谈论你
16. 听到旁人听不到的声音	44. 难以入睡
17. 发抖	45. 做事必须反复检查
18. 感到大多数人都不可信任	46. 难以做出决定
19. 胃口不好	47. 怕乘电车、公共汽车、地铁或火车
20. 容易哭泣	48. 呼吸有困难
21. 同异性相处时感到害羞、不自在	49. 一阵阵发冷或发热
22. 感到受骗、中了圈套或有人想抓住你	50. 因为感到害怕而避开某些东西、场合或活动
23. 无缘无故地突然感到害怕	51. 脑子变空了
24. 自己不能控制地大发脾气	52. 身体发麻或刺痛
25. 怕单独出门	53. 喉咙有梗塞感
26. 经常责怪自己	54. 感到没有前途、没有希望
27. 腰痛	55. 不能集中注意力
28. 感到难以完成任务	56. 感到身体的某一部分软弱无力

57．感到紧张或容易紧张	74．常与人争论
58．感到手或脚发重	75．独自一人时神经很紧张
59．想到死亡的事	76．别人对你的成绩没有做出恰当的评价
60．吃得太多	77．即使和别人在一起也感到孤单
61．当别人看着你或谈论你时感到不自在	78．感到坐立不安、心神不定
62．有一些不属于你自己的想法	79．感到自己没有什么价值
63．有想打人或伤害他人的冲动	80．感到熟悉的东西变成陌生或不像是真的
64．醒得太早	81．大叫或摔东西
65．必须反复洗手、点数目或触摸某些东西	82．害怕会在公共场合昏倒
66．睡得不稳不深	83．感到别人想占你的便宜
67．有想摔坏或破坏东西的冲动	84．为一些有关"性"的想法而很苦恼
68．有一些别人没有的想法或念头	85．你认为应该因为自己的过错而受到惩罚
69．感到对别人神经过敏	86．感到要赶快把事情做完
70．在商店或电影院等人多的地方感到不自在	87．感到自己的身体有严重问题
71．感到任何事情都很困难	88．从未感到和其他人很亲近
72．一阵阵恐惧或惊恐	89．感到自己有罪
73．感到在公共场合吃东西很不舒服	90．感到自己的脑子有毛病

记分及解释："没有"是指自觉并无该项症状（问题），记 1 分；"较轻"是指自觉有该项症状，但对你并无实际影响或影响轻微，记 2 分；"中度"是指自觉有该项症状，对你有一定的影响，记 3 分；"相当重"是指自觉常有该项症状，对你有相当程度的影响，记 4 分；"严重"是指自觉该症状的频度和强度都十分严重，对你的影响严重，记 5 分。

 管理游戏

把紧张吹跑

你紧张吗？你有压力吗？你是不是会在工作中觉得焦虑和灰心？当你面对难关时，你会怎么做？下面的游戏会帮你克服这些负面情绪。

1. 参与人数：集体参与，单独操作。
2. 时间：5～10 分钟。
3. 场地：不限。
4. 道具：无。
5. 应用：缓解压力，克服焦虑和负面情绪。
6. 游戏规则和程序：

（1）教师首先向参与者解释"清肺呼吸"的基本知识：首先，我们要深深吸气——实际上，我们只是尽力吸入一大口空气；其次，我们要屏住这口气，慢慢地从 1 数到 5；最后，也是精华部分，我们要缓慢地把气呼出，直到完全呼尽。在我们这样做时，将扫除我们体内的紧张。

(2)现在示范清肺呼吸,然后让参与者做两三次这样的呼吸。问一下他们对清肺呼吸感觉如何。

(3)我们可以就在日常生活中怎样运用清肺呼吸来克服消极情绪因素展开讨论。

问题讨论:

1. 在工作过程中你愿意做清肺呼吸吗?为什么?
2. 在什么样的场合下,清肺呼吸对你是有用的?在什么样的场合下,你不愿意进行这样的清肺呼吸?
3. 作为压力管理技巧,清肺呼吸的优缺点各是什么?

案例分析

案例1 埃隆·马斯克:创业成功是场九死一生的坚持

埃隆·马斯克的传奇不仅在于他先后成功创立和运营了几家大名鼎鼎的公司,包括贝宝(PayPal)、美国太空探索技术公司(SpaceX)和特斯拉(Tesla),更重要的是这几家公司革新了三个领域:金融、航天、新能源。创业就是一种生活状态,马斯克享受着其中的痛苦和快乐,用独特的硅谷创业模式逐步地实现着在别人看来遥不可及的梦想。本案例要与大家分享的便是这位敢于"改变世界"的梦想实践家在创业过程中的酸甜苦辣。

埃隆·马斯克于1971年出生在南非一个普通人家,从小就酷爱读书,在10岁时拥有了自己的第一台计算机,12岁时便通过卖出自己编写的一个太空小游戏软件而获得"第一桶金"。

1995年正值美国互联网浪潮蓬勃的开始,马斯克看到了传统媒体进入互联网时代的机会,于是在进入斯坦福学习的第二天,便决意退学创业。他召唤来他的弟弟,投入了几乎仅够房租的2000美元。没有朋友帮忙,兄弟俩夜以继日地开发了6个月的程序。4年后,这家公司以3.07亿美元的现金加上3400万美元的股票期权被康柏电脑公司(Compaq)收购。但马斯克对Zip2的成功并不感到满足,在他看来,这对人类的影响太小了。于是,马斯克马不停蹄地开始了第二次创业:PayPal。3年后,PayPal被eBay以15亿美元的价格收购,收购前马斯克持有公司11%的股份。

卖掉PayPal以后,马斯克开始思考太空领域的探索和能源领域的创新——可再生能源的生产和消费,于是先后于2002年、2003年创立了全球首家私人航天公司SpaceX和全球首家纯电动汽车企业Tesla,并投资成立了太阳能全服务供应商SolarCity。SpaceX和Tesla这两家公司所涉足的领域和将要开发的产品皆是"敢为天下先",虽然马斯克在互联网领域已有两次成功的经验,但是没人相信SpaceX能够完成美国航空航天局(NASA)的使命,也没人相信Tesla能够取得美国通用汽车公司(GM)无法突破的创新。面对这些质疑,马斯克孤注一掷地把他所有的钱投入他深信不疑的事业中,然而SpaceX和Tesla的创业过程并非一帆风顺,几经折戟沉沙。

2008年,无疑是马斯克人生中最黑暗的一段时间。马斯克对于工作的疯狂投入,让他和结发十年的妻子的婚姻亮起了红灯。在经历离婚变故之后,接踵而至的是SpaceX首次火箭发射失败，Tesla 被迫裁掉 1/3 的员工，并关掉 Tesla 在底特律的分支机构，SolarCity 也出现问题。与此同时，美国爆发了历史性的金融危机，让步履维艰的公司雪上加霜，濒临倒闭。2008 年的圣诞节前夕，面对妻离子散的凄凉和自己的三家公司不约而同地陷入困境，马斯克回忆说："我经常在午夜醒来，发现眼泪淌在枕头上。"

功夫不负有心人，2009 年 3 月，Tesla 的家庭用车 ModelS 原型面世，同年 6 月，Tesla 获得了美国能源部 4.65 亿美元的贷款用于量产，并于 2010 年 7 月在纳斯达克成功上市。2016 年，SpaceX 的第三次火箭回收成功，此次成功将给全球太空商业发射带来革命性的变革：回收一级火箭将大幅降低火箭发射费用，人类前往太空不再昂贵，廉价太空时代指日可待。SolarCity 也在快速成长，成为全美最大的太阳能服务提供商，为美国东西部数以万计的家庭提供服务。

资料来源：本案例源于网络，并经作者加工整理。

问题讨论：

1. 为什么马斯克认为创业是"九死一生的坚持"？从中你看到了创业者怎么样的心理素质？

2. 请你为马斯克在创业期间产生的负面情绪提出一些调节策略。

案例 2　史玉柱：当我在事业低谷期

1997 年是巨人集团最落魄的时候。在这之前我一直是一个很荒唐的人，不按经济规律办事，感觉"人有多大胆，地有多大产"。那个时候如果叫我"史大胆"挺合适的。我自从把巨人汉卡做成功之后，一下子做了十几个行业，就是搞多元化经营，但管理上很粗糙。

在最低谷的时候，我经常一个人在房间里面，回顾自己的过去，思考我哪些地方做错了，思考如果我要再重新创业的话，哪些地方我是需要克服的，哪些错误是不能犯的，我过去到底有哪些缺点。我觉得那段时间的思考，包括和内部员工开的批评与自我批评会议，并且让我的部下来批判我，对我来说虽然不能说是脱胎换骨，但是至少我整个人的思维方式有一个很大的转变，包括工作习惯、一些做法都变化很大。现在回过头来看，就是从一个傻小子一下子变成了一个相对理智的做事、做企业的人。

最低谷的前几个月没信心，因为我一直想把巨人大厦盖起来，想盖起来就能从这个低谷走出去。我一直在做这种努力，最后没有成功，所以那时候我就开始不自信。当我突然发现这个楼已经不可能盖起来了，我的焦点就转到我要做一个产品，靠一个产品重新做起来。如果人有一个不服输的劲头，再难的关都能过。所以创业者在这个时候要坚强，没有过不去的坎，当然，也不是靠睡大头觉就能睡过去的。

其实在某种程度上，人遇到波折是好事。人在成功的时候、在顺利的时候，其实是学不到东西的。在我最困难的时候，即准备做营养品但还没做的时候，找柳传志深入聊过一次，向他学习企业文化。第一条就是说到做到，做不到就不要说。这话很土，却很实用，这正是从柳传志那儿学来的。由于过去我们公司经常发生一种情况，即我的部下向我拍胸脯保证下个月销售额一定做到多少，然后到下个月没有完成，但没有完成好像也很自然，接着下个月再拍胸脯，这样一来，就等于下面骗上面，上面再骗下面，团队的气氛就非常不好，没有战斗力。

在和柳传志聊完后，我就定了这样的标准，即分公司向上面报销售额的时候，可以报少，但报了就一定要做到。这个气氛形成之后，公司在销售方面就很踏实。

从公司退出来之后，我就做自己最喜欢做的事情。这其实是很重要的事情，例如我们公司每开发出一款游戏，我就以玩家的角度去玩，然后去提意见。如果遇到一个很好玩的游戏，在玩得很开心的同时又为公司做了贡献，帮助游戏找到改善的方法，真的很幸福。我现在看东西都是很淡的一种感觉，所谓"神马都是浮云"，确实跟年轻的时候不一样。年轻的时候，尤其是"摔跤"之前，我跟现在完全是两个人。

资料来源：史玉柱. 在事业低谷期[J]. 跨世纪（时文博览），2011（6）：22.

问题讨论：

1. 创业失败后创业者一般存在哪些心理问题？
2. 史玉柱创业失败后的成长对创业失败者有何启示？
3. 如果你是一个创业组织的普通员工，你希望组织能够提供什么样的心理健康服务？

 本章参考文献

[1] 陈国海，熊亮. 员工全健康管理体系构建与实践研究[J]. 华商论丛，2022，2：84-91.

[2] BAUM S E, MACHALABA C, DASZAK P, et al. Evaluating one health: Are we demonstrating effectiveness?[J]. One Health, 2017, 3: 5-10.

[3] 万兆伟，王军永. 新冠肺炎疫情下关于"全健康"理念的思考[J]. 中国初级卫生保健，2022，36（4）：1-3.

[4] BOUSFIELD B, BROWN R. One world one health[J]. Vet Bull Agric Fish Conserv Dep Newsletter, 2011, 1(7): 1-12.

[5] 朱向东，王燕，刘稼. 试论自我调节是中医治疗疾病的特点和优势[J]. 时珍国医国药，2009，20（7）：1806-1808.

[6] 王兴起，丘亮辉. 基于全人健康视角的幸福感探讨[J]. 自然辩证法研究，2013，29（2）：99-102.

[7] 陈国海，许国彬，肖沛雄. 大学生心理与训练[M]. 2版. 广州：中山大学出版社，2005.

[8] 李华晶. 创业管理[M]. 四季版. 北京：机械工业出版社，2021.

[9] 段俊平. 企业幸福力：EAP中国化与幸福管理[M]. 北京：中国发展出版社，2012.

[10] NANDA, RAMANA, GHOSH S. Venture capital investment in the clean energy sector[Z]. Harvard Business School Technical Note 814-052, March, 2014.

[11] 周小虎，姜凤，陈莹. 企业家创业认知的积极情绪理论[J]. 中国工业经济，2014

(8): 135-147.

[12] COX T, FERGUSON E. Individual differences, stress and coping[M]//COOPER C L, PAYNE R. Personality and stress: individual differences in the stress process. Wiley, Chichester, 1991.

[13] MCGRATH R G. falling forward: real options reasoning and entrepreneurial failure[J]. Academy of Management Review, 1999, 24(1): 13-30.

[14] SHEPHERD D A. Learning from business failure: propositions of grief Recovery for the self-employed[J]. Academy of Management Review, 2003, 28(2): 318-328.

[15] 黄文平，彭正龙，赵红丹. 创业团队成员心理契约履行对创业绩效的影响研究[J]. 管理工程学报，2015（3）：72-80.